경제기사는 돈이다

KI신서 689

경제기사는 돈이다

1판   1쇄 발행 2001년 2월 15일
개정판 1쇄 발행 2003년 3월 28일
개정2판 1쇄 발행 2005년 6월 1일
개정2판 11쇄 발행 2008년 8월 25일

지은이 송양민 김영진 **펴낸이** 김영곤 **펴낸곳** (주)북이십일 21세기북스
편집 송성호 **마케팅** 주명석 **영업** 윤지환
출판등록 2000년 5월 6일 제10-1965호
주소 (우413-756) 경기도 파주시 교하읍 문발리 파주출판단지 518-3
대표전화 031-955-2100 **팩스** 031-955-2151 **이메일** book21@book21.co.kr
홈페이지 www.book21.com **커뮤니티** cafe.naver.com/21cbook

값 10,000원
ISBN 978-89-509-0755-6 13320

경제기사는

2001년 개정판 　알기쉬운 경제이야기 1

돈이다

송양민 · 김영진 지음

21세기북스
www.book21.com

따뜻한 마음으로 항상 기쁨을 안겨 주는

성희, 혜린, 인상에게

성녀, 민정, 태현에게

이 책을 바친다.

생생한 현장 기사를 통해
경제를 읽는다

　현대사회에서 경제 현상을 제대로 이해하는 것은 개인의 경제생활은 물론 국가경제적 관점에서도 대단히 중요하다. 현실경제에 대한 올바른 이해의 바탕 위에서만 합리적이고 효율적인 경제행위가 가능하고 이는 국가경쟁력으로 직결되기 때문이다. 문제는 요즘의 경제 현상이 과거에 비해 훨씬 복잡하고 어려워져 일반인은 말할 것도 없고 경제를 전공한 사람조차도 그 내용을 완벽하게 파악하기가 쉽지 않다는 점이다. 이런 점에서 시시각각으로 변화하는 경제의 움직임을 파악하는 데 경제기사의 중요성은 매우 크다. 1997년 IMF외환위기를 겪고 나서 우리 국민들이 경제에 대해 쏟는 관심과 열의는 눈에 띄게 높아졌다. 그래서 경제기사의 중요성과 유용성도 함께 커졌다. 각 신문이 취급하는 경제기사의 양이 많이 늘어났을 뿐 아니라 경제전문지가 아닌 종합지의 경우에도 경제기사가 1면의 헤드라인을 장식하는 예를 흔히 찾아볼 수 있다.

　그동안 경제 분야에서 탁월한 취재 능력을 보여 온 송양민, 김영진 두 기자가 집필한 『경제기사는 돈이다』는 이런 점에서 볼 때 매우 의미 있는 저서라 생각한다. 이 책은 거의 모든 경제 분야를 망라하여 주요 이슈들을 알기 쉽고 흥미 있게 해설하고 있다. 더군다나 자칫 전문가 집단 내에서만 사용하는 말로 설명하는 수준에 머물 수 있는 주제들을, 생생한 현장 경제기사와 접목시키고 있다. 독자들은 현실의 창을 통하여 자연스럽게 경제 현상의 본질을 익혀갈 수 있으며 이것은 매우 독창적이고 유익한 발상이다.

이제 경제는 경제 분야에 종사하는 사람들만의 관심영역은 아니다. 노인에서 초등학생에 이르기까지 경제 문제를 생각하지 않고 일상생활을 영위한다는 것은 상상하기 어렵다. 이 책들을 통해 독자들은 경제가 결코 어렵고 추상적인 분야가 아니라 우리 곁에 늘 함께 하는 친근한 것이라는 인식을 넓히게 될 것으로 확신한다. 아무쪼록 두 기자의 역저(力著)가 우리 국민들이 경제 현상을 올바르게 이해하고 이를 바탕으로 합리적인 경제활동을 영위할 수 있도록 하는 데 크게 기여하기를 바란다.

전 한국은행 총재 전철환

경제정보를 이해하고
활용하려는 이들에게

일상생활에서 경제정보가 차지하는 중요성은 하루가 다르게 높아가고 있다. 신문의 얼굴격이라고 할 수 있는 1면에 경제뉴스가 등장하는 빈도가 크게 늘고 있는 것은 물론, TV뉴스에서도 증권시장을 중심으로 한 경제 관련 뉴스를 별도로 방송할 정도며, 우리나라의 국가경쟁력 강화를 위한 특별 프로그램이 자주 방영되고 있는 것이 그 대표적인 현상이다.

청와대나 국회 · 정당 등 정치 분야에 대한 일반 국민들의 관심이 점차 줄어들고 있는 것에 비해 경제뉴스의 소비자는 꾸준히 증가하고 있는 셈이다. 이에 따라 신문이나 방송 등 각 언론매체들도 최근 경제 관련 기사를 크게 늘리고 있는 추세다. 물가와 경기 동향은 두말할 것도 없고, 시중의 자금사정 · 수출과 국제수지 동향 · 환율과 세금에 관한 뉴스는 국민 개개인은 물론 기업들에게도 지대한 관심의 대상이 아닐 수 없다. 특히, 주식과 부동산 등 재테크에 관한 경제정보에 관심이 더욱 높은 편이다. 경제에 대한 일반인들의 인식이 높아졌다는 것은 우리 사회에서 경제가 얼마나 중요한 위치를 차지하고 있는지를 새삼 깨닫게 해주는 증거다.

• 경제기사는 어렵다?

문의전화를 하는 독자들의 상당수가 경제기사는 읽으면 읽을수록 다른 분야보다 더 복잡하다고 한다. 관심을 갖고 읽으려 해도 낯선 용어가 많아 이해하기가 쉽지 않다고 말한다. 이 때문에 일선에서 뛰는 기자들은 가급적 기사를 쉽게 쓰려고 애쓰고는 있지만 일반 독자들의 기대에는 아직 미흡한 모양이다.

사실 경제부 기자들의 입장에서도 하루가 다르게 새롭게 등장하는 경제용어를 모두 다 소화한다는 건 벅찬 일이다. 물론 기본적인 지식이야 충분하다고는 하지만 매일매일 공부하지 않고서는 변화의 속도를 따라잡기 어려운 형편이다. 그러고 보면 일반인들이 경제기사를 힘겨워하는 것은 당연하다. GDP(국내총생산)·M2(광의통화)·경상수지·SOC(사회간접자본)·과세표준 같은 경제용어가 나올 때마다 하나하나 사전을 찾아보며 읽을 수도 없는 노릇이다.

경제학을 전공한 사람이라도 경제학 원론과는 전혀 다른 방식으로 쓰여지는 경제기사가 낯설게 느껴지기도 할 것이다.

물론 처음부터 완벽하게 모든 일을 이해하는 사람은 이 세상에 없다. 기사를 쓰는 일선 취재기자들일지라도 취재 범위를 넘어서는 분야에 대해서는 다른 사람들과 마찬가지 수준이다. 다만 그들이 일반인들과 다른 점은 정보를 꾸준히 접하고 그 내용을 이해하려고 애쓰고 있다는 것이다.

• 일반인들을 위한 경제입문서

이 책은 학생·가정주부를 비롯해 여성이나 직장인 등 경제지식이 별로 없는 일반 신문독자들을 대상으로 쓰여졌다. 따라서 가급적 쉬운 용어로 경제 현상을 설명하려고 했으며, 이해를 돕기 위해 그림이나 그래프도 사용했다. 또 관련 기사를 곁들임으로써 경제에 대한 이해력을 높이는 데 노력을 기울였다.

그러나 다른 분야도 그러하겠지만, 경제 분야에도 나름대로 상용되는 전문용어가 있고, 내용을 설명하기 위해 그러한 용어들을 사용해야 하는 경우가 많았다. 따라서 보다 쉽게 설명하기 위해 필자들 나름대로 최선의 노력을 기울이기는 했지만, 처음에는 다소 힘겨울지도 모르겠다. 하지만 무슨 일이든 수고 없이 얻을 수 있는 것은 아무것도 없다.

어떤 면에서 이 책은 경제입문서라고 볼 수 있다. 하지만 경제 전공자들이 아니라 일반인들을 위한 입문서라는 측면에서 되도록 기본적이면서도 가장 일반적인 사항을 중심으로 다루었다. 경제를 구성하는 각 분야의 중요한 주제와 일상생활과 연관이 되는 부분들을 줄기로 엮는 데 많은 시간을 할애했다. 아울러 일반인들의 이해에 도움을 주기 위해서 내용과 관련된 기사들을 되도록 많이 그리고 다양하게 삽입함으로써 신문의 경제면을 읽는 듯한 묘미를 느끼도록 했다. 경제에 대한 관심이 날로 달아오르는 상황에서, 경제기사를 이해하는 데 많은 도움이 되기를 바란다.

• 『경제기사는 돈이다』의 구성

이 책에서는 국내 신문들의 경제면 기사들을 가급적 비슷한 유형별로 분류, 몇 가지 항목으로 나누어 설명하고 있다. 그 주요 내용은 자금시장의 흐름과 주식·채권투자 등 효과적인 자금 이용법, 한국은행이 통화정책을 운용하는 방법, 환율이 우리 생활에 미치는 영향, 세금과 보험상식, 부동산 투자상식 등으로, 경제 각 분야를 필요에 따라 손쉽게 이해할 수 있도록 배려했다. 따라서 이 책은 반드시 처음부터 읽을 필요는 없다. 가장 관심이 높은 부분부터 읽어도 무방하다.

경제를 중요한 유형별로 정리하다 보니 다소 내용 설명이 부족한 부분이 있음을 숨길 수 없다. 그러나 한편으로는, 일반인들을 위한 경제 입문서라는 점에서, 너무 폭넓게 내용을 설명하는 것은 오히려 이해를 더욱 어렵게 만들 수 있다는 판단이 들었다. 그래서 되도록 가장 기본적인 내용을 알기 쉽게 소개하자는 입장을 견지했다.

저자가 『경제기사는 돈이다』라는 졸저(拙著)를 처음 내놓은 것은 지난 1996년 11월이었다. 분에 넘치게 많은 독자들이 졸저를 아껴 주었고, 1997년 말 IMF 경제위기를 겪은 후 국내 상황이 많이 바뀜에 따라 개정판을 내도록 권고하는 독자들도 많았다. 그러나 바쁜 회사일을 핑계로 개정판 손질을 계속 미루다가 21세기북스 김영곤 사장의 강권으로 다시 펜을 잡게 되었다.

책 내용을 보완하면서 필자는 이왕이면 제대로 고쳐 보자는 개인적인 욕심을 가지게 되었고, 그 결과 원고량이 당초 생각했던 것보다 두 배 가량 늘어나게 되었다. 그리하여 처음 한 권이었던 책을 두 권으로 분리, 각각 『경제기사는 돈이다』, 『경제기사는 지식이다』라는 이름으로 독자 여러분에게 내놓게 되었다. 전자는 금융시장·증권시장을 이해하는 방법과 세금과 부동산 시장 해설에 초점을 맞추었고, 후자는 국민경제와 국제경제의 흐름, 산업·기업경영 동향 해설에 초점을 맞추었다. 독자들이 경제를 이해하는 데 이 책들이 작은 힘이나마 도움이 되고, 경제상식을 폭넓게 하는 데 발판이 된다면 더 이상 바람이 없겠다.

필자들이 한국은행 조사자료를 많이 인용했음을 밝히며 한국은행 조사국과 공보실 관계자들에게 감사를 드린다. 특히 강형문 금융연수원장, 고운호 한국은행 제주본부장 두 분은 바쁜 일정 속에서도 졸고

(拙稿)를 읽고 많은 조언을 아끼지 않았다.

필자들이 바쁜 취재일정 속에서도 개정판을 알차게 낼 수 있었던 데는 조선일보 방상훈 사장님, 강천석 논설주간, 변용식 편집인을 비롯한 사내의 선배, 동료 기자 여러분의 격려가 큰 힘이 됐다.

또 책을 대폭 손질하면서 경제과학부 동료기자들로부터 큰 도움을 받았음을 밝히지 않을 수 없다. 조언과 자료협조를 아끼지 않은 이광회, 김기훈, 선우정, 황순현, 한윤재 기자에게 다시 한 번 감사를 드린다.

저자대표 송양민

경제기사는 돈이다

3 증권시장은 경제의 거울

채권과 투자신탁

7 세금과 경제생활

8 다양해지는 부동산 시장

1

경제기사를
읽으면
경제가 보인다

왜 경제기사를 읽어야 하는가

경제 문제 하면 왠지 어렵고 골치 아픈 문제라고 여겨 무조건 멀리하려는 사람들이 적지 않다. "GNP 성장률이 낮아졌다"거나 "원·달러 환율이 올랐다" 같은 경제기사를 읽어도 자신과는 동떨어진 딴 세상 이야기일 뿐이라고 생각하는 사람들도 있다.

경제 문제는 경제전문가들에게 맡겨 두어야 한다는 사회 분위기도 한몫을 차지하고 있는 듯하다. 경제를 몰라도 자신의 사업이나 생활에는 별 지장이 없다고 여기기도 한다. 더욱이 몇 년 전까지만 해도 경제기사의 대부분이 정부·경제부처의 정책을 전달하는 것들이었기 때문에 생활에 도움이 될 만한 내용을 찾기가 여간 어려운 일이 아니었다.

그러나 최근 들어 그러한 생각이나 사회적인 분위기가 크게 바뀌고 있다. 경제가 일상생활의 모든 곳에 깊이 스며들고 있는 상황이다. 이러한 상황의 변화를 가장 단적으로 반영하고 있는 곳이 각 신문의 1면이다. 머릿기사에 경제 관련 기사들이 부쩍 늘어났으며 별도로 분리해 심도 있게 다루고도 있다.

특히, 최근에는 정부의 정책을 알리는 기사보다는 일상생활과 재(財)테크의 정보가 되는 부동산·유통·자동차·투자정보·컴퓨터·신상품 등에 관한 내용이 대폭 늘고 있다. 새롭게 변화하는 기업들의 인사제도·주 40시간 근로제·연봉제 실시 등 근로자의 직장생활에 직접적인 영향을 주는 산업계 뉴스도 거의 매일 실리고 있다.

물론 경제 관련 기사에는 딱딱한 용어들이 많아 일반인들이 이해하기가 쉽지 않은 것도 사실이다. 그러나 자신은 물론 가정의 살림살이를 윤택하게 하고, 내일에 대한 대비는 물론 여유자금을 효율적으로 이용하는 방법을 찾는 데 경제면만큼 유익한 정보소스는 없다.

또 은행에 저축을 하거나 대출을 받는 경우, 주식투자를 하는 경우, 승용차를 구입하는 경우, 집을 마련하는 경우, 세금을 내는 경우 등등 우리들의 일상사는 알게 모르게 경제 활동과 항상 밀접한 관련을 맺고 있다. 경제정보를 효과적으로 이용할 경우 다른 사람들이 생각하지 못한 몇 배의 이익을 얻을 수 있다.

변화에 앞서가는 사람만이 성공한다

경제기사와 친숙해지기로 마음먹었으면 먼저 매일 경제 관련 기사를 읽는 습관을 가지는 것이 좋다. 경제기사를 지속적으로 읽어야 하는 이유에는 여러 가지가 있다.

첫째, 요즘의 경제 변화는 과거와는 비교할 수 없을 정도로 복잡하고 급속하게 이루어지고 있다는 사실이다.

예를 들면 "2002년 상반기 경기가 유례 없는 호황세를 나타냈다"는 기사가 나온 지 불과 반년도 채 지나지 않아 "국제유가 급등과 주가 폭락, 소비와 투자감소 영향으로 경기 급랭이 우려된다"는 기사가 실린다. 또 바로 몇 달 전 반도체 값이 급등세를 보이고 있다고 하다가 갑자기 반도체 값이 폭락하고 있다는 경제기사가 나오기도 한다. 특히, 컴퓨터 · 전자기기 · 자동차 등 신상품 개발이 급속히 이루어지고 있는 제품의 경우 1~2년, 아니 몇 달 전에 구입했던 물건들이라도 구형이 되기 십상이다.

이러한 경제의 움직임에 무관심하게 대처하다 보면 직장에서나 일상생활에서 적지 않은 피해를 볼 수도 있다. 새로운 정보를 즉시 받아들이고 이를 효과적으로 이용하는 것, 바로 이것이 재테크의 기본이기도 하다.

둘째, 경제 문제에 관해 올바른 판단을 내리려면 경제동향을 항상 정확하게 파악하고 있어야 한다. 불경기 때 사업을 시작하면 그만큼 어려움에 처하게 될 가능성이 높은 것은 뻔한 이치다. 주식투자를 하거나 채권을 사려는 투자자들의 경우 주가가 내렸을 때 주식을 사들여 주가가 오를 때 파는 것이 당연한 상식이다. 그러나 전반적인 경제상황이나 기업들의 경영상태, 곧 경제정보의 흐름을 파악하지 못한 상태라면 엄청난 손해만 입게 될 것이다.

따라서 항상 신문을 가까이 둠으로써 실물경제와 자금시장·주식시장의 움직임을 파악하고 있지 않으면 안 된다.

무관심·무지로부터의 탈출

일반 남성 직장인들에 비해 주부를 포함한 대부분의 여성들과 대학생들은 상대적으로 경제에 대한 관심이 적은 편이다. 문화면·스포츠면·레저면·연예면·건강면 등은 즐겨 보고 많은 관심을 두어 화젯거리로 다루고 있지만 경제면을 읽거나 이에 관해 이야기하는 여성들은 의외로 찾아보기 힘들 정도다. 이 때문에 여성들은 체질적으로 경제 문제에 적합하지 않은 것이 아닌가라는 생각까지 들기도 한다.

학생들도 경제적 사실에 무관심한 경우가 의외로 많다. 일반 중·고등학생은 그렇다치더라도 경제전문가를 지향하는 경제학과나 경영학과 대학생들조차 현재 일어나고 있는 경제 관련 이슈에 대해 그 원인을 정확하게 파악하고 비판할 수 있는 이들은 의외로 매우 적은 편이다.

하지만 전공과 동떨어진 직업을 갖더라도 경제 문제는 전반적인 산업 분야와 연관성을 갖고 있기 때문에 경제기사의 숙독은 적지 않은 도움이 된다. 더욱이 경제와 직접적인 관련이 있는 업무일 경우 경제의 움직임을 파악해 두면 직장생활에서 여러 모로 큰 도움을 얻을 것임은 두말 할 필요가 없다.

슈퍼마켓·식당·카센터 등 그 규모가 작더라도 자영업에서는 경기동향이 판매에 직접적인 영향을 미친다. 물론 영업상의 정보는 일상적인 거래를 통해서 혹은 동업자들로부터도 얻을 수 있지만, 넓은 시야에서 경제를 파악하는 것은 영업의 방향과 지침을 바로 세운다는 점에서 큰 보탬이 된다.

영업·기획·자금부서 등 기업의 중심에서 일하는 샐러리맨이 경제기사에 관심을 갖는 것은 당연하다. 영업의 경우 거래처와의 상담에 즈음해서 자사 제품에 관한 전문지식은 물론 그 배경이 되는 경제상황에 능통하다면 상대방의 신뢰감을 높이게 될 것은 당연하다.

"우리 제품은 우수합니다. 한번 구입해 주세요"라는 반강제적인 요구보다는 "경기가 불황으로 돌아서고 시중자금 사정도 나빠지고 있으니 물건을 미리 확보해 두는 것이 효과적이겠습니다"라고 말하는 것이 상대방의 마음을 훨씬 더 끌어당긴다. 상대방이 주식투자를 하는 사람이라면 사업 얘기를 꺼내기 전에 주식시장 전망에 관해 몇 마디 대화라도 나누다 보면 훨씬 친밀해질 수도 있을 것이다.

경리·인사·기획·조사와 관계된 직원들의 경우에도 마찬가지다. 이제는 단순히 계산이 정확하다든가 사람의 얼굴과 이름을 잘 기억하는 것만으로는 충분하지 않다. 예산의 작성이나 인사계획 등에 있어서도 최근 경제상황에 관한 파악과 나름대로의 전망 능력이 필요하다. 즉, 경제기사를 읽는 그 자체가 사무의 한 부분이 된 것이다.

어쩌면 샐러리맨이 자신의 일이나 자기 회사의 업무에 관련되는 경제 문제를 매일 파악하는 것은 당연한 상식이기도 하다. 영어와 컴퓨터를 모르는 현대인은 제대로 맡은 바 일을 할 수 없다. 마찬가지로 이제 경제의 흐름을 모르고서는 어떤 일에서도 성공하기 어려운 시대가 된 것이다.

경제기사에서 무엇을 얻을 수 있는가

샐러리맨이 처음 입사했을 때 가장 먼저 겪는 어려움은 학교에서 배운 지식과 실제 업무 사이에 상당한 차이가 있다는 점이다. 모든 경리직원들이 학교에서 회계를 전공한 것도 아니고, 모든 영업사원들이 애초부터 세일즈 기술을 배운 사람만으로 구성된 것 또한 아니다. 대학에서 경제 관련 지식을 습득하였다고 해서 사회생활 할 때 경제기사를 다시 읽지 않아도 된다는 말은 아니다. 법대나 인문대, 이공계 등 학과나 전공에 상관없이 업무의 성격상 경제기사를 읽을 필요가 있는 경우도 많다.

경제 문제는 얼핏 상식이라고 생각할 뿐 의도적으로 공부할 필요까지는 없다고 여길 수도 있다. 하지만 내용을 더욱 정확하게 이해하기 위해서는 어느 정도 경제를 보는 안목을 키우고 이를 효과적으로 이용하는 방법을 알아두는 것이 업무의 효율성 측면에서도 중요하다.

그렇다면 경제기사는 어떤 내용을 다루고 있으며, 어디에 중심을 두고 읽어야 하는가?

국내경제 동향
경제기사는 우선 국가 전체의 경제 활동에 관한 내용을 싣고 있다. 예를 들면, "수출이 ○% 증가했다"거나 "GDP가 ○% 성장했다"는 등의 기사가 그것이다. 또한 시중금리가 어느 정도 오르고 있는가, 물가상승률은 어느 정도인가 등의 기사도 보도된다. 이러한 내용은 경제를 보는 데 있어서 가장 기본적인 것으로, 여러 경제 현상을 분석할 때 기초가 되는 내용이다.

국제경제 동향

경제면에는 국제경제의 움직임, 국내기업의 해외투자, 외국과의 무역 등에 관한 보도도 있다. 최근에는 경제의 급격한 변화가 주로 해외 요인에 의해 일어나는 경우가 많기 때문에 국제경제의 움직임을 무시할 수 없다. 특히, 석유 문제나 국제통화 등에 관해서는 제대로 이해할 필요가 있다. 국제경제의 변화는 결국 수출입 등을 통하여 국내 경제에 직접적인 영향을 미치기 때문이다.

재정활동

경제 활동에 있어서 국가의 역할은 매우 중요하다. 국가는 국민들에게 세금을 거둬들이고 그것을 지출해서 공공적인 사업을 하는데, 그 계획을 '예산'이라고 부른다. 예산은 120조 원 대에 이르는 사업 규모도 규모일 뿐 아니라 재정 지출이 지역경제와 민간기업 동향에도 큰 영향을 주기 때문에 매우 중요한 기사로 취급된다.

금융시장 동향

현대 산업사회의 특징을 여러 가지 각도에서 찾아볼 수 있지만, 가장 큰 특징 중 하나가 화폐경제다. 화폐(돈)의 움직임은 경제 활동에 여러 가지 영향을 미치는데, 금리가 낮아 시중에 자금이 넘친다거나 그 반대일 경우 등은 기업활동에 매우 중요한 문제가 될 수 있다. 이러한 화폐의 흐름에 관한 보도가 금융시장에 관한 기사다.

증권시장

경제면에 매일 빠지지 않고 게재되는 기사 중 하나가 증시 관련 기사다. 증권란에서는 증권시장에서 거래되고 있는 주식·채권 등의 가격을 매일 보도하고 있다. 주식투자에 관련이 있는 사람들은 이 기사에 따라 매일 희비가 엇갈린다. 증권란에는 주식시세표뿐만 아니라 기관투자가 동향, 상장기업 뉴스 등 증시와 관련된 기사가 자주 실린다.

기업경영

마지막으로 기업경영과 관련된 보도가 있다. 기업의 영업실적·신제품개발·기업도산·신규투자 계획·경영진 인사 등이 신문에 실린다. 과거에는 정부정책 발표기사가 경제면의 주요 뉴스로 취급되곤 했으나, 민간기업들이 국가경제에서 차지하는 역할이 급속도로 높아지면서 요즘은 기업경영에 관한 뉴스가 경제면의 대부분을 차지하고 있다.

경제기사의 특성을 알자

경제기사의 주기

경제면에 매일 다양한 기사들이 실리기는 하지만 자세히 살펴보면 일정한 주기가 있음을 알 수 있다. 예를 들면, 국가의 예산은 매년 12월 정기국회에서 심의되므로 예산에 관계된 기사는 주로 11~12월에 집중되어 있다. 또한 상장기업들의 정기 주주총회가 매년 3~5월에 집중되어 있는 까닭에 상장기업 결산 내용에 관한 기사도 이때 집중적으로 쏟아진다. 이처럼 1년을 단위로 보도되는 기사 이외에 분기 혹은 월 단위로 나오는 기사들도 많다.

경제기사의 특징 중 하나는 경제 활동의 결과를 기록한 통계가 발표될 때 이와 관련한 심층분석 기사가 보도될 가능성이 높다는 점이다. 예를 들어, 국제수지 적자폭이 크게 늘어날 경우 이에 관한 당국의 발표기사가 보도되고 여기에 덧붙여 국제수지 적자를 유발한 여러 가지 요인을 분석하는 해설기사가 나온다. 분기별 GDP통계나 월간 통화 공급 관련 기사도 이와 비슷한 형태로 분석·취급된다.

따라서 통계가 발표되는 시기가 그 기사가 집중 보도되는 시기와 일치하는 경우가 많다. 즉, 매 분기 발표되는 통계에 관해서는 분기마다, 월차통계에 관해서는 달마다 같은 유형의 기사가 비슷한 시기에 게재된다. 이러한 기사의 주기는 경제기사를 자주 읽다 보면 쉽게 파악할 수 있다. 이러한 이유로 경제기사의 주기와 내용을 잘 이해해 두면 다음에는 기사 제목만 보고도 그 의미를 쉽게 파악할 수 있게 된다.

경제기사의 종류

경제기사는 다음과 같이 크게 세 가지로 나누어 볼 수 있다.

첫째, 정부 발표 또는 경제 현상 그 자체를 독자들에게 객관적으로 전달하거나 설명하는 스트레이트 기사다. 이 스트레이트 기사에는 관계자들의 코멘트가 들어가기도 하지만 기자들의 주관은 거의 배제된다. 경제면 톱기사들이 대부분 스트레이트 형식으로 쓰여지는 기사다.

둘째, 특정 경제 문제를 여러 가지 시각에서 종합적으로 분석하는 해설기사다. 해설기사도 사실에 근거하고 있지만, 경제지표나 경제 현상을 기자 나름대로의 시각을 가지고 쓴다는 점이 다르다. 이러한 주관은 전문가들의 코멘트를 통해 전달되기도 하고 기자 나름의 논평 방식으로 기사화될 수도 있다. 그러나 해설기사에는 기자의 주관이 많이 반영되어 있기 때문에, 독자들은 주의해서 비판적으로 읽는 습관을 들이면 경제 현상에 대해 나름대로의 시각을 키울 수 있는 좋은 훈련이 될 것이다.

셋째, 경제 관련 화제를 발굴해 소개하는 화제기사가 있다. 이 화제기사는 재미있는 경제 현상이나 인물·신상품 등을 소개하는 기사로, 내용에 어려운 경제 용어가 거의 들어가지 않고 평이한 용어로 쓰여지기 때문에 독자들이 쉽게 접할 수 있는 경제기사라고 할 수 있다. 경제기사를 처음 읽는 사람들은 우선 화제기사를 통해 경제면과 어느 정도 친숙해진 후 스트레이트 기사와 해설기사에도 눈을 돌리는 게 좋을 것이다.

하지만 경제기사가 항상 위의 세 가지로 명확하게 구별되는 것이 아니라 서로 뒤섞여 쓰이는 경우도 적지 않으므로 평소에도 경제에 관심을 갖고 있을 때만이 가장 빠르게 올바른 정보를 구할 수 있다.

숫자에 함축된 의미

경제기사에는 통계수치가 많이 들어간다. 이 때문에 기사가 딱딱해지고 연속적으로 나열되는 숫자만 보면 머리가 금방 복잡해지고 만다. 그러나 경제수치에는 '물가 4% 상승', 'GDP 6% 성장', '시중

금리 5% 돌파' 등의 예에서처럼 숫자에 여러 가지 뜻이 함축되어 있는 경우가 많다. 따라서 경제기사를 올바르게 이해하기 위해서는 전문가의 코멘트뿐만 아니라 숫자 자체를 보고도 그 의미를 판단할 수 있어야 한다.

경제기사의 제목이나 내용에 나오는 숫자의 의미를 판단하기 위해서는 상당한 훈련이 필요하다. 먼저 경제기사를 지속적으로 읽는 습관을 들이도록 한다. 아울러 중요하다고 여겨지는 기사들을 모아 두면 나중에 연관되는 기사의 의미를 쉽고 정확하게 판단할 수 있을 것이다.

예측기사를 나만의 정보로

경제기사에는 통계나 그 외의 구체적 사실에 기초하지 않고 쓰여진 예측기사도 많다.

예를 들어, 외환시장 개방 일정이나 금융 구조조정 정책 등과 같이 경제에 중대한 영향을 미치는 경제정책에 관해 개개인은 매우 관심이 높은 반면 정책 당국은 가급적 정책이 확정될 때까지 이를 언급하기를 꺼려한다. 이는 정책 변경 내용이 사전에 알려지면 그만큼 정책 효과가 감소될 가능성이 있고, 석유값 인상이나 환율제도 개편 등과 같은 중대한 정책이 정부 내의 적절한 의견조정 절차를 거치지 않고 일반인들에게 그대로 알려질 경우 엄청난 경제적 혼란을 일으킬 수도 있기 때문이다.

하지만 독자들에 대한 정보 제공을 최우선 가치로 삼는 신문기자들은 정책 변경 움직임이 있을 경우 정부관리들을 상대로 밀착 취재를 해서 정부의 발표 이전에 그 결과를 기사화하고자 한다.

이러한 경우 정부 부처간에 아직 논의가 진행되고 있는 단계에서 기사가 먼저 보도될 수도 있기 때문에 기사에 구체적 사실이 빠진 때도 있고, 잘못 보도된 기사 내용으로 인해 정책 자체가 백지화되는 경우도 있다.

따라서 이러한 기사들을 잘 선별해 정확한 정보로 만들어내기 위해서는 기사의 배후에 있는 진실을 찾아내는 감각을 기를 수밖에 없다. 그러기 위해서는 우선 기사를 읽고 핵심을 제대로 파악하는 능력을 키운 후 경제를 보는 스스로의 관점을 갖는 것이 좋다.

안목을 키워 주는 경제칼럼

특정 기업의 경영상태에 관한 뉴스, 국제수지 상태, 경기동향, 물가동향에 관한 뉴스 등은 단편적인 정보를 전달하는 경우가 대부분이다. 하지만 경제칼럼은 경제 각 분야에서 일어나고 있는 여러 가지 현상을 종합적으로 분석, 그 문제점을 지적하고, 필자 나름대로 대안도 피력한다. 따라서 일부 독자들에게는 경제칼럼이 독선적이고 때로는 잘못된 주장처럼 보일 수 있다.

그러나 경제칼럼은 대체로 우리 주변의 경제 문제를 종합적이고 체계적으로, 알기 쉽게 분석한 글이라고 할 수 있다. 경제칼럼에서는 단편적인 경제지식뿐만 아니라 이를 넓은 관점에서 파악하고 적절한 대안을 제시한다. 경제칼럼을 읽으면 경제를 보는 안목과 판단력이 좋아지는 이유가 바로 여기에 있다.

이러한 이유로 독자들에게 경제칼럼을 읽는 습관을 꼭 들이도록 권하고 싶다. 신문에 실리는 경제칼럼은 보통 그 신문의 경제담당 전문기자들과 경제담당 논설위원들이 주로 쓰고 있으며, 대학에서 강의하는 경제학 교수와 경제 관련 연구소의 연구원, 전직 경제부처 관리들도 객원 논설위원 자격으로 칼럼면에 수시로 등장한다.

이 책을 끝까지 읽은 독자라면 신문의 경제칼럼을 읽고 자신의 경제 이해 실력을 한번 시험해 보기 바란다. 만약 별다른 무리 없이 칼럼이 의미하는 방향을 정확하게 찾을 수 있다면 여러분의 경제기사 이해력은 이미 상당한 수준에 있다고 평가해도 좋을 것이다.

2

돈과 경제활동

돈은 어떤 역할을 하는가

전철환 한국은행 총재는 일부 대기업의 자금사정 악화 등으로 금융불안이 완전히 가시지 않았기 때문에 이를 염두에 두고 통화정책을 유연하게 운영하겠다는 입장을 시사했다.

전 총재는 28일 제주 신라호텔에서 한국표준협회 주최로 열린 최고경영자 경영전략 세미나에서 '디지털 경제의 흐름과 금융'이라는 주제의 강연에서 이같이 밝혔다. 이날 전 총재는 "경제의 장기 안정성장이 가능하도록 물가안정 기반을 구축하는 데 중점을 두고 통화정책을 운용하는 것이 중요하다"면서도 "현상황에서는 일부 대기업의 자금사정 악화 등으로 금융불안이 완전히 가시지 않고 있으므로 경기동향과 함께 전반적인 금융시장을 봐 가면서 통화정책을 운용할 것이다"라고 밝혔다. 또 전 총재는 우리나라가 미국처럼 고성장·저물가를 향유하려면 미진한 것으로 평가되는 기업·금융 구조조정을 꾸준히 추진해야 한다고 말했다.

그는 "미국이 고성장·저물가를 지속하고 있는 것은 1980년대 후반기부터 꾸준히 진행해 온 구조조정이 밑바탕이 되었다"면서 이같이 지적했다.

전 총재는 "디지털 경제의 출현이 인플레이션 없는 고도성장을 가능케 해 신경제를 실현시킨다는 논의가 있으나 정보통신기술의 발달은 민간소비를 확대시키는 등 수요증가도 가져와 오히려 인플레이션을 초래한다는 견해도 있다"면서 "인플레에 대한 과도한 낙관론은 성급한 감이 없지 않다"고 말했다.

— 매일경제신문, 2000년 7월 29일자

우리는 매일 돈을 사용하면서 산다. 노동의 대가로 임금이나 월급을 받고, 돈으로 필요한 물건을 사고 세금도 내는 등 모든 경제활동이 대부분 돈을 사용함으로써 이루어진다. 그래서 경제전문가들은 국민경제에서 돈의 역할을 흔히 인체에 있어서 '혈액'의 역할에 비유하곤 한다. 혈액이 인체의 각 부분을 순환하면서 영양분을 골고루 보내 주듯이 돈도 수많은 생산자와 소비자 사이에서 이루어지는 모든 경제거래를 매개하고 촉진하기 때문이다.

이처럼 돈이 경제 활동에서 중요한 기능을 수행한다고 하더라도 경제 규모나 여러 가지 여건에 비해 시중에 돈이 너무 많이 풀려 있으면 그 가치가 떨어져서 물건값이 오른다. 즉 물가가 지속적으로 오르는 '인플레이션'이 발생한다. 그 반대로 시중에 유통되는 돈이 지나치게 적으면 자연히 그 가치가 오르는 대신 물건값은 떨어지고, 필요로 하는 사람에 비해 돈이 부족해져서 금리가 오른다. 기업의 입장에서는 생산자금이 부족하게 되어 경제 활동을 위축시키는 요인이 된다. 따라서 국민경제의 안정적인 발전을 도모하기 위해서는 시중에 있는 돈의 총량을 적절히 조절해야 한다.

금융시장에서는 돈을 경제 전문용어로 '통화(通貨)'라고 부른다. 신문이나 TV의 경제 분야 뉴스에서 "통화긴축에 나선다"는 내용은 쉽게 풀이하면 "시중에 풀려 있는 돈을 흡수해 돈의 양을 줄인다"거나 "현재 돈이 너무 빠른 속도로 늘어나고 있으므로 돈이 늘어나는 속도를 둔화시킨다"는 뜻이다. 우리나라에서는 중앙은행인 한국은행이 통화가치를 안정시키고 경제 활동이 원활하게 이루어지도록 하기 위해 시중에 유통되는 돈, 즉 통화의 총량을 적절하게 조절하는 기능을 수행한다. 이것을 경제 용어로 '통화 신용정책'이라고 부른다.

한국은행은 시중에 돈이 너무 많을 때 은행을 통해 돈을 환수(통화긴축)하며, 돈이 적을 때는 은행을 통해 돈의 공급을 확대하는 정책을 수행한다.

통화지표(M1, M2, M3)로 돈의 흐름을 파악한다

경제 활동을 원활하게 유지하고 제대로 운영하기 위해서는 시중에 유통되고 있는 돈(통화)의 총량을 적절하게 조절해야 한다. 이를 위해서는 무엇보다도 먼저 통화의 크기와 변동을 파악할 수 있는 '통화지표'가 작성되어야 한다. 통화지표는 시중에 돈이 얼마나 풀려 있는가를 가늠할 수 있는 척도로서, 통화 신용정책의 기초 자료가 된다.

통화지표를 만들기 위해서는 무엇을 돈으로 볼 것인가, 즉 통화를 어떻게 정의할 것인가를 먼저 결정해야 한다. 흔히 통화라고 하면 지폐나 동전 같은 현금만을 연상하기 쉽다. 그러나 은행예금을 비롯하여 증권회사나 상호저축은행에 맡겨 놓은 예치금 등의 금융자산들도 필요한 경우 현금으로 바꿀 수 있으므로 이들도 통화의 범주에 포함시킬 수 있다.

따라서 통화의 정의는 여러 가지 기능이나 성격을 지닌 금융자산 중 어디까지를 통화로 볼 것이냐에 따라 달라지게 된다. 뿐만 아니라 일단 정의된 통화지표도 새로운 금융자산이 출현하거나 금융제도가 바뀌게 되면 그 성격이 변하므로 이를 반영하기 위해 새로운 통화지표가 계속 만들어져 왔다.

1980년대 이후 금융혁신, 금융자율화 및 금융겸업화의 급진전으로 금융환경이 크게 변화함에 따라, 한국은행에서는 이를 감안, 시중 자금사정을 보다 잘 반영할 수 있도록 통화지표를 새로 정의하

미니경제상식 **금융통화위원회** ─────────

우리나라 통화 신용정책의 수립과 운영을 책임지고 있는 한국은행의 최고 정책결정 기관이다. 또한 한국은행의 업무·운영 및 관리에 관한 지시감독권을 가지고 있다. 한국은행 총재가 의장직을 맡고 있는 금융통화위원회는 모두 7인의 위원으로 구성되는데, 이중 당연직 위원인 한국은행 총재 및 한국은행 부총재를 제외한 나머지 위원들은 각계에서 추천한 위원 중에서 대통령이 임명하도록 되어 있다.

고 2002년부터 이를 작성·발표하고 있다. 새로 정의된 통화지표의 내용을 구체적으로 살펴보면 다음과 같다.

• 협의통화(M1) : 이는 화폐의 지불수단으로서의 기능을 중시한 통화개념이다. 개인이나 기업 등 민간이 보유하고 있는 현금과 예금을 취급하는 금융기관의 요구불예금(당좌예금, 보통예금)과 수시 입출금이 가능한 저축성예금(예 : 은행의 저축예금, 투신사의 MMF 등)의 합계로 정의되고 있다. 요구불예금이나 수시 입출금이 가능한 저축성예금은 수표발행 등을 통해 지불수단으로 사용돼 기능 면에서 현금과 거의 같다고 할 수 있기 때문에 협의통화(M1)에 포함시키고 있다.

• 광의통화(M2) : 광의통화(M2)는 협의통화(M1)보다 넓은 의미의 통화지표로, 협의통화(M1)에 예금취급금융기관의 정기예·적금 및 부금, 시장형 금융상품(양도성예금증서, 환매조건부채권매도, 표지어음 등), 실적배당형 상품(금전신탁, 수익증권 등), 금융채, 기타수신(투신 증권저축, 종합금융회사 발행어음 등)을 포함시키되 유동성이 떨어지는 만기 2년 이상의 장기금융상품을 제외한 통화지표로 정의된다.

• 총유동성(M3) : 총유동성(M3)은 현금통화에 은행 및 비(非)은행 금융기관 예수금, 금융채, 상업어음매출, 양도성예금증서, 환매조건부채권매도, 표지어음 등을 포함시킨 통화지표로서 현재 이용되는 통화지표 중에서 포괄대상 금융상품이 가장 큰 통화지표다.

금융환경 급변 등으로 인해 통화지표의 유용성이 떨어져 지금은

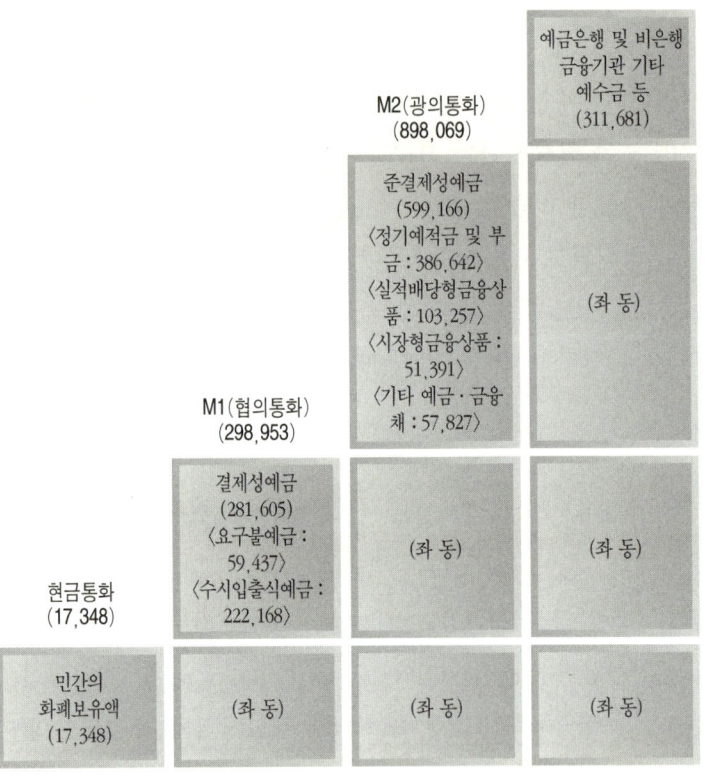

통화지표별 구성내역(2003년 12월 말 현재)　(단위：십억 원)

M3(총유동성)
(1,155,740)

예금은행 및 비은행 금융기관 기타 예수금 등
(311,681)

M2(광의통화)
(898,069)

준결제성예금
(599,166)
〈정기예적금 및 부금 : 386,642〉
〈실적배당형금융상품 : 103,257〉
〈시장형금융상품 : 51,391〉
〈기타 예금·금융채 : 57,827〉

(좌 동)

M1(협의통화)
(298,953)

결제성예금
(281,605)
〈요구불예금 : 59,437〉
〈수시입출식예금 : 222,168〉

(좌 동)

(좌 동)

현금통화
(17,348)

민간의 화폐보유액
(17,348)

(좌 동)

(좌 동)

(좌 동)

＊자료 : 한국은행

상대적으로 관심의 대상에서 멀어졌지만 통화지표는 오랫동안 통화관리의 중심지표로 이용되기도 하였다. 예를 들어 1979년부터 1996년까지 한국은행은 지금은 작성되지 않고 있는 총통화(M2 : 현금통화, 예금은행의 요구불예금 및 저축성예금, 거주자외화예금으로 구성)지표를 통화관리 중심지표로 사용했다. 그러나 1997년 말 외환위기를 맞으면서 한국은행은 IMF와 협의를 거쳐 1998년 이후에는 다른 통화지표보다 M3를 가장 중시하고 있다.

이와 함께 한국은행은 IMF 외환위기 이후 이루어진 한국은행법 개정과 함께 물가안정 목표제(inflation targeting)를 채택하면서 통화량보다는 금리를 중시하는 통화정책을 수행하고 있다.

한국은행이 발행하는 돈은 어떻게 공급되는가

한 나라의 통화공급은 1차적으로 중앙은행의 창구를 통한 화폐발행에서 비롯된다. 중앙은행은 자금시장 동향 및 국내 경제사정을 감안해서 (1)금융기관에 대한 대출과 금융기관 보유채권의 매입, (2)정부에 대한 대출 또는 정부발행채권의 인수, (3)정부대행기관에 대한 대출, (4)외환시장에서의 외환매입 활동 등의 방법으로 화폐를 공급한다.

이렇게 중앙은행 창구를 통해 공급된 화폐는 민간의 현금 보유성향에 따라 일부를 민간이 보유하게 되고, 나머지는 은행 등 금융기관으로 다시 유입되는 것이 보통이다. 은행들은 이렇게 유입된 화폐

올추석 화폐발행액 20% 줄어

신용카드 사용 확대·소비심리 위축 영향

올 추석엔 지난해에 비해 시중에 돈이 덜 풀렸다.

한국은행은 9일 "추석 전 10영업일(8월 30일~9월9일) 동안 시중에 풀려나간 화폐순발행액이 3조7203억원으로 지난해 4조6303억원보다 19.7% 감소했다"고 밝혔다.

'화폐순발행액'이란 한국은행이 발행한 화폐총액에서 시중은행이 한국은행에 입금한 총액을 제외한 수치다. 즉 이 기간동안 시중에서 실제로 유통이 증가된 화폐증액을 말한다.

한은은 이처럼 화폐 수요가 줄어든 이유를 △정부가 신용카드 사용을 늘리기 위해 각종 유인책을 내놓아 현금 수요가 감소한 데다 △시중자금이 은행으로 몰리면서 은행들의 자체 보유현금이 증가해 현금 수요를 은행들이 자체 해결하고 있기 때문으로 설명했다. 8월말 현재 금융기관이 보유한 '시재금'은 2조8276억원으로 1년 전에 비해 약 26% 증가했다. 또 최근 주식시장의 극심한 침체로 인한 소비심리 위축도 한 요인인 것으로 지적됐다. 한편 9일 현재

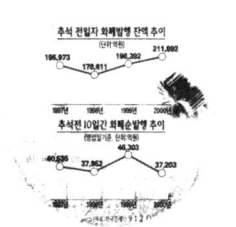

화폐발행 잔액은 21조1892억원으로 지난해 추석 전날(9월22일)에 비해 1조3500억원(6.8%) 증가했다. (이나연기자)
larosa@donga.com

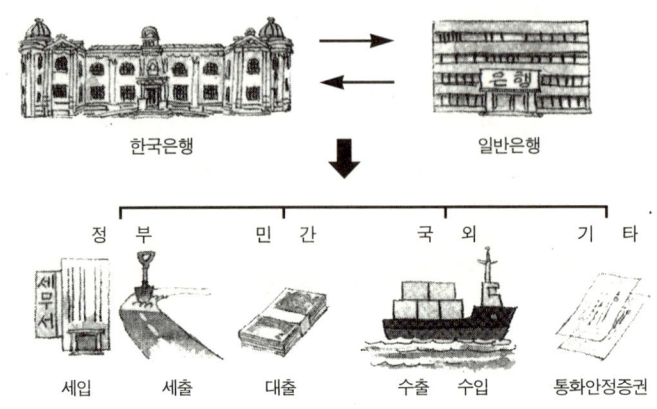

통화의 공급 경로

한국은행   일반은행

정 부   민 간   국 외   기 타

세입   세출   대출   수출   수입   통화안정증권

의 일부를 예금지급 준비금으로 중앙은행에 예치하거나 은행금고에 시재금(時在金)으로 보유하고 나머지는 민간에 대출하게 된다.

이렇게 대출된 돈은 다시 은행에 예금되고 예금된 돈 중 일부는 예금지급 준비금으로, 나머지는 다시 대출되면서 예금이 증가하게 된다.

이때 민간이 보유한 화폐(현금통화)와 이러한 과정을 통해 창출된 요구불예금 및 수시입출식저축성예금을 합쳐 '협의통화(M1)'라고 한다. 한편 민간이 보유한 화폐와 금융기관의 시재금을 합친 것을 '화폐발행액'이라고 하며, 화폐발행액과 금융기관의 중앙은행에 대한 예금지급 준비금을 합친 것을 '본원통화(本源通貨)'라고 부른다.

이 중 중앙은행의 본원통화 공급은 모든 통화공급의 기초가 되기 때문에, 통화 신용정책 수행에 중요한 지표로 사용된다. 본원통화라는 의미는 '돈 중의 돈'이라는 뜻으로, 이는 곧 화폐공급 경로에서 차지하는 본원통화의 중요성을 상징한다고 하겠다.

통화는 누가 어떻게 관리하는가

통화공급목표의 의미

매년 연초가 되면 신문의 경제면에서 "한국은행은 올해 통화공급목표를 ○○%로 설정했다"는 기사를 볼 수 있다. 여기에서 등장하는 '통화공급목표'란 그 해에 한국은행이 통화정책 수단을 사용해서 우리 경제에 공급을 유도하고자 하는 통화증가목표(계획량)를 말한다. 통화공급목표는 그 해 자금시장의 흐름을 전망할 수 있는 중요한 경제지표로서, 한국은행은 1997년 말 외환위기 이전에는 금리보다 통화량을 통화 신용정책의 주요한 중간목표로 활용했다. 그리고 은행, 보험사, 증권사 등 금융기관들뿐 아니라 민간기업들도 여기에 기초해서 그 해의 자금조달계획을 세웠다.

그러나 IMF 외환위기 이후 한국은행은 통화 신용정책의 중간목표로서 통화량보다는 금리를 더 중요시하는 정책을 펴고 있다. 통화공급목표는 구체적으로 협의통화(M1), 광의통화(M2), 총유동성(M3) 등 주요 통화 총량의 증가량으로 표시하거나 증가율로 표시하며, 일반적으로 증가율이 많이 쓰이고 있다. 예를 들어, 한국은행은 2002년도 우리나라 총유동성(M3) 공급목표를 전년에 비해 8~12% 증가하는 선에서 관리한다고 발표한 바 있다. 이 같은 한국은행의 통화공급목표는 자금시장에서 '나침반'과 같은 역할을 하며, 금융기관들은 한국은행의 통화정책 변화 추이를 면밀하게 관찰해 자금을 운용한다.

통화공급목표를 정할 때 가장 일반적으로 사용하는 방법은 1972년 유럽공동체(EC) 각료이사회가 권고한 바 있는 EC방식으로, 다음과 같이 계산된다.

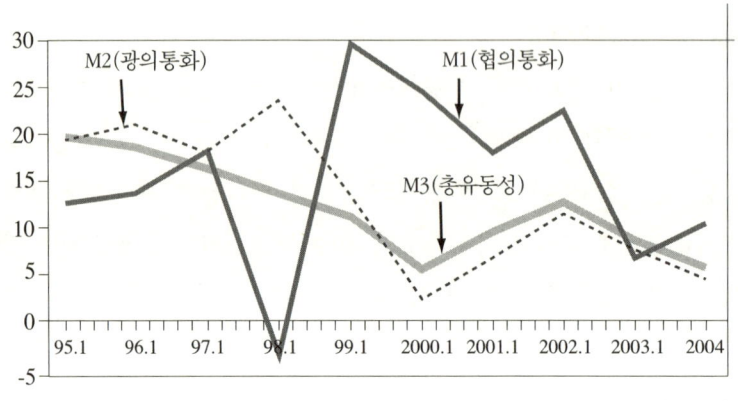

주요 통화지표의 증가율 추이

(평잔, 전년동월비 %)

M2(광의통화)   M1(협의통화)

M3(총유동성)

95.1 96.1 97.1 98.1 99.1 2000.1 2001.1 2002.1 2003.1 2004

통화공급목표(M) = 예상 경제성장률(Y)+예상 물가상승률(P)−예상 통화 유통속
도 변화율(V)

　예컨대 2003년 통화공급목표를 M3를 기준으로 8∼12% 범위 내
에서 공급한다고 정한 것은 예상 경제성장률 4%, 물가안정 목표
(GDP 디플레이터 기준) 2%, 그리고 기업·금융 구조조정 등의 영향
으로 통화 수요가 불안정해지면서 통화 유통 속도가 상승하고 있는
점(4%) 등을 고려한 것이다.
　이와 같이 한국은행은 경제성장과 물가등락 등을 감안해서 매년
적정 통화 공급 수준을 결정하고, 이 수준이 지켜지도록 여러 가지
방법을 사용해 통화의 수요와 공급을 조절·관리하고 있다. 그러나
통화공급목표가 절대적인 것은 아니며, 매달 콜금리 조정을 통해
그때그때의 경제상황을 반영해 가며 자금의 공급을 신축적으로 운

종 류	주 요 내 용	비 고
확정금리	예금할 때 약정한 금리가 만기까지 고정되어 있는 금리	대부분의 은행 예금상품
변동금리	실적배당률이나 만기 때의 시장금리를 적용	은행의 금전신탁, 투신사의 수익증권
연동금리	CD 유통수익률 등 시장의 실세금리에 연동하여 매일 또는 매월 금리를 고시하고 그 금리를 일정 기간 동안 확정하여 부여하는 경우의 금리	은행의 실세금리 연동형 정기예금
단 리	예금의 만기에 이자를 1회 계산하여 지급하는 방식	표면금리가 동일하다면 복리상품 이 실효수익률 면에서 유리
복 리	만기 이전에 일정 기간 단위(1개월, 3개월, 6개월, 1년 등)로 이자를 계산하여 원금에 가산하는 방식	
표면금리	예금증서, 채권 등의 표면에 기재된 이자율을 말하며 단순히 연간 이자수입만을 나타내는 금리	–
총수익률	만기까지 받는 총수익의 투자원금에 대한 비율	–
연평균 수익률	만기가 1년 이상인 상품에 대하여 만기까지의 총수익률을 계약 연수로 나누어 산출한 수익률	–
실효수익률 (연수익률)	원금, 이자 및 그 이자의 재투자수익 등을 모두 더한 총수입 금액의 원금에 대한 1년 단위 증가율	실효수익률에서 세금까지를 고려한 세후 실효수익률이 금융상품 선택의 기준이 됨

용한다.

중앙은행의 통화 관리수단

중앙은행의 통화 관리방식은 크게 나누어 '직접규제 방식'과 '간접규제 방식' 두 가지가 있다. 직접규제 방식에 의한 통화 관리방식은 은행을 통해 흘러 나가는 자금의 각 공급경로별 한도를 정하고, 그 한도 내에서 시중에 자금이 공급되도록 직접 규제함으로써 통화량을 조절하는 것을 말한다. 반면 간접규제에 의한 통화 관리방식은 은행을 통해 나가는 자금의 공급경로를 직접 규제하는 것이 아니라, 중앙은행 창구에서 풀려 나가는 통화공급량을 조절함으로써 궁극적으로 시중통화량을 조절하는 방식이다. 한국은행은 최근 경제자유화 및 금융자율화의 진전에 따라 통화 관리방식도 시장원리를 중시하여 한국은행이 시장 참여자의 일원으로 시중통화량을 조절하는 공개시장조작 등 간접 규제방식에 크게 의존하고 있으며, 용어도 '간접규제' 대신 '간접조절'로 고쳐 사용하고 있다.

간접조절 방식의 이론적 근거는 중앙은행의 통화성부채인 본원통화와 시중통화량 사이에 일정한 승수(乘數) 관계, 즉 일정량의 본원통화가 중앙은행 창구를 통해 공급되면 시중에는 그 몇 배(승수)에 해당하는 통화량이 창출, 유통되는 관계가 있음을 전제로 하고 있다. 따라서 통화승수가 안정적이라면 중앙은행은 본원통화만을 조절해서 통화총량을 목표수준으로 관리할 수 있게 된다. 중앙은행이 전통적으로 사용하는 간접조절 방식의 통화 관리수단으로는 재할인 정책, 지급준비 제도, 공개시장 조작 등 세 가지가 있다. 이 세 가지 방법들에 대해 살펴보겠다.

먼저 '재할인 정책'이란 중앙은행이 금융기관에 빌려 주는 자금의 양이나 금리를 조절하여 시중통화량을 줄이거나 늘리는 금융정책이다. 즉 시중에 자금이 필요 이상으로 많이 풀려 있다고 판단되면 중앙은행은 재할인금리를 높이거나 대출한도를 줄여 금융기관의 중앙은행 차입규모를 줄이도록 유도함으로써 금융기관이 시중에 공급할 수 있는 자금규모를 줄이도록 한다. 그 반대의 경우에는 재할인금리를 낮추거나 대출한도를 늘려 금융기관이 시중에 공급하는 자금규모를 늘리도록 유도한다.

'지급준비 제도'는 고객의 예금인출 요구에 대비하기 위해 예금의 일정 비율에 해당하는 금액을 중앙은행에 예치하도록 의무화하는 제도로, 원래 예금자보호 제도에서 출발했다. 그러나 오늘날 이 제도는 예금자보호 제도로서의 기능보다는 통화량을 조절하는 중앙은행의 금융정책 수단으로 많이 활용되고 있다. 즉 중앙은행은 시중에

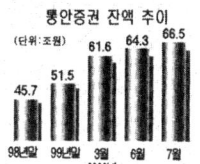
자금이 너무 많이 풀려 있다고 판단되면 금융기관의 지급준비율을 높여 신용창조(은행대출) 능력을 줄임으로써 통화량을 줄이고, 그 반대의 경우는 지급준비율을 낮춰 통화량을 늘린다.

마지막으로, '공개시장 조작'이란 중앙은행이 증권시장에서 기관투자가를 대상으로 국공채 등을 매입하거나 매각함으로써 시중통화량을 줄이거나 늘리고, 나아가서 유가증권 유통수익률에 영향을 주어 시중 유동성을 조절하는 정책수단이다. 금융시장이 발달해 금융자산이 다양화되어 있고 금리가 자율화된 미국과 일본 등 선진국에서는 공개시장 조작이 자주 사용된다. 우리나라의 경우 1980년대 후반부터 국제수지 흑자를 기록하면서 외국으로부터 통화공급이 늘어나자 이를 흡수하기 위해 통화안정증권, 재정증권의 발행이 늘어났다. 특히 1997년 말 IMF 경제위기를 겪는 과정에서 국채를 대량

통화정책의 파급 경로

정책수단	조작목표	중간목표	최종목표
• 재할인 정책	• 지급준비금	• 통화량	• 물가안정
• 지급준비 제도	• 단기금리 등	• 장기금리	• 경제성장
• 공개시장 조작 등		• 환율 등	• 국제수지 균형
			• 완전고용 등

발행하는 한편, 유가증권에 대한 경쟁입찰 방식 도입 등을 통해 공개시장 조작 여건이 점차 개선되고 있다. 현재는 재할인 정책이나 지급준비 제도보다는 공개시장 조작을 중심으로 통화 관리방식이 바뀌는 추세다.

미니경제상식 **환매조건부채권(RP)**

환매조건부채권(RP: Repurchase Agreements)이란 중앙은행 등이 이자율·약정기간 등을 미리 정해 놓고 만기일에 되사는 조건으로 판매하는 채권을 말하며 환매채 또는 RP라고도 한다. '환매채'라는 이름의 채권이 별도로 있는 것이 아니라 이와 같은 거래조건을 갖는 채권을 통칭하는 말이다. 환매채는 크게 중앙은행이 시중은행에 판매하는 것과, 시중은행이 개인을 상대로 판매하는 것으로 구별할 수 있다. 이 중 한국은행이 시중은행에 판매하는 것은 시중의 자금을 조절하는 통화 관리수단으로 활용된다. 즉, 한국은행이 시중에 자금이 많이 풀렸다고 판단될 경우 환매채를 시중은행에 매각하여 통화를 흡수하고, 시중에 자금이 부족하다고 판단되면 금융기관이 가지고 있는 환매채를 매입하여 통화량을 늘린다.

금융기관이 개인을 상대로 판매하는 환매채는 거래대상 증권의 잔존만기일 내에서 만기일과 금리를 별도로 정할 수 있기 때문에 개인들의 단기 여유자금 투자처로 많이 활용된다.

한국은행의 대출제도

한국은행은 8월 1일부터 일시적인 유동성 부족을 겪는 은행에 콜금리보다 다소 낮은 금리로 자금을 대출해 주는 유동성 조절 대출제도를 시행한다.

한은 최창호 정책기획국장은 "은행이 일시적 유동성 부족에 직면하게 될 경우 필요 자금을 긴급 지원해 금융시장의 안정을 도모하고 중앙은행의 정책 의도를 금융시장에 명확히 전달해 통화정책의 효율성을 높이기 위해 이 제도를 시행하기로 했다"고 29일 밝혔다. 한은은 도입 초기에는 우선 2조 원 수준으로 이 제도를 운용하되 앞으로 금융통화위원회에서 분기별로 대출한도를 설정, 본원통화가 증가하지 않는 범위 내에서 신축적으로 조절할 계획이다. 또 대출금리는 콜금리 목표치(현재 5%)보다 다소 낮은 수준으로 할 계획이며 3개월 이상 차입할 경우 세 번째 달부터는 연 1%포인트의 가산금리를 적용하기로 했다.

— 동아일보, 2000년 6월 30일자

유동성 조절 대출제도는 은행간의 자금 이동이 심해지면서 일시적으로 자금 부족에 빠진 은행들에 대해 신속하게 돈을 대주어, 은행이 대고객 업무를 원활히 수행할 수 있도록 하기 위해 2000년 8월에 도입한 제도다.

한국은행은 금융기관(예를 들어 은행)에 자금을 빌려 줄 때 어음 대출 또는 상업어음 재할인 등의 형식을 통해 돈을 빌려 준다. 한국은행이 현재 각 은행들에 대해 실행하고 있는 대출은 크게 '유동성 조절 대출'과 '총액한도 대출', '일시 부족자금 대출' 등으로 나뉘며, 지급결제를 원활하게 하기 위한 '일중당좌 대출제도' 등이 있다.

앞서 설명한 유동성 조절 대출제도는 중앙은행의 은행에 대한 대출정책의 일부로, 한국은행은 통화관리 목적 이외에도 은행이 자금 부족 상태에 이르면 긴급자금을 대출해 주기도 한다.

총액한도 대출은 한국은행이 금융기관이 취급한 기업 구매자금 대출, 상업어음 할인, 무역금융 등에 대한 실적 등을 감안하여 은행별로 한도액을 정하여 자금을 지원하는 방식을 말한다. 우리나라는 정책금융을 축소하고 통화정책을 보다 효과적으로 수행하기 위하여 1994년부터 종전의 자동재할인 방식에서 총액한도 대출제도로 재할인 제도를 개편하여 시행하고 있다.

즉 종전에는 금융기관이 취급한 상업어음 할인, 무역금융 등의 취급액의 일정 비율에 대하여 자동적으로 재할인(은행이 만기까지의 금리를 공제하여 사들인 어음을 한국은행이 다시 사들이는 것)해 주는 방식을 써 왔지만 현재는 한국은행이 미리 금융기관에 대한 대출의 총액한도를 정해 놓고 은행별로 한도를 배정하여 자금을 지원하고 있다.

총액한도는 한국은행 금융통화위원회가 통화금융 동향 등을 감안

미니경제상식   **한은특융**

한국은행이 특별한 목적으로 금융기관에 지원해 주는 자금을 말하는데, 여기서 특별한 목적이란 '통화와 은행업이 직접적으로 위협받는 중대한 긴급시' 또는 개별 금융기관의 위기가 전체 금융시장으로 확산되는 경우를 가리킨다. 이러한 상황이 발생했을 때 한국은행은 긴급자금, 소위 특융을 대출할 수 있다. 이때 적용되는 특융금리는 금융통화위원회가 통화금융 여건이나 시장금리 수준 등을 고려해 결정하게 된다.

지난 1972년의 8·3조치나, 1985년의 부실 해외건설업체 지원 때, 그리고 1992년 증시침체로 위기를 맞은 투자신탁 운용회사의 경영정상화를 위해 한은특융이 지원된 바 있다. 또 1997년 12월 IMF 외환위기 직후 은행, 종금사, 증권사에 대하여 거액의 특융을 지원하기도 했다.

한편 한은특융(韓銀特融)은 통화증발의 우려가 있어 통화관리를 어렵게 하는 요인으로 작용할 수 있다.

하여 3개월마다 정하며, 한국은행 총재는 총액한도 범위 내에서 월 단위로 금융기관별 또는 한국은행 지역본부별로 한도를 배정하여 운용하고 있다. 한국은행이 운용중인 총액한도 대출의 잔액은 2003년 12월 말 현재 9조 5000억 원이며 대출금리는 연 2.5%다.

일시 부족자금 대출은 금융기관이 단기자금의 수급차질로 인해 결제자금이 부족하거나 지급준비금이 부족할 경우 한국은행이 지원하는 자금이다.

그리고 일중당좌 대출은 하루 중에 발생하는 은행의 지급결제 부족자금을 업무마감 시간까지 무이자로 자동 지원하는 대출로서 결제의 원활화를 도모하기 위해 2000년 9월에 도입되었다.

금리로 자금시장을 파악한다

'금리'란 한마디로 돈의 가격이며, 돈을 빌려 주거나 빌려 쓸 때 덤으로 붙은 대가라고 볼 수 있다. 일반시장에서 물건을 사고 팔 때 가격이 존재하듯이 돈을 빌려 주고 받는 금융시장에서도 일종의 가격이 형성되기 마련이다. 금리도 상품가격과 마찬가지로 돈을 빌려 줄 사람이 상대적으로 많으면 떨어지고 적으면 올라간다.

금리는 우리 생활 전반에 걸쳐 알게 모르게 직·간접적으로 영향을 미친다. 집이나 자동차를 매매하고 돈을 빌리거나 저축을 할 때 우리는 자연스럽게 금리를 따지게 된다. 이처럼 금리는 일반 상품가격의 변동과 달리 투자·저축·경기변동 등 국민경제 전반에 미치는 영향이 의외로 크다.

예를 들어, 경기가 침체되어 있을 때 금리수준이 너무 높으면 투자나 소비수요가 억제되어 경기회복을 기대하기 어렵고 반대로 경기가 과열되어 있는데도 금리가 낮은 수준이라면 경기를 진정시킬 수 없게 된다. 또 금리변동이 너무 심하면 경제환경의 불확실성이 커져 기업가들의 투자 결정을 어렵게 할 뿐 아니라 투자의욕도 저하시킨다.

아울러 산업간의 발전 정도가 균형을 이루지 못할 경우에는 금리가 자금의 수급관계에 따라 자유롭게 결정될지라도 수익률이 높은 일부 특정 산업부문에만 자금이 집중됨으로써 자금 편재현상이 나타날 가능성이 높다. 이에 따라 대부분의 나라에서는 금리가 금융시장에 의해서만 결정되도록 방임하지 않고, 정부가 경제실정을 감안해서 시장개입 등을 통해 금리수준 결정에 직접 또는 간접으로 영향력을 행사하게 된다. 이처럼 각국 정부나 중앙은행들이 직접 또는 간접으로 실행하는 금리조절 정책을 '금리정책'이라고 부른다.

금리는 어떻게 결정되는가

금리정책은 경제성장·물가·국제수지·고용 등 여러 가지 국민경제의 목표 달성을 위한 중요한 정책수단의 하나로 간주되고 있다. 예를 들어, 경기가 나쁠 때는 은행권의 금리 인하를 유도해서 기업들의 시설투자를 촉진하는 정책을 쓰며, 반대로 경기가 과열상태를 보일 때는 금리를 올려 자금수요를 억제한다.

현재 우리나라 통화당국의 금리정책은 주로 콜금리 조절을 통해 이뤄진다. 콜금리란 쉽게 말해 금융기관끼리 남거나 모자라는 자금을 서로 주고받을 때 적용되는 금리를 말한다. 금융기관들도 예금을

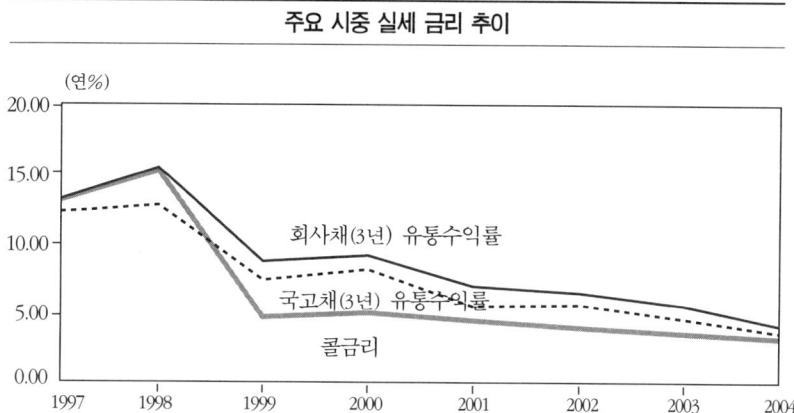

주요 시중 실세 금리 추이

(연%)

회사채(3년) 유통수익률

국고채(3년) 유통수익률

콜금리

1997 1998 1999 2000 2001 2002 2003 2004

받고 기업에 대출을 해주는 등 영업활동을 하다 보면 자금이 남을 수도 있고 급하게 필요한 경우도 생긴다. 이런 금융기관 상호간에 발생한 과부족(過不足) 자금을 거래하는 시장이 바로 콜시장이다.

  콜자금 거래는 금융기관들이 공동출자한 '한국자금중개주식회사'와 '서울외국환 중개주식회사'라는 2개의 콜거래중개 회사를 통해 이뤄지고 있다. 콜시장은 금융시장 전체의 자금흐름을 민감하게 반영하는 곳이기 때문에 이곳에서 결정되는 금리를 통상 단기 실세금리 지표로 활용하고 있다. 콜금리는 금융기관간에 적용되는 금리지만, 사실상 한국은행이 조절하고 있다. 한국은행의 상부 기구인 금융통화위원회는 매달 한 차례씩 정례회의를 열고 콜금리 운용 수준을 포함한 그 달의 통화정책 방향을 정한다.

  경기과열로 물가가 상승할 가능성이 있으면 콜금리를 높여 시중 자금을 흡수하고, 경기가 너무 위축될 것 같으면 콜금리를 낮추어 경기활성화를 꾀하는 것이다. 따라서 금융기관들은 매달 콜금리 변동 여부에 촉각을 곤두세우게 마련인데 콜금리에 연동(連動)되어 있 는 은행권의 대출금리도 움직일 가능성이 높기 때문이다. 한국은행 은 또 통화안정 증권이나 국채를 시중은행과 사고파는 방식으로 시

미니경제상식) 공정할인율 ─

오늘날 각국의 중앙은행은 돈을 찍는 발권은행의 역할 이외에 '은행의 은 행'으로서 역할을 수행하고 있다. 즉 중앙은행은 은행으로부터 지급준비 금〔일명 지준(支準)이라고 함〕을 예치받기도 하고, 은행이 금융시장에서 자 금부족 상태에 빠지면 이들에 대한 '최종대부자(最終貸付者)'로서 대출을 해주기도 한다.

중앙은행이 금융기관에 돈을 빌려 줄 때 부과하는 금리를 특별히 '공정할 인율(公定割引率)'이라고 부른다. 공정할인율은 단순히 중앙은행의 대출금 리라는 개념 이외에 금융시장에서 형성되는 각종 실세금리(예를 들어 대출 금리, 콜금리 등)의 기준이 되는 금리라는 점에서 중요한 의미를 갖는다. 국 제경제 뉴스면에 미국 연방준비제도이사회(FRB), 일본은행, 영란은행 등이 금리를 내리고 올렸다는 기사가 나면 콜금리와 같은 단기 시장금리의 목표 수준을 조절하였다는 뜻이다. 이 공정할인율 조작은 중요한 정책수단이다. 경기가 과열되었을 때는 공정할인율 인상을 통해 시장금리의 상승을 유도 하여 기업투자가 과도하게 일어나지 않도록 경기를 진정시킨다. 경기가 불 황에 빠져 있을 때는 반대로 공황할인율을 인하해 경기를 진작시킨다.

중의 자금량을 조절하며, 그에 따라 콜금리 수준이 결정되면서 한국은행이 생각하는 금리 목표치 근처에서 움직이게 된다.

리딩 뱅크와 프라임레이트

은행의 예금 및 대출금리를 과거에는 통화당국이 일방적으로 결정했으나, 지금은 보통예금 등 초단기금리를 제외한 대부분의 예금·대출금리를 은행들이 자율적으로 결정하고 있다.

은행들이 금리를 조정할 때는 물가 등 경제상황, 시중자금 사정, 중앙은행의 정책방향, 다른 은행들과의 경쟁력 등을 감안해서 금리를 결정한다. 금리수준을 은행들이 자율적으로 결정토록 하는 것을 '금리자유화'라고 하며, 현재 요구불예금만 금리규제를 받을 뿐 나머지는 완전히 자유화되었다.

그러나 금리가 자유화되었다고 해서 은행마다 금리가 제멋대로인 것은 아니고, 약간의 차이는 있지만 대략 비슷한 수준의 '예대(預貸)금리'를 고시하고 있다. 이는 은행들이 금리를 조정할 때 어느 한 은행이 먼저 금리를 조정하고 나머지 은행들이 이를 모델로 삼아 뒤따라가기 때문에 발생하는 현상이다. 이때 먼저 금리를 조정해 은행권의 금리수준 결정을 선도하는 은행을 '리딩 뱅크(leading bank)'라고 부른다.

은행금리와 함께 알아둘 만한 내용으로는 '프라임레이트(Prime rate, 우대금리)'가 있다. 프라임레이트는 신용도가 우수한 최우량기업에 적용하는 단기우대 대출금리를 가리키는 것으로 금융기관이 기업 등에 돈을 빌려 줄 때 적용하는 대출금리는 보통 프라임레이트에 대출 받고자 하는 기업의 위험 등을 감안한 가산금리(일명 스프레드, spread)를 더해 결정된다.

이때 프라임레이트는 신용 있는 기업에 대한 우대금리이므로 일반 대출금리의 하한선인 동시에 기준이 되며 시장의 실세금리를 반영하여 조정된다. 금융 선진국에서는 중앙은행이 재할인율을 조정하면 시장 점유율이 높고 재무구조가 건실한 선도은행, 즉 리딩 뱅크를 중심으로 프라임레이트를 수정하는 것이 일반적이다.

시중자금 사정을 나타내는 지표들

"시중자금 사정이 좋지 않으니 통화공급을 늘려야 한다"거나 반대로 "자금이 너무 풀려 안정기조를 위협하므로 시중통화를 흡수해야 한다"는 신문기사가 종종 난다. 개인이나 기업의 자금사정은 개별적으로 어느 정도 정확하게 파악되지만, 사회 전체의 자금사정을 분석하기란 생각만큼 그리 쉬운 일이 아니다. 중소기업과 대기업의 자금사정이 다르고, 돈은 많이 풀려 있다고 하는데 피부로 느끼는 자금사정은 나쁠 수도 있기 때문이다.

그렇다면 시중자금 사정이 좋은지 나쁜지를 어떻게 판단하는가?

미니경제상식) **예대마진**

예금금리와 대출금리의 수준을 비교해 보면 대출금리가 예금금리보다 항상 높게 마련이다. 이는 은행도 영리를 목적으로 하는 기업이므로 적정수준의 이익이 보장되어야 하기 때문이다. 이처럼 예금과 대출의 금리 차이는 은행의 수익을 결정하는 기반이며, 이를 흔히 '예대마진(預貸 margin)' 또는 '예대금리차'라고 부른다. 통상 은행업계에서는 적정 예대마진을 3%포인트 정도로 보고 있다. 우리나라 은행의 예대마진은 2003년 12월 말 현재 2.08%포인트 수준에 불과하다. 은행간의 여수신 경쟁이 갈수록 치열해지면서 예금금리는 높이고 대출금리는 낮춘 결과다.

IMF 외환위기 이전만 해도 예대마진이 이렇게 적지 않았으며 1998년 여름에는 5.37%포인트까지 올라간 적도 있었다.

과거에는 금리자유화가 실시되지 않아 금리가 시중자금 사정을 정확하게 반영하지 못하였으나 오늘날에는 각종 시중금리가 자금시장의 자금수급 상황을 잘 반영하고 있기 때문에 금리동향을 통해 시중자금 사정을 파악하기가 용이해졌다.

대표적인 시장금리 지표로는 채권수익률(회사채 및 국고채 유통수익률)·CD 유통수익률·콜금리 등이 있다.

먼저, '채권수익률'은 채권이 유통시장에서 매매되면서 형성된 금리로서, 시중자금 사정에 따라 매일매일 변한다. 시중자금 사정이 원활할 때는 채권 유통시장에서 채권을 사려는 사람들이 많아져서 채권가격이 오르게 되며, 이때 수익률(금리)은 자연히 떨어지게 된다. 반면 자금사정이 나빠 채권을 팔려는 사람들이 늘어나게 되면 채권값이 떨어지고, 이 경우 수익률은 올라가게 된다. 즉 채권가격과 수익률은 서로 반대방향으로 움직이는 특성을 가지고 있다.

채권의 종류에는 수십 가지가 있지만, 신문 경제면에는 대표적인 채권인 국고채(만기 3년)·회사채(만기 3년)·국민주택 채권(만기 5년)·금융채(만기 1년)의 유통수익률이 주로 실리고 있다. 'CD 유통수익률'은 자금시장에서 매매되는 보통 만기 91일짜리 CD의 거래수익률을 나타내는 것으로, 단기자금 시장의 동향을 읽을 수 있는 중요한 지표다. 만기 3년짜리 국고채수익률이 보통 장기금리 지표로 사용되는 것에 비해 만기가 보통 91일짜리인 CD는 단기금리 지표로 많이 이용된다.

'콜금리'는 금융기관간의 단기자금 수급시장인 콜시장에서 형성되는 금리로, 1일물부터 90일물까지로 되어 있다. 그러나 실제 거래되는 콜자금이 대부분 1일물인 까닭에 콜금리하면 대체로 1일물을 의미하며, 역시 중요한 단기금리 지표로 사용된다. 콜금리는 현

금리 계속 떨어지고 있지만…

자금시장 신용경색은 여전

국공채등 우량채에만 자금 몰려
투기등급 채권은 여전히 안팔려

이달 들어 지표금리가 연일 연중 최저치를 경신하고 있다.

9일 회사채 및 국고채 3년물 금리가 각각 8.94%, 7.77%로 연중 최저를 기록한데 이어 10일에도 8.89%, 7.69%로 전날보다 더 떨어졌다.

채권금리가 이같이 연일 하락하고 있는 가장 큰 이유는 투신권의 비과세 펀드에 시중자금이 몰려들면서 투신사들이 채권을 사들일 여유가 생겼기 때문이다. 채권을 사는 측이 많아지면 채권값이 올라가게(채권금리는 하락)된다.

그러나 시장에선 이같은 지표금리 하락이 반드시 자금시장의 신용경색 완화를 뜻하는 것은 아니라고 보고 있다. 국공채 및 일부 우량 회사채를 제외한 신용등급 BB+ 이하의 투기 채권은 아무리 높은 금리를 문다해도 여전히 거래가 거의 안되기 때문이다.

증권기업들의 자금난 대책으로 나온 '프라이머리CBO(발행시장 자산담보부증권)'에서 투기등급 채권 중 일부를 의무적으로 인수하고 있긴 하지만 만

기가 돌아오는 물량을 모두 소화하기는 역부족이라는 게 시장관계자들의 설명이다.

실제로 7월말에 1조5천5백억원에 달하는 회사채가 만기를 맞았으나 이중 차환발행에 성공한 것은 1천5백억원에 불과했다. 다행히 이달 초에 처음으로 선보인 프라이머리CBO에서 약 7천억원 가량을 인수해줬지만 나머지 7천억원어치는 소화되지 못했다.

김성민 한은 채권팀장은 "최근의 지표금리 하락은 거시경제 및 전반적인 시장여건이 호전돼서라기보다는 국공채 및 우량 회사채에만 수요가 집중됐기 때문"이라면서 "투기등급 채권 거래가 조속히 활성화하지 않을 경우 시장왜곡이 심해질 것"이라고 말했다. 신예리 기자<shiny@joongang.co.kr>

재 금리정책의 주요 수단으로서 매달 초 금융통화위원회에서 그 수준을 결정한다.

시중자금 사정이 나빠지면 단기금리 지표인 콜금리와 CD 유통수익률이 먼저 뛰어오르고 뒤이어 장기금리인 회사채 유통수익률이 상승하는 것이 보통이다.

물론 그 반대의 경우도 있으나, 중장기적으로 볼 때 이 세 가지 금리지표는 한 방향으로 움직이게 된다. '어음부도율'도 시중자금 사정을 측정하는 주요 지표로 많이 사용되고 있다. 시중자금 사정이 나쁠 때는 시장금리 지표가 일제히 올라가는 동시에 어음부도율도 상승 추세를 보인다.

어음부도율은 부도어음 금액을 교환에 회부된 어음 총액으로 나누어 구한다. 한국은행은 전국 어음부도율을 매월 집계하여 발표하고 있으며, 서울·부산·대구·광주 등 지방별 어음부도율도 함께 조사하여 발표한다. 특정 지역에서 경제적 영향력이 큰 대기업들이 도산하면 그 후유증으로 지방의 어음부도율이 급등하는 것이 보통이다.

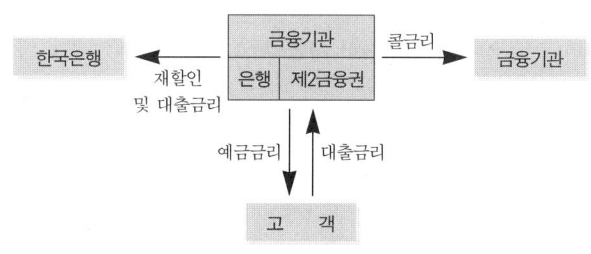

단기금융 시장

단기(短期)금융 시장(money market)은 만기가 1년 이내인 금융자산이 거래되는 금융시장으로서, 금융기관이나 우량기업 등 자금거래 규모가 큰 거래자들이 일시적으로 현금이 부족하거나 과잉상태에 있을 때 자금과부족을 조절하는 시장이다.

일시적 여유자금이 생긴 거래자는 단기금융 시장에서 매매되는 단기금융 자산을 매입함으로써 유동성을 확보하면서도 안정적인 수익을 올리게 되고, 자금이 부족한 거래자는 보유하고 있는 단기금융 자산을 매각함으로써 부족자금을 손쉽게 조달하게 된다.

현재 우리나라의 단기자금 시장으로는 금융기관만 참여할 수 있는 콜시장과 금융기관 이외의 거래자도 참여할 수 있는 기업어음 (CP) 시장·무역어음 시장·환매조건부채권(RP)매매 시장·양도성 예금증서(CD) 시장·상업어음 일반매출 시장 등이 있다.

이 중에서 가장 중요한 콜시장은 금융기관간에 1일 내지 수일 이내의 자금이 전화 등의 통신망을 통해 거래되는 초단기자금 시장을 가리킨다.

시중 실세금리

현대사태가 진정기미를 보이면서 시중금리가 연중 최저치를 나타내고 있다. 지난 주말(2일) 3년만기 국고채 유통수익률과 회사채 유통수익률은 각각 연 8.75%, 9.77%로 올 들어 최저수준을 유지했다.

지표상으로는 자금시장이 안정세를 되찾는 듯한 모습이다. 지난달 새한그룹 워크아웃에 이은 주식시장 폭락 및 환율급등세와 맞물려 금리가 상승세를 지속, 금융시장 불안이 우려되던 상황에 비하면 크게 호전됐기 때문이다.

그러나 아직 자금시장 전망을 낙관하기는 이르다는 지적이 많다. 우선 회사채는 발행조차 쉽지 않으며, 국고채는 물량이 많지 않아 실세금리 지표로서의

(미니경제상식) **미국 연방준비제도이사회(FRB)** ───────────

미국은 복수 중앙은행 제도를 운영하고 있는데, 미국 전역을 12개의 연방준비구로 나누어 각 지역마다 중앙은행 기능을 하는 연방준비은행을 하나씩 두고 있다.

이들 12개의 연방준비은행을 통합하는 것이 연방준비제도이사회(Federal Reserve Board : FRB)이며, 예금준비율의 변경 및 공개시장 조작, 주식거래에서의 신용규제, 가맹 은행의 정기성예금 금리 규제, 연방준비은행의 재할인율에 대한 결정 권한을 갖고 있다.

그러나 실질적인 금리 인상이나 인하 결정은 FRB의 정책결정 기구인 연방공개시장위원회(Federal Open Market Committee)가 내린다.

흔히 FOMC라고 부르는데 한국은행의 정책결정 기구인 금융통화위원회와 비슷한 조직이라고 볼 수 있다. FOMC는 총 12명의 위원으로 구성되는데 2005년 현재 위원장은 FRB 의장인 앨런 그린스펀이 맡고 있다. FOMC는 연간 여덟 차례 회의를 개최하며, 필요한 경우에는 전화회의를 갖기도 한다.

FOMC는 회의에서 각종 경제 상황을 검토한 뒤 우리나라 콜금리처럼 금융기관간의 초단기 자금거래시 적용하는 연방기금금리(Federal Fund Rate)의 변경여부를 결정한다. 미국의 금리수준은 세계 금융시장에 큰 영향을 미치기 때문에 FOMC 회의가 열릴 때마다 전 세계 주식시장이 들썩거린다.

역할을 하지 못하는 상황이다.

기업자금이 제대로 공급되지 않는 상태에서 채권시장의 구조적인 취약성을 반영, 금리가 왜곡되고 있을 뿐이란 게 전문가들의 판단이다. 따라서 기업들은 금리인하에도 불구하고 돈 구경하는 게 쉽지 않다. 키움닷컴증권 채권영업팀의 이병희 과장은 "회사채의 경우 금리시세가 잘 형성되지 않을뿐더러 신용등급별 가산금리가 종전의 0.4~0.5%에서 1% 이상 벌어지는 상황"이라고 말했다. 회사채 주요 인수처인 투자신탁 운용회사는 고객 이탈로 자금여력이 없고, 은행들은 2차 구조조정을 앞두고 대출을 기피하고 있다. 금융기관의 회사채 보유한도가 풀렸지만 당장 시장에 반영되지 않고 있어 자금시장의 선순환을 기대하기엔 역부족이다.

금융연구원 최공필 박사는 "금리하락을 금리안정으로 보기 어려운 게 현실이며, 채권시장이 고르게 발달하도록 유도하는 게 중요하다"며 기업자금난이 금융경색으로 발전하는 상황을 경계했다.

— 조선일보, 2000년 6월 5일자

은행에 저축을 하거나 은행에서 대출을 받을 때 적용받는 금리는 상당 기간 일정하다. 예를 들어, 정기예금 금리가 연 4.7%라거나 신탁대출 금리가 연 7.3%라는 식이다. 이와 같은 금리를 은행이 인하 또는 인상한다는 것은 예금상품과 대출상품의 금리를 조정하는 것을 의미한다.

그러나 신문지상에는 이러한 은행금리 이외에도 '시중 실세금리'라는 말이 자주 오르내린다.

시중 실세금리란 시장금리로서 자금시장의 수급상황이 그대로 반영된, 말 그대로 시중자금 상황의 실세가 반영된 금리라는 뜻에서 일반인들이 붙인 용어다. 그렇다고 시중 실세금리가 실제로 자금시장에서 특정 수치로 결정되는 것은 아니고, 각 금융시장, 예를 들면 국고채 시장·회사채 시장 등에서 결정된 시장금리를 총칭하는 말로 쓰여지고 있다. 시장 실세금리는 시장원리에 따라 시중자금

사정이 풍성하면 하락하고 반대로 자금사정이 나쁘면 상승하는 경향을 보인다.

명목금리와 실질금리는 어떻게 다른가

금리는 중앙은행의 공정할인율·금융기관 예금 및 대출금리·단기 및 장기 시장금리 등 금융시장의 종류에 따라 여러 가지로 구분할 수 있다.

아울러 물가상승 요인을 고려하느냐의 여부에 따라 명목금리와 실질금리로 구분할 수 있다. 명목금리는 실제 금융거래에서 사용되는 금리를 말하며, 실질금리는 명목금리에서 물가상승률을 차감한 금리를 의미한다.

예를 들어, 2002년에 정기예금의 명목금리가 4.7%, 소비자물가 상승률이 연 2.7%였을 경우 2002년의 실질금리는 2.0%가 되는 셈이다. 다시 말해, 물가가 크게 오르면 명목금리가 높더라도 예금주가 실제 얻게 되는 이자는 보잘 것 없어지게 마련이다. 따라서 이자소득을 가지고 생활하는 퇴직자들에게는 명목금리보다 실질금리

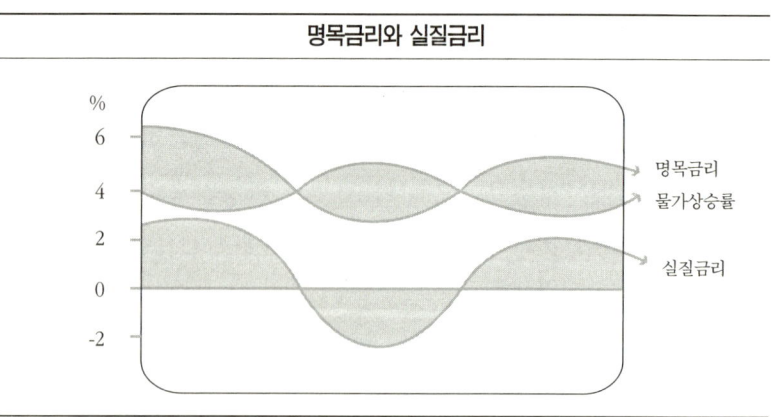

명목금리와 실질금리

가 더 중요하다고 할 수 있다.

은행과 제2금융권

은행의 대출(여신)제도

은행대출은 자금을 개인이 갖다 쓰느냐 아니면 기업이 갖다 쓰느냐에 따라 '가계대출'과 '기업대출'로 크게 나뉜다. 기업대출은 대기업대출과 중소기업대출로 나뉘는데, 현재 한국은행은 중소기업육성 차원에서 매년 은행에서 나가는 대출자금의 45%(지방은행은 60%)를 반드시 중소기업에 지원하도록 유도(중소기업 대출 비율)하고 있다. 은행대출금은 운용목적에 따라 '운전자금 대출'과 '시설자금 대출'로도 구분한다. 운전자금 대출은 일반적으로 융자기간 1년 이내의 원자재 구입 및 인건비 지불 등을 위한 대출금이며, 시설자금은 융자기간 1년을 초과하는 공장기계 등 시설재 구입을 위한 분할상환 조건의 대출금이다.

은행대출금은 방송과 신문에서 '여신'이라는 용어와 자주 혼용해서 쓰이고 있지만, 정확하게 말하면 여신이 보다 광범위한 개념으로, 통상 '대출금(貸出金)'과 '지급보증(支給保證)'을 합친 경우를 여신이라고 한다. 이 밖에 은행대출과 관련해 신문 경제면에 많이 등장하는 금융용어들을 간단히 설명하면 다음과 같다.

• 무역금융 : 국가간에 체결된 수출입거래와 동(同) 거래와 직접 연관되는 국내거래(내국신용장 거래)의 각 단계에 필요한 자금을 제공

하여 무역증대에 기여하는 것을 목적으로 하는 여신을 말한다. 무역금융은 수출입거래에 직접 수반되는 경우뿐 아니라 무역거래의 각 단계에 있어 상품의 생산·가공·집하·구매를 위한 것까지 포괄한다. 일반 운전자금보다 낮은 금리로 지원되는 무역금융은 거래유형에 따라 수출금융과 수입금융으로 나뉘고, 신용공여 기간에 따라 단기무역 금융과 중장기무역 금융으로 구분한다.

• 상업어음 할인 : '어음할인'이란 상거래에서 취득한 어음을 만기가 되기 전에 일반적인 배서양도의 방법으로 타인에게 매각하고 어음금액으로부터 만기까지의 이자나 기타 비용을 공제한 금액을 수령하는 것을 말한다. 은행에서 보통 할인대상이 되는 어음은 상거래에서 발생한 상업어음으로 '진성어음'이라고도 한다. 이와 달리 상거래와 관계없이 기업들이 일시적인 자금융통을 목적으로 발행하는 어음을 '융통어음'이라고 부른다.

• 일반대출 : 일반대출은 자금의 용도가 특별히 정해지지 않고 대출과목도 정해지지 않은 은행대출을 총칭하는 말이다. 대출기간은 보통 1년 이내로, 신용이 우수한 기업에 대해서는 약정한도를 설정하고 그 한도를 초과하지 않는 범위 내에서 1년 이내에 갚고 다시 대출받는 회전대출을 취급하기도 한다.

• 1차부도·최종부도 : 기업들이 지급제시된 어음과 수표를 당일에 결제하지 못하고 다음날 결제하는 것을 말한다. 예컨대 결제해야 할 어음을 자금이 모자라 당일 영업 마감시간인 오후 4시 30분까지 결제하지 못하고 다음 날 결제하면 '1차부도'로 처리된다. 만약

다음 날에도 결제하지 못하면 '최종부도'로 처리된다. 최종부도란 당좌거래가 정지되어 앞으로 은행거래를 못하게 된다는 뜻이며 1차부도로 그친 경우에는 당좌거래 정지처분은 면하게 된다.

- 꺾기 : 은행 등 금융기관에서 돈을 빌려 쓸 때 대출받은 돈의 일정 부분을 떼어 내 그 금융기관에 예금하도록 하는 관행을 말한다. 전문용어로는 '양건(兩建)예금'이라 하지만, '꺾기'라는 말이 널리 쓰이고 있다. 이런 예금은 예금자의 의사와 상관없이 이루어지는 경우가 많다. 은행이 대출을 해주고 대출금 일부를 유보시켜 예금에 들게 하기 때문에 은행은 표면상 나타나는 대출금리 이상으로 실질금리를 인상한 효과를 가져온다. 꺾기는 금리자유화와 함께 퇴조추세를 보이고 있다.

미니경제상식 연대보증 ───────────────

연대보증(連帶保證)이란 주(主)채무자가 은행 빚을 갚지 못했을 때 보증인이 채무의 전부를 이행할 의무를 지는 것을 말한다. 이때 연대보증인 한 사람이 보증채무를 모두 떠안으면 다른 연대보증인은 채무를 면제받게 된다. 만약 A가 은행으로부터 대출을 받은 것에 대해 B와 C가 연대보증을 섰다고 가정하면, A가 대출금을 갚지 않을 경우 은행은 B와 C 중 아무에게나 채무 변제를 요구할 수 있다.

극단적인 경우 은행은 A에게 대출금을 갚으라고 통보하지도 않고 곧바로 B나 C에게 채무변제를 요구할 수도 있다.

연대보증의 무서움이 바로 여기에 있다. 제도가 이렇다 보니 1997년 IMF 외환위기 이후 연대보증을 잘못 섰다가 파산하는 '개인 파산자'가 속출하면서 연대보증제도에 대한 개선의 목소리가 높아졌다. 이에 따라 1997년 7월 은행들이 모여 보증인 1인당 보증한도를 1000만원 이하로 제한하는 '연대보증 제한운용 제도'를 마련했다.

반드시 알아두어야 할 예금자보호제도

1997년 말 IMF 외환위기 이전에는 금융기관이 망한다는 것은 상상도 할 수 없는 일이었다. 하지만 IMF 쇼크 이후엔 수많은 부실은행과 종금사·보험사·상호저축은행들이 경영부실 때문에 문을 닫았다. 이에 따라 부실 금융기관에 돈을 맡긴 고객들이 예금을 제때 못 찾아 어려움을 겪는 일도 숱하게 일어났다.

'예금자보호제도'는 이처럼 부실 금융기관이 망해 고객들에게 예금을 내줄 수 없게 될 경우 예금보험공사가 해당 금융기관 대신 예금을 지급해 주는 제도다. 미국이나 일본, 캐나다 등 선진국들은 이미 오래 전부터 이 제도를 시행하고 있다. 우리나라는 1995년 말 제정된 예금자보호법에 따라 처음 도입됐는데 1996년 6월 설립된 예금보험공사가 그 업무를 맡고 있다.

금융기관별 예금 보호 및 비보호 대상

금융기관	계속 보호	2000년 말까지만 보호	계속 비보호
은행	예금, 적금, 부금, 표지어음, 원금보전형 신탁(개인연금신탁, 노후생활 연금신탁 등 포함)	외화예금, 양도성 예금증서(CD), 은행발행채권, 1998년 7월 24일 이전에 산 환매조건부채권(RP)	실적배당 신탁상품(비과세 가계신탁, 근로자우대 신탁 등), 농·수협 중앙회의 공제 상품
증권	고객 예탁금, 각종 증권저축	공모주, 실권주 청약증거금, 1998년 7월 24일 이전에 산 환매조건부채권(RP)	수익증권, 증권사발행 채권, 1998년 7월 25일 이후 매입한 환매조건부채권(RP)
보험	개인보험, 법인의 퇴직보험	퇴직보험을 제외한 법인보험, 1998년 7월 31이전 체결한 보증보험 계약	재보험
종합금융	발행어음, 표지어음, 담보부 매출어음, 어음관리계좌(CMA)	-	무담보 매출어음, 외화차입금, 수익증권, 종금사 발행채권, 환매조건부채권(RP)
상호신용금고	예금, 적금, 부금, 표지어음	-	
신용협동조합	출자금, 예탁금, 적금	-	공제상품

예금보장 5000만원

黨政, 내년1월 시행 최종 결정
당좌·별단예금은 3년간 전액보장

시행시기를 둘러싸고 논란을 빚어온 예금부분보장제도가 보장한도를 5000만원으로 올려 내년 1월부터 시행하는 것으로 최종 결정됐다. ▶관련기사 3·4면

정부와 여당은 17일 당·정 협의를 갖고 당초 계획대로 2001년 1월부터 예금부분보장제도를 시행하되, 보장한도는 금융기관별로 1인당 5000만원까지 하기로 합의했다.

다만 상거래(商去來)의 안정성을 보장하기 위해 금융기관간 결제자금으로 이용되는 무이자 요구불예금(별단예금·당좌예금)에 대해서는 2003년까지 예금전액을 보장해주기로 결정했다.

정부는 이 같은 내용의 예금자보호법 시행령 개정안을 다음 주 국무회의에 상정, 의결을 거친 다음 시행할 방침이다.

이번 조치로 내년 2001년 1월 이후 금융기관이 파산할 경우 예금자는 예금 가입시기에 관계없이 원리금을 합쳐 1인당 5000만원까지는 보호를 받게 됐다. 그러나 모든 예금이 다 보호를 받는 것은 아니며, 외화예금과 양도성 예금증서(CD), 은행발행 채권, 개발신탁 등의 금융상품은 보호 대상에서 제외된다.

재경부 이충구 금융정책 국장은 "1인당 예금보장한도가 5000만원이지만 금융기관이나 가족별로 예금을 분산 예치할 경우 보호받을 수 있는 금액은 수십억원까지 늘어난다"고 설명했다.

이 국장은 또 인수합병(M&A), 금융지주회사 편입, 예금보험공사

예금보험 제도는 금융기관도 제조업체처럼 도산할 수 있음을 전제로 하고 있다. 금융기관이 망할 경우 2000년까지는 예금을 전액 지급해 주는 '예금 전액 보장제'가 실시됐었다. 그러나 2001년부터는 원리금을 합쳐 1인당 5000만 원까지만 보호해 주는 '예금 부분 보장제'가 시행되고 있다. 따라서 4인 가족의 경우 가족 각각의 명의로 예금을 했을 경우 금융기관에서 2억 원(5000만 원×4명)까지 보장받을 수 있다. 1인당 보호한도 5000만 원은 금융기관별로 적용된다.

따라서 A은행과 B은행, C증권사와 D증권사, E저축은행 등 여러 우량 금융기관에 예금을 분산 예치하면 보호받을 수 있는 예금액을 그만큼 늘릴 수 있다. 다만 같은 금융기관에 대해 여러 지점으로 나눠 예치하면 모두 합쳐 5000만 원까지만 보호해 준다. 그러나 모든 금융기관의 예금자를 보호해 주는 것은 아니다. 예금보험공사에 예금보험료를 내는 은행·증권회사·보험회사·종합금융회사·상호저축은행·신용협동조합 등 6개 금융기관 거래자만 보호해 주며 농협과 수협 중앙회, 외국은행 지점도 예금보험대상 금융기관이다.

다만 농협·수협의 단위조합과 새마을금고는 보호대상 금융기관

우량 금융기관 판단 지표

구 분	주요 경영 지표	공통사항
은행, 종합금융회사	BIS기준 자기자본비율 부실여신 비율	경영공시 내용, 감독당국의 경영평가 결과, 국제신용평가 기관의 신용등급, 최근의 주가수준 등
증권회사	영업용 순자본 비율	
투자신탁 운용회사	펀드수익률	
보험회사	지급능력 비율	

은 아니지만 별도의 보호장치를 마련하고 있다. 농협·수협의 단위
조합은 각 중앙회에서 자체적으로 적립한 기금을 통해 예금자를 보
호해 주고 있다. 새마을금고의 경우 연합회에 설치된 '안전기금'에
의해 2001년부터 3000만 원까지 원리금을 보장한다.

한편 예금부분 보장제가 실시되더라도 모든 금융상품을 보호해
주지 않는다는 데 유의할 필요가 있다. 실적배당 상품인 신탁상품
이나 수익증권 등은 투자자의 책임 아래 투자한 것이므로 보호대상

미니경제상식 　주채권은행제도 ────────────

주채권은행이란 금융기관으로부터 거액을 대출받아 여신관리 대상으로 정
해진 기업체 또는 계열기업군(系列企業群)의 거래은행 중 주된 거래은행을
말한다. 주채권은행(主債權銀行)제도는 지난 1974년 7월 대기업에 대한 중
복여신 억제 및 재무구조 개선 등을 위해 '주거래은행(主去來銀行)'제도로
서 도입되었으며 방만한 기업투자나 부동산 취득을 직접규제하는 등 정부
의 산업정책과 대기업정책을 대행하는 역할을 해왔다.
현재 주채권은행제도는 기업여신은 물론 경영정보까지 수집하여 관리하
고, 여신 부실의 우려가 있을 경우 간사은행 자격으로 대책을 신속히 수
립하여 추진하는 기능을 맡고 있다. 주채권은행제도의 적용 대상 대기업
그룹은 대출금과 지급보증을 합한 전체 은행여신이 2500억원 이상인 계열
기업군이다.

이 아니다. 부실 금융기관이 우량 금융기관에 합병될 경우엔 합병 전의 모든 금융기관 자산과 부채가 합병 후 금융기관에 포괄적으로 승계되기 때문에 합병하기 전의 금융기관과 거래하던 예금자는 합병에 관계없이 정상적인 예금거래를 할 수 있다.

전자금융

은행에 가지 않고 책상에 놓인 컴퓨터를 통해 인터넷으로 은행일을 볼 수 있는 인터넷뱅킹이 점차 확산되는 추세다. 손가락으로 클릭만 하면 계좌이체, 잔고조회가 가능하고 송금 또는 대출도 할 수 있다. 아직 현금이 직접 왔다갔다 하는 일은 할 수 없지만, 집과 사무실에서 간단하게 은행일을 처리할 수 있는 인터넷뱅킹은 폭발적으로 늘어나고 있다. 한국은행이 분기별로 조사하는 등록고객수 집계에 따르면 지난 6월 말 1백2만 명이었던 수가 7월 들어서는 하루 평균 1만 명 이상씩 늘어나면서 점점 가속도가 붙고 있으며 이런 추세라면 이달 중순 2백만 명을 돌파할 것으로 보인다. 인터넷뱅킹을 통한 각종 조회와 자금이체 및 대출서비스 이용실적은 6월 한달간 1천2백52만 건에 달했다. 이를 통한 자금이체 규모는 6월중 18조2천4백16억원이나 됐고 대출서비스는 7천1백88억 원이 신청돼 1천8백14억 원이 성사됐다. 은행들은 예금금리 우대, 환율우대, 무보증 신용대출, 대출금리 할인, 송금 수수료 면제 등 갖가지 '당근'을 앞세워 고객들을 인터넷뱅킹으로 유인하고 있다.

— 중앙일보, 2000년 9월 26일자

• 텔레뱅킹

'텔레뱅킹'은 '폰뱅킹'이라고도 하는데, 말 그대로 은행업무를 전화로 처리할 수 있음을 뜻한다. 그러므로 어디서든 이용할 수 있고 영업시간의 제약도 받지 않으며, 통장과 도장 없이도 거래를 할 수 있기 때문에 매우 편리하다. 계좌 비밀번호·텔레뱅킹 비밀번호·주민등록번호·계좌번호 등 보안장치도 3중, 4중으로 되어 있어 안전한 편이다.

텔레뱅킹 비밀번호는 전화를 사용해 수시로 변경할 수 있으며, 직원들을 통한 각종 거래나 조회는 녹음장치에 보관한다. 텔레뱅킹을 통해 계좌간 송금 및 이체는 물론 다른 은행으로의 송금도 가능하다. 텔레뱅킹을 통해 은행대출을 받을 수도 있는데, 이와 같은 대출시스템을 '텔레뱅킹론'이라고 부른다. 텔레뱅킹의 이용 방법은 매우 간단하다. 텔레뱅킹센터로 전화를 걸면 전화기에서 ARS(자동 응답 시스템)라는 안내방송이 나오며, 고객은 안내에 따라 전화버튼을 차례대로 누르면 모든 업무가 컴퓨터로 자동처리된다.

PC뱅킹은 텔레뱅킹과 업무내용·이용시간·이용수수료 등이 거의 비슷하지만, PC를 다룰 줄 알아야 하므로 대부분 젊은 세대에서 많이 이용하고 있는 것이 특징이다. 또 PC뱅킹은 화면으로 정보를 직접 보면서 업무를 처리할 수 있는 장점이 있다.

• 인터넷뱅킹

'인터넷뱅킹'은 말 그대로 은행에 가서 해야 하는 일을 인터넷을 통해 처리하는 것을 말한다. 텔레뱅킹이 전화를 이용한다면 인터넷 뱅킹은 컴퓨터상에서 클릭을 통해 간단히 은행업무를 처리할 수 있다. 모두 영업시간에 제한받지 않으며 통장과 도장 없이도 거래를 할 수 있다는 점에서 매우 편리해 인기가 높다. PC뱅킹이 은행과 사용자 간에 연결된 전용회선을 통해 PC통신으로 은행일을 보는 것과 달리 인터넷뱅킹은 전세계를 연결하는 전산망인 인터넷을 이용한다는 점에서 접근성이 매우 높다. 1995년 10월 영업을 시작한 시큐리티 퍼스트 네트워크 뱅크(SFNB)가 세계 최초의 인터넷 은행으로 손꼽힌다. 국내 대부분의 은행들도 인터넷뱅킹 서비스를 실시하고 있다. 핸드폰 단말기를 이용한 인터넷뱅킹도 활기를 띠고 있다. 일명 모바일뱅킹이라고 부르는데 초보적 단계이기는 하지만 일부 은행들이 이 서비스를 제공하고 있다.

• 전자금융 서비스의 이점

이처럼 전화나 컴퓨터, 핸드폰 단말기를 이용한 서비스를 총칭해 '전자금융 서비스'라고 부른다. 또한 텔레뱅킹이나 PC뱅킹, 인터넷뱅킹 등 전자금융 서비스의 사용자를 기준으로 하여 기업이 이용하면 '펌뱅킹'이라고 부르고, 개인이 이용하면 '홈뱅킹'이라고 부른다.

인터넷뱅킹이 급속히 확산되면서, 인터넷으로 예금하면 은행창구를 이용할 때보다 이자를 더 얹어 주고 대출을 원하면 금리를 깎아주는 등 고객확보에 열을 올리는 은행들이 많아졌다. 창구에서 일일이 직원 손을 거치는 경우보다 인건비 부담이 훨씬 적어 은행 입장에서는 여러 가지 금리혜택을 주어도 손해가 아니기 때문에 너도나도 이런 서비스에 나서는 것이다.

고객도 '클릭' 하나만으로 은행업무를 볼 수 있고 금리 혜택까지 노릴 수 있어 은행과 고객 모두에게 '누이 좋고 매부 좋고' 식의 서비스라고 볼 수 있다. 그러나 인터넷 예금을 하더라도 은행에 반드시 근거계좌가 있어야 하기 때문에 거래를 하려는 은행에 계좌가 없으면 직접 은행을 한 번쯤 방문해 통장을 만들어야 한다.

또 대부분의 은행들은 인터넷으로 대출받는 고객에게 대출금리를 0.5%포인트 가량 인하해 주고 있으며 컴퓨터로 자신의 직업과 연봉 등 요구하는 정보를 입력하면 24시간 내에 대출여부를 통보해 준다. 이 경우에도 필요한 자료를 구비해 은행창구를 들러야 대출금을 받을 수 있으며, 일부 은행의 경우 단골 고객에 한해 고객계좌에 대출금을 넣어 주기도 한다.

• 전자지갑, 현금 없이도 물건을 살 수 있다

'전자지갑'이란 쉽게 말해 IC(집적회로)칩 카드에 전자신호의 돈을 저장해 둔 새로운 개념의 플라스틱 카드를 말한다. 현금을 지갑에 넣어 가지고 다니듯이 전자신호로 바뀐 돈(다시 말해 전자화폐)을 IC카드에 넣어 둔 것이 전자지갑이다.

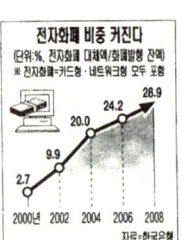
예를 들어, 쇼핑 할 때 물건을 고른 후 전자지갑을 넘겨 주면 상점주인은 이 카드를 단말기에 집어 넣어 물건값만큼의 돈(전자신호)을 빼낸 다음 손님에게 돌려준다. 여기에 걸리는 시간은 대략 3~5초로, 현금거래만큼 대금수수가 간단하고 빠르다는 게 장점이다. 외국에서는 이미 개발이 끝나 시험운용에 들어간 곳이 많다.

전자화폐를 사용하다 돈이 떨어지면 전자지갑 전용의 은행 CD기와 ATM기를 찾아가 전자신호(돈)를 다시 집어넣으면 된다. 버스카드도 일종의 전자화폐라고 볼 수 있다. 전자지갑은 얼핏 돈을 미리 주고 구입하는 선불카드와 비슷하게 생각할 수도 있으나 선불카드가 백화점과 정유회사 등 일반 기업체들에서 발행되고 금액도 1~10만원 사이의 소액인 것과 달리 저장금액이 크고 은행이 발행주체라는 점이 다르다.

한편 아직 생소한 개념이지만 네트워크형 전자화폐라고 하여 인터넷 등 통신회선을 통해 대금결제에 사용할 수 있는 형태도 있다. 전자카드 내 IC칩에는 소유자만이 알 수 있는 비밀암호가 내장되어 있기 때문에 제3자가 전자지갑을 위조하거나 변조하는 것이 불가능하다.

마그네틱 신용카드나 공중전화용 선불카드 등의 경우 매년 위조·변조 범죄가 급증함으로써 은행과 전화회사들이 골치를 앓고 있는 것과 비교해 좋은 대조를 보이고 있다.

전자지갑 카드가 가지고 있는 또 하나의 장점은 IC칩에 전자화폐 이외에도 신분증명서·상품구매 기록·의료진찰 기록 등 개인의 신상정보를 다양하게 집어넣을 수 있다는 것이다. 다시 말해 사용여하에 따라서는 전자지갑 카드의 용도가 무궁무진해질 수 있다.

제2금융권은 무엇인가

경제면 기사를 보면 "은행자금이 제2금융권으로 옮겨가고 있다"거나 "제2금융권 금리가 은행금리보다 크게 높아 은행들이 고전하고 있다"는 내용이 적지 않게 나온다.

여기서 제2금융권이란 용어는 은행을 통상 제1금융권이라고 표현한 데 대한 상대적인 개념으로, 은행 이외의 금융기관, 즉 증권회사 · 보험회사 · 투자신탁 운용회사 · 종합금융회사 · 상호저축은행 등을 총칭하는 말이다.

제2금융권은 비(非)은행 금융기관이라고도 불리는데, 여기서 주의해야 할 것은 은행에서 취급하는 금전신탁 저축은 제2금융권으로 분류된다는 사실이다. 신탁저축도 은행에서 취급하기는 하지만, 은행법이 아닌 신탁업법에 의해 규제받는 특성으로 인해 일반 예금상품과는 다르게 취급하고 있다. 비은행 금융기관의 여 · 수신업무 관련사항은 기관의 설립근거법, 즉 단기금융업법 · 신탁업법 · 증권투자신탁업법 · 상호저축은행법 · 신용협동조합법 · 보험업법 등에 명시되어 있다.

제2금융권 금융기관에 대해 간단히 알아보면 다음과 같다.

• 금전신탁 : 고객으로부터 돈을 위탁받아 그 운용수익과 원금을 만기에 위탁자가 지정하는 사람에게 지급하여 주는 일종의 장기저축 제도다. 이러한 금전신탁 업무는 신탁업법에 의거하여 현재 모든 일반은행과 농수협 · 산업은행 등에서 취급하고 있다. 금전신탁 업무는 신탁자금 운용방법의 지정여부에 따라 특정 금전신탁과 불특정 금전신탁으로 나뉘며, 우리나라의 경우 불특정 금전신탁이 대부분을 차지하고 있다.

또한 신탁자금의 불입방법에 따라 정기적금처럼 매월 일정액 이상을 적립하는 적립식 목적신탁과 신탁자금 전액을 일시에 불입하는 일반 금전신탁으로 나뉜다. 금전신탁의 수신금리는 운용자산의 수익률에 의해 사후적으로 결정되며, 금전신탁으로 조달한 자금으로 대출할 경우의 여신금리도 자유화되어 있다.

우리나라 금융기관

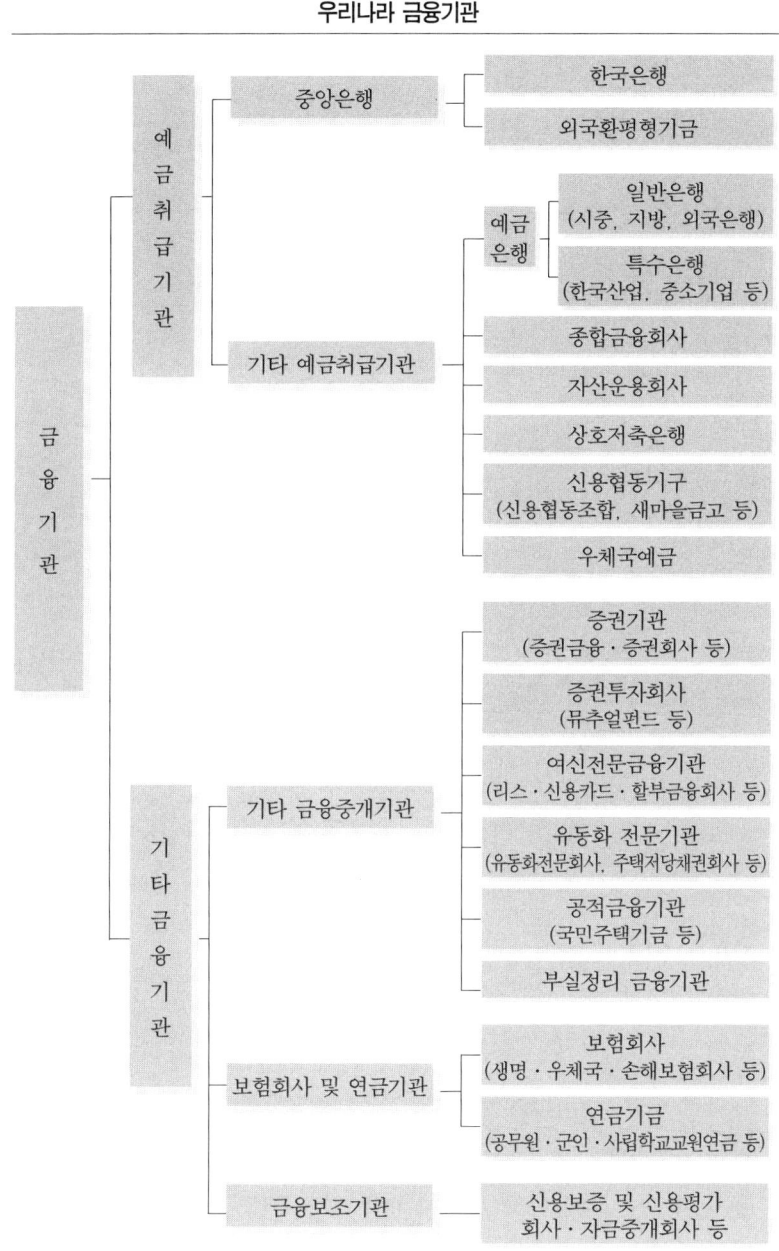

• 투자신탁 운용회사 : 증권에 대한 지식과 경험이 부족한 사람들을 위해 수익증권을 발행하여 위탁자금을 모아 증권에 대신 투자해 주는 금융기관이다. 투자신탁 운용회사는 일

투신운용사 순익 36% 감소

상반기 27개사 이익 1069억원

국내 투신운용사들이 수탁고 감소와 대우채 관련 손실 반영 등의 여파로 올해 실적이 크게 악화된 것으로 집계됐다.

금융감독원은 12일 국내 투신운용사 27개사의 2000 회계연도 상반기(4~9월) 당기순이익이 1069억원으로 작년 같은 기간보다 36.4% 줄어들었다고 발표했다.

그러나 아이투신과 미래투신 등 신설사를 제외한 25개사가 모두 흑자를 냈다. 회사별로는 현대투신운용이 218억원의 순이익을 내 규모가 가장 컸으며,

◇주요 투신운용사 반기(4~9월) 실적   (단위: 억원)

회사명	수탁고	반기 순이익(세전)
현대	214,696	218
대한	204,568	21
한국	195,224	14
삼성	176,491	86
제일	101,696	24
주은	100,171	77

조흥(92억원), 삼성(86억원), LG(82억원)의 순이었다.

또 투신운용사 수탁고는 9월말 현재 약 153조원으로 1년 전보다 31.4% 감소했으나, 6월말에 비해서는 7.4% 늘어났다. 수탁고가 가장 큰 회사는 현대투신운용으로 21조5000억원에 달했고, 대한투신운용과 한국투신운용이 뒤를 이었다.

/李志勳기자 jhl@chosun.com

정 기간이 지난 후 수익증권에서 발생하는 운용수익금을 투자자에게 원금과 함께 돌려준다.

• 신용협동조합 · 상호금융 · 새마을금고 : 대표적인 제2금융권 금융기관에 속하는 기관으로 '신용협동조합'은 직장 또는 마을 단위, '새마을금고'는 마을 단위의 조직체로서 조합원들이 예금한 자금을 조합원 등에게 빌려 주는 제도다. '상호금융'은 농업협동조합 · 수산업협동조합의 단위조합을 통해 농어촌지역의 저축 및 대출 업무를 취급하는 제도다.

• 상호저축은행 : 도시의 영세 상공인들이나 서민들을 대상으로 한 서민 금융기관이다. 상호저축은행은 사금융 형태인 계를 제도금융화한 것으로, 취급하는 금융상품도 계와 부금업무 위주로 되어 있다. 정기예금의 경우 은행권보다 높은 금리를 제시하며 고객 유치 경쟁을 벌이기도 했으나 IMF 외환위기 이후 대대적인 구조조정 여파로 1997년 말 236개였던 상호저축은행 수가 2003년 5

월 말 15개로 크게 줄었다.

• 종합금융회사 : 보험과 일반 예금을 제외한 나머지 금융업을 모두 취급한다고 해서 종합금융회사라는 이름이 붙었으며, 줄여서 '종금사'라고 한다. 스스로 발행한 어음(자기발행어음)을 고객에게 팔거나 기업에서 발행한 CP(기업어음)를 할인매입한 후에 이를 다시 고객들에게 판매하는 금융기관이다. 또한 종합금융회사는 개인 및 기업 고객을 상대로 채권형 수익증권을 판매하고 팩토링금융과 리스금융도 취급하는 등 일종의 금융백화점과 같은 역할을 하고 있다. 종금사는 담보를 챙기며 대출해 주는 기존 금융기관에 비해 신용대출을 위주로 운영해 IMF 외환위기 직전까지 중견기업들의 자금줄로 각광을 받았다. 그러나 방만한 대출 운용과 부실채권 누적 때문에 IMF 쇼크 직후 대부분의 종금사들이 도산했고, 2002년 말 현재 3개사만이 영업을 하고 있다.

미니경제상식) **기업어음(CP)** ─────────────────────

CP는 영어 'Commercial Paper'의 약자로, 보통 기업어음을 뜻한다. 기업들은 보통 단기운영자금을 조달하기 위해 기업어음을 발행, 종합금융회사 또는 은행 등에서 할인을 받는다.

기업어음에는 할인(매입)기관이 지급보증하는 담보부어음과 발행기업이 지급 책임을 지는 무담보어음이 있는데, 무담보어음을 발행하려면 2개 이상의 국내 신용평가기관으로부터 신용평가를 받아야 한다. 금융기관들은 기업의 재무구조가 나빠지거나 자금시장에서 악소문이 나면 해당기업의 CP를 회수하여 급격한 자금난에 빠뜨릴 수 있다.

현대건설의 경우, 2000년 가을 그룹 내에서 경영권분쟁이 심해지고 자체 구조조정을 게을리하자 시장으로부터 외면받아 CP의 만기를 연장받지 못하면서 심각한 자금난에 빠진 바 있다.

은행 구조조정과 공적자금

작년 말 현재 제일은행이 전체 여신 중 3개월 이상 연체되거나 이자를 받지
못하는 '무수익여신(부실여신)'의 비중이 가장 높은 것으로 나타났다.

금융감독원은 21일 국회 정무위원회에 제출한 업무보고 자료를 통해 "작년
말 현재 은행권 총여신의 8.3%인 27조 3938억 원이 무수익여신이며 10% 이상
웃도는 은행도 6개나 된다"고 밝혔다. 총여신에서 무수익여신이 차지하는 비
율은 제일은행이 18.5%로 가장 높았고 한빛 · 조흥 · 평화 · 제주 · 전북은행이
10%를 넘어 은행 평균치(8.3%)를 넘어섰다. 제일은행에 이어 평화은행 12.7%,
제주은행 11.7%, 한빛은행 11%, 조흥은행 10.8%, 전북은행 10.4% 등의 순이
었다.

금감원은 지난달 금융기관 부실여신 관련 자료를 언론에 공개하면서 "은행별
무수익여신은 해당 은행의 신인도에 영향을 미칠 수 있다"며 전체 부실규모
만 밝혔었다.

은행별 무수익여신 규모는 한빛은행이 5조 8495억 원으로 가장 많았고 이어
조흥은행 3조 6586억 원, 외환은행 3조 1870억 원, 국민은행 2조 9006억 원, 제
일은행 2조 8306억 원 등의 순이었다.

— 동아일보, 2000년 6월 22일자

    IMF 외환위기 이후 신문 경제면에 자주 오르내리며 국민들의 불
안을 가중시켰던 대표적인 용어가 바로 '부실여신(不實與信)'이다.
기업들이 무더기로 도산하고 이에 따라 은행권을 비롯한 많은 금융
기관들의 부실이 눈덩이처럼 불어나면서 경제 · 사회적으로 큰 불안
요인으로 작용했다. 여신(與信)이란 대출금과 지급보증을 합한 개념
이며, 따라서 부실여신이란 한마디로 부실 대출금과 부실 지급보증
액을 합친 금액이라고 할 수 있다.

    기업이 부도를 내거나, 법정관리 혹은 화의를 신청중이거나, 3개
월 이상 원리금 상환을 연체했을 경우 '고정이하 여신'으로 분류한

다. IMF와 선진국 금융기관들은 현재 고정이하 여신을 부실여신으로 규정하고 있다.

부실여신 · 무수익여신 · 부실채권

부실여신은 수익이 발생하지 않기 때문에 '무수익여신(無受益與信, NPL : Non Performing Loan)' 이라고도 부른다.

1998년 7월 이전에는 6개월 이상 상환을 연체해야 '고정이하' 로 분류했으나, IMF로부터 구제금융을 받으면서 분류기준이 대폭 강화되어, 지금은 3개월 이상 연체된 여신을 고정이하 여신으로 분류하고 있다.

그러나 고정이하 여신 중에서도 담보를 확보하여 돈을 회수할 가

미니경제상식 가교은행 ─────────────

부실 금융기관을 인수할 금융기관이 선정될 때까지 일시적으로 자산과 부채를 인수하여 예금 · 출금 · 송금 등의 업무를 제한적으로 지속하면서 정리절차를 진행할 수 있도록 정부 또는 정부기관이 출자하여 설립하는 '정리 금융기관' 을 말한다.

가교은행(bridge bank)을 통한 부실 금융기관 처리방법은 부실 금융기관의 규모가 커서 자산실사나 처리에 기간이 많이 소요될 경우에 자주 활용되며, 제한적이기는 하나 부실 금융기관의 기존 업무를 지속시키면서 정리절차가 진행되기 때문에 금융시장에 미치는 충격을 완화할 수 있는 장점이 있다.

1987년 9월 미국 루이지애나 주의 캐피털 뱅크 트러스트(Capital Bank and Trust) 파산처리시 처음으로 사용된 이후, 자산 내용이 복잡한 대형 금융기관의 파산처리에 주로 활용되고 있다. 우리나라의 경우, 경영상태가 부실한 제일 · 서울 은행에 대해서는 자금지원을 통해 정상화를 추진하고 있는 반면 종금사에 대해서는 가교은행 방식을 통한 정리절차가 추진된 바 있다.

능성이 있는 여신이 있는데, 이를 은행 전문용어로 '고정'이라고 부른다.

고정이하 여신 중에서 돈을 떼일 위험성이 높은 여신은 '회수의 문', 사실상 이미 떼인 것이나 다름없어 손실처리해야 할 여신은 '추정손실'이라고 부르고 있다. 회수의문과 추정손실은 당연히 부실여신에 해당되며 고정여신 중에서도 이자수익이 없는 자산도 부실여신에 포함된다.

또 '요주의' 여신이라는 것이 있는데, 말 그대로 앞으로 주의해서 지켜봐야 할 여신을 가리킨다. 아직 부실여신은 아니지만, 부실이 될 가능성이 있는 여신이다. 원리금 상환이 1개월 이상 연체됐거나 자본잠식, 3년간 매출액 감소 등 부실징후가 보이는 기업에 나가 있는 여신이 요주의여신이다.

부실여신 외에 '부실채권(不實債券)'이라는 개념이 있다. 회사채나 기업어음(CP) 등의 유가증권도 여기에 포함되는데 돈을 빌려 준 은행이나 종금사 입장에선 돈을 떼이기는 부실여신이나 채권도 마찬가지로 보는 것이다.

BIS기준 자기자본비율

지난해 하반기 대우사태의 여파로 시중은행의 부실채권이 급증, 자본금을 깎아먹는 바람에 BIS(국제결제은행) 자기자본비율이 크게 낮아진 것으로 나타났다. BIS 비율은 은행의 재무건전성을 나타내는 지표이기 때문에 BIS 비율이 낮아지면 대외신인도가 하락하게 된다.

금융감독원은 19일 발표한 '99년 시중은행 BIS기준 자기자본비율 현황'에서 서울·제일은행을 제외한 15개 시중은행의 작년 말 BIS 비율이 작년 6월 말보다 하락, 재무건전성이 악화됐다고 말했다.

서울·제일은행은 정부가 막대한 공적자금을 투입해 자본금을 늘려 주고 부실채권을 사 줬기 때문에 BIS 비율이 상승했다. 은행별로 보면 평화은행(5.15%)과 제주은행(7.85%)이 BIS 최저기준인 8%에 미달했다. 광주은행의 BIS 비율은 작년 6월 말 13%에서 8.63%로 떨어졌으며, 한미은행은 3.81%포인트, 평화은행은 3.73%포인트, 조흥은행은 3.29%포인트, 한빛은행은 2.9%포인트 각각 하락했다.

— 조선일보, 2000년 4월 20일자

BIS란 국제결제은행(Bank for International Settlements)의 영문 이니셜로, 현재 우리나라를 포함해 미국, 영국, 일본, 독일 등 32개 국 중앙은행이 회원으로 참가하고 있다. BIS는 원래 제1차 세계대전 직후 전승연합국이 독일의 전쟁배상금 처리를 위해 스위스 바젤에 만든 배상금결제 전담기구였다. 그러다가 제2차세계대전 이후 세계 각국 중앙은행간의 협력증진, 국제 금융거래 질서유지 등을 위한 기관으로 탈바꿈했다.

BIS가 금융기관 건전성에 관한 국제 협력체제의 중심체가 된 것은 지난 1974년부터다. 당시 독일의 대형은행이 파산함으로써 유럽에 신용불안이 야기되자 선진국 중앙은행 총재들은 BIS 내에 '바젤은행감독위원회'를 만들었고, 1988년 7월 이 위원회를 통해 '금융기관 자기자본 규제에 관한 국제적 통일기준'을 제정했다. 그래서 BIS의 통일기준은 '바젤 협약'이라고도 불린다. 바젤 협약 중 가장 중요한 것이 BIS기준 자기자본비율이다. 이는 민간 상업은행들의 건전성과 안전성을 확보하기 위해 고안된 것으로, 쉽게 말하면 기업들의 '자기자본비율(자기자본÷자산)'과 비슷한 개념이다.

자기자본비율이 낮은 기업일수록 재무상태가 나쁜 기업이듯이, BIS기준 자기자본비율이 낮을수록 은행들의 재무구조도 좋지 않다고 보면 된다. 다만 BIS기준 자기자본비율은 주로 금융기관들의 재무상태를 측정하는 데 사용하며, 또 산출방법이 일반 기업들의 자기자본비율 산출방식과 약간 다를 뿐이다.

'자기자본'을 그냥 '자산'으로 나누는 일반적인 자기자본비율에 비해, BIS기준 자기자본비율은 '자기자본'을 '위험도를 반영한 자산'으로 나눠 구한다. 그리고 이 수치가 '8%'를 넘어야 재무상태가 안정적이라는 평가를 받는다. BIS기준 자기자본비율은 한마디로 '자기자본'은 많고, '위험도가 큰 자산'은 적을수록 높아지게 된다. 여기서 위험도란 장차 돈을 떼일지도 모르는 가능성을 말한다.

$$\text{BIS기준 자기자본비율} = \frac{\text{BIS기준 자기자본}}{\text{위험가중 자산}} \times 100$$

가령 같은 자산이라도 국채나 통화안정 증권형태의 자산은 거의 떼일 가능성이 없기 때문에 위험도를 0%로 친다. 그러나 신용장(L/C) 발행 자산은 20%, 주택담보대출 자산은 50%, 일반대출 자산은 위험도를 100%로 각각 계산하는 등 자산종류별로 위험가중치가 다르다. 따라서 은행이 BIS기준 자기자본비율을 높이려면, 위험도가 큰 일반대출은 줄이면서 위험도가 낮은 자산을 보유하려는 성향을 지니게 된다. 국제 금융시장에서는 BIS기준 자기자본비율이 낮은 금융기관에게는 돈을 빌려 주려고 하지 않는다. IMF가 국내 금융기관들에게 BIS기준을 강조하는 것은 여러 가지 목적이 있기 때문이다. 우선 국내 금융기관들이 무리하게 거액 대출을 취급하다가 부실을 키운 것에 대해 쐐기를 박겠다는 의도가 담겨 있다.

또 다른 이유는 금융권의 자기자본비율 준수가 자연스럽게 실물경제에 영향을 미친다는 점이다. 국내 은행들이 BIS기준을 지키려

BIS기준 자기자본비율 계산시 자산 종류별 위험 가중치	
자 산 종 류	위험 가중치
현금, 중앙정부 및 중앙은행에 대한 채권 등	0%
정부투자 기관 등 국내 공공기관에 대한 채권 등	10%
OECD 회원국 은행에 대한 채권 등	20%
주택담보대출 등	50%
기타 자산	100%

면 대출을 줄일 수밖에 없고, 이는 결국 재벌기업들의 무분별한 사업확장에 브레이크를 거는 효과가 있기 때문이다.

배드뱅크와 굿뱅크

IMF 쇼크 직후 부실은행 정리방안으로 한때 배드뱅크 설립안이 나왔었다. 부실은행의 자산을 우량채권과 불량채권으로 분류하여 각각 굿뱅크(good bank, 우량은행)와 배드뱅크(bad bank, 불량은행)로 이전한 뒤 제3자에게 굿뱅크를 인수시키고 배드뱅크는 정상화한 후 매각 등의 방식으로 정리한다는 것이 골자다.

일반적으로 은행은 고객의 신용이나 담보에 따라 돈을 빌려 주고 이자를 받는다는 측면에서 대출고객(돈을 빌려간 사람이나 기업)에 대한 채권자 역할을 한다. 이 경우 꼬박꼬박 제때에 이자를 내고 원금까지 나눠 갚고 있는 '우량채권'이 있는 반면, 원금은 물론 이자까지 제대로 갚지 않는 '부실채권'도 발생할 수 있다.

IMF 경제위기 이후 문제가 되고 있는 은행부실 문제도 결국 거래기업의 도산과 개인고객의 파산으로 원금까지 돌려받을 수 없는 부실채권(부실여신)이 급속히 증가해 은행들이 막대한 손실을 입은 상태를 말한다. 가령 은행이 100억 원을 빌려 준 A기업이 부도가 났

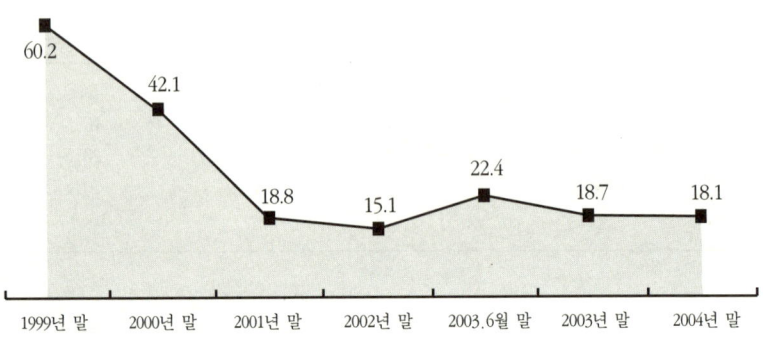

금융권 부실채권 추이　　(단위 : 조 원)

60.2	42.1	18.8	15.1	22.4	18.7	18.1
1999년 말	2000년 말	2001년 말	2002년 말	2003.6월 말	2003년 말	2004년 말

다고 하자. 100억 원에 대한 부동산 담보가 있긴 하지만, 이를 당장 팔아 현금화하기는 어렵다. 결국 은행 입장에서는 이자는 물론 원금마저 대부분 떼인 셈이다.

배드뱅크는 이처럼 부도난 기업이나 대출금을 갚지 못하는 개인 고객, 신용카드 연체고객처럼 은행 손익을 갉아먹는 '썩어 있는 불량채권'을 한꺼번에 지칭하는 경제 용어다.

금융기관들은 이 같은 불량자산을 따로 모아 자산관리공사(옛 성업공사) 등 부실채권 정리 전문기관에 시가보다 훨씬 싼값에 넘겨 원금을 일부 회수하게 된다. 그리고 자산관리공사는 은행으로부터 인수한 불량자산(대부분 부동산)을 시장에서 매각하거나 직접 인수하여 가치를 정상화시킨 뒤 매각절차를 밟아 금융기관에 먼저 지급했던 자금을 회수하게 된다. 또 정부는 부실여신이 많은 은행에 공적자금을 투입하여 재무구조를 개선하고 필요한 경우 은행간 합병을 유도한다. 이 같은 과정이 바로 '금융 구조조정'이며, 부실여신이 정상여신보다 훨씬 많은 금융기관들은 구조조정이 불가능해져 결국 문을 닫을 수밖에 없다. 금융 구조조정이 흔히 은행원수를 크게 감축하는 작업으로 이해되고 있으나, 이는 금융 구조조정의 일부분일 뿐이다.

공적자금

정부가 금융기관의 구조조정을 돕기 위해 마련한 재정자금을 공적자금(公的資金, public funds)이라고 말한다. 공적자금은 통상 예금보험공사와 자산관리공사(옛 성업공사)가 채권을 발행해 조달하며, 부실은행의 증자에 참여해 주거나 금융기관의 부실채권을 매입하는 방식으로 사용하고 있다. 예금보험공사와 자산관리공사가 발행한 채권의 이자와 원금손실은 예산에서 부담하기 때문에 결국 국민들이 내는 세금으로 충당해야 한다. 정부가 공적자금을 금융기관에 투입할 때 "국민혈세(血稅)가 또 나간다"는 해설기사가 나오는 것은 이 같은 배경 때문이다. 정부는 IMF 외환위기 이후인 지난 1998년 초부터 2004년까지 165조 원을 투입했다.

국회의 동의를 받아 마련한 금융 구조조정 재원으로 64조 원을 조성해 은행이나 증권사, 보험사 등 금융기관에 투입했는데 부실채권정리기금에서 32조 5000억 원, 예금보험기금에서 31조 5000억 원을 각각 지원했다. 그러나 국회의 동의를 받지 않고서 금융기관에 지원한 공적자금만도 27조 원에 달한다. 165조 원이란 액수는 2005년 국가예산인 131조 원(일반회계기준)을 웃도는 것이며, 우리나라 GDP의 약 20%를 차지하는 어마어마한 규모다.

금융지주회사

정부가 2000년 말 2차 금융 구조조정의 중요한 수단으로 꺼낸 카드가 바로 금융지주회사(金融持株會社)다. 목적은 부실한 금융기관을 한 울타리 안에 묶어 두고 재무구조 개선, 사업 구조조정 등 구조조정을 추진하는 데 있다.

원래 지주회사란 경제학적으로 정의하면 다른 회사를 장악하기 위해 그 회사의 주식을 지배 가능한 한도까지 소유함으로써 그 기업의 경영을 지배하는 것을 목적으로 하는 회사를 말한다. 지주회사는 주식을 보유하고 단순히 경영지배만 할 뿐 생산이나 판매행위를 직접 하지 않는 순수(純粹) 지주회사와, 다른 회사를 지배하는 동시에 자신도 직접 사업을 영위하면서 경영권을 행사하는 사업(事業) 지주회사로 나뉜다. 미국의 시티코프(Citicorp)가 은행과 증권회사를 거느린 대표적인 순수 지주회사로 꼽힌다.

우리나라에서는 최근까지 공정거래법에서 순수 지주회사의 설립을 금지하여 금융지주회사가 전혀 없었지만 금융 구조조정의 필요성에 따라 최근 금융지주회사 설립을 허용했다. 금융지주회사란 주식의 보유를 통해 금융기관을 소유하고 경영하는 데 주력하는 회사라는 점에서 이렇게 불린다. 금융기관이 직접 금융업을 하면서 자회사를 통해 새로운 사업에 진출하는 방식과는 차이가 있다.

정부가 지주회사 형태를 통해 금융 구조조정을 추진하려는 이유로는 몇 가지를 들 수 있다. 먼저 합병을 통해 구조조정에 나설 경우 금융기관 종사자들의 엄청난 반발이 우려됐기 때문이다. 대등한 합병이든 흡수합병이든 상당한 규모의 감원이 불가피한데, 이에 대한 노동계의 반발이 부담스러웠던 것이다. 대신 지주회사 형태의 합병은 지주회사라는 우산 아래 금융기관을 묶어 두면서 천천히 구조조정할 수 있다는 점에서 조직원과의 마찰을 최소화할 수 있다. 또 전세계적으로 대형 금융기관들이 인수합병 등의 이합집산을 통해 경쟁력을 강화하고 있으며, 여기에 대한 수단으로 금융지주회사가 활용되고 있는 추세와 무관하지 않다.

금융지주회사는 나름대로 그 효과도 큰 편으로, 먼저 금융업종간의

9개 금융기관 지주社 통합

한빛·평화은행, 종금, 大生 포함

강현구 기자

정부의 공적자금이 투입된 한빛 평화 광주 제주은행은 내년 초 정부 주도의 금융지주회사로 묶일 예정이다.
▶관련기사 4면

또 정부 주도 금융지주회사에는 한국 중앙 한스 영남종금을 통합한 1개 종금사와 현재 국외매각을 추진 중인 내한생명 등도 함께 자회사로 편입될 가능성이 높다.

이와 관련해 정부는 은행경영평가

위원회 평가발표를 당초 3일에서 7일께로 늦추기로 했다. 정부는 결과 발표와 함께 금융지주회사 설립추진 위원회를 발족해 본격적인 금융기관 통합작업에 들어갈 방침이다.

경영위는 조흥은행에 대해서는 조건부 독자생존, 외환은행에 대해서는 정상화방점 유보 등을 검토하고 있다.

한편 재정경제부 관계자는 2일 "아직까지 구체적인 방침이 정해지지 않았지만 은행경영평가위원회

정부 주도 금융지주회사 설립 일정

- 경영평가위 평가결과 발표
- 부실은행·종금사 확정
- 감자 후 공적자금 투입
- 금융지주회사 자회사 편입

평가결과를 토대로 한빛은행을 비롯한 4개 은행도 공적자금을 수혈받아 뒤 정부 주도 금융지주회사로 묶일 가능성이 높다"고 말했다.

겸업화를 통해 시너지 효과의 창출을 노릴 수 있다. 내부적으로는 전산시스템이나 전문인력 공유 등 자원의 공동활용에 따라 비용절감 효과를 볼 수 있다. 외부적으로는 고객은 물론 브랜드를 공유하

미니경제상식 **자산부채 종합관리(ALM)**

금융기관의 경영기법 중 하나로 자산과 부채, 예컨대 자금의 조달과 운용을 서로 연계해 종합적으로 관리함으로써 금리 및 환율 변동의 위험을 비롯한 제반 위험요소를 최소화하고 수익을 극대화하는 관리기법을 말한다. 미국의 경우 은행 경영기법에서 1940~1950년대에는 규제금리하에서 조달된 자금을 각 자산에 적절히 배분하는 자산관리가 중시되었다.

그러나 1960년대 들어 자금의 운용측면보다 효율적인 자금조달에 치우치면서 부채관리 방식으로 바뀌었다. 1970년대 이후에는 자산과 부채를 종합적으로 관리하는 '자산부채 종합관리'가 일반화되었는데 이는 국제 통화제도가 변동 환율제도로 바뀌고 국제 유가파동으로 환율과 금리가 심하게 출렁거렸던 금융환경의 변화와 무관하지 않다.

외환위험과 금리위험 등이 새로운 변수로 부각되자 서로 밀접하게 연관된 위험에 효과적으로 대응하기 위해 자산부채 종합관리를 도입한 것이다. 지금은 우리나라 금융기관들도 금리는 물론 환율과 주가 변동 등 관리해야 할 위험변수가 많아져 선진 금융기법 도입을 서두르고 있다. 아직 정착단계는 아니지만 대부분의 은행들이 ALM 도입에 적극 나서고 있다.

고 금융서비스를 확산시켜 더 많은 부가가치를 창출할 수 있다.

또 과거의 단순한 상품과 금융서비스의 수준을 넘어 다양하고 새로운 금융서비스를 제공함으로써 고객의 종합 금융서비스에 대한 욕구를 만족시킬 수 있게 됐다. 경영의 효율성도 기대할 수 있는데 자회사들이 각각 분리해 경영함으로써 한 회사의 부실이 전가될 위험이 줄어들고 자회사들이 독립경영을 할 수도 있다. 덩치가 커진 지주회사로선 거액의 자금을 유리한 조건으로 도입할 수 있다.

그러나 우리나라 금융지주회사는 처음부터 해당 금융기관들을 하나의 지주회사 그늘 아래 묶는 것이 아니고 일본처럼 일정 기간 동안 과거의 금융기관 형태를 유지하는 것이므로 구조조정을 지연시킬 수 있다는 맹점이 지적되기도 한다.

3

증권시장은
경제의 거울

다양화하는 증권시장과 주식 거래

앞으로 기업들이 자사주를 사들일 경우 최대 30%까지 면세혜택이 주어진다. 이에 따라 기업들이 주가관리나 인수합병 등에 대비해 앞으로 적극적으로 자사주를 취득할 것으로 기대된다. 또 보험사들이 주식을 사는 경우 동일 종목에 대한 투자한도를 현행 10%에서 15%로 높여 시가총액 상위종목들을 사들일 때도 지금보다 여유를 가질 수 있을 것으로 보인다.

정부는 18일 진념 재정경제부장관 주재로 경제장관 간담회를 열고 이 같은 내용의 '증권시장 안정대책'을 확정·발표했다. 정부의 증시 안정대책 가운데 핵심내용은 기업들의 자사주 취득에 세제혜택을 준 것으로, 자사주 매입 시 나중에 팔 경우에 발생할 수 있는 손실에 대비해 처분손실 준비금을 적립하면 자사주 취득금액의 최대 30% 범위에서 세금을 내지 않아도 된다.

진념 재경부장관은 이날 '최근 증시상황에 대한 정부 입장'을 통해 "장기적으로 안정적인 주식시장의 수요기반을 대폭 확충해 시장체질을 강화해 나갈 것"이라며 "시장 스스로 자생력을 잃지 않도록 확고한 의지를 갖고 가능한 모든 대응방안을 검토해 나가겠다"고 말했다.

— 조선일보, 2000년 10월 19일자

신문 경제면에는 매일같이 증권시장에 관련한 보도가 실리고 있다. 각 신문의 경제면마다 중요하게 여기는 부분은 주가지수가 몇 포인트 올랐다거나 채권 유통수익률이 급락했다는 등의 뉴스는 물론, 기업공개 확대와 기업의 해외 IR 활동이 추진되고 있다는 소식 등 증권시장의 동향에 관한 내용들이 대부분이다. 주식값 변동이나 기업공개에 관한 내용들뿐만 아니라 회사채 발행계획과 공모주청약 결과·상장기업의 재무구조 변동에 관한 뉴스들도 자주 등장하고 있다.

이처럼 증권시장에 관련된 뉴스가 하루도 빠지지 않는다는 것은 증권시장이 경제에 미치는 영향을 그대로 설명하고 있다. 이는 증권시장이 자금시장과 밀접한 관련을 맺고 있을 뿐 아니라 매일매일 변하는 주식가격이 일반인의 재테크에 큰 영향을 주고 있기 때문이다.

우리나라의 주식투자 인구는 직접 및 간접 투자를 합쳐 1000만 명을 넘어서는 것으로 추정되고 있으며, 증권거래소에 상장된 상장업체수는 약 700개에 달한다.

직접투자 인구를 산출하는 기준인 주식투자자들의 계좌수는 2004년 말 현재 1800만 개 정도로, 1인당 약 4개 계좌를 보유하고 있다고 가정할 때 400만 명 정도가 재테크 수단으로 직접 주식을 매매하고 있다는 계산이 나온다.

또 삼성전자 · SK텔레콤 · KT · 국민은행 · POSCO 등 우리나라를 대표하는 기업들 대부분이 증권시장에 주식을 상장하고 있다. 이들 상장기업에 다니는 샐러리맨이나 공장근로자, 이 기업들의 주식을 산 투자자들이 모두 증권시장과 밀접한 관련을 맺고 있는 셈이다.

증권시장을 보통 '경제의 거울'이라고 부르는데, 이는 경제가 나아지면 주식시장이 상승바람을 타고 경제가 침체에 빠지면 주가도 내림세를 타는 것이 일반적이기 때문이다.

앞에서 본 기사처럼 정부가 종종 증시부양책을 발표하는 것은 증시가 어려워질 경우 경제전반에 악영향을 미칠 수 있다는 점이 반영된 것으로 파악하면 된다.

따라서 증권시장에 대해 속속들이 알지 못하더라도 증권시장과 관련된 뉴스만이라도 꼼꼼하게 이해하고 있으면 우리나라의 경제흐름을 정확하게 읽을 수 있다.

그런데 증권시장에 관련된 뉴스가 반드시 경제면에만 실리는 것

역대 증시 활성화 대책 주요 내용

발표시기	주요 내용
1989. 12.12	은행의 자금 지원 하에 투신사가 무제한 주식 매입
1990. 3. 2	31개 기금 및 공제단체의 기관투자가 추가 지정, 증권주 신용 융자 허용
1990. 5. 8	증안기금 확대 조성, 증권거래 세율 인하
1991. 9. 18	3개 투신사에 2조 6000억 원 규모의 한은 특융 및 신상품 개발 허용
1991. 12.10	주요 기관투자가에 주식 매입 지시
1992. 3. 27	투신사 정상화를 위한 2조 9000억 원 규모의 한은 특융 및 신상품 개발 허용
1992. 8. 24	기관투자가 주식 매매시 매수 우위 지시
1993. 5. 13	투신사 보장형 수익증권 만기 연장 조치
1994. 3. 10	주식거래 위탁증거금률 인하, 증권사 신용융자 한도 확대
1995. 4. 26	증권사 신용융자 한도 확대, 고객예탁금 이용료율 인상, 위탁증거금률 인하
1995. 5. 27	증권거래세 인하, 증안기금 4000억~5000억 원 주식 매입, 증권사에 2000억 원 자금 지원
1995. 1. 30	증권사 상품주식 매각 자제 지시
1996. 9. 8	근로자 주식저축 투자가능 대상 확대
1997. 11.26	스폿펀드 2조 원 신규 설정 허용
1999. 9. 18	사모펀드 허용 및 공사채수익증권의 주식형 전환 허용
2000. 4. 18	투신사에 뮤추얼펀드 허용 및 코스닥시장의 기업공개나 증자 등 주식공급물량 조절
2000. 5. 22	거래소 및 코스닥시장의 증자물량 분산 유도 및 부실기업 퇴출
2000. 6. 15	주식형 사모펀드 허용
2000. 10. 18	자사주 취득한도 및 보험사 주식투자 한도 확대, 개방형 뮤추얼펀드 허용, 연기금 전용펀드 조성
2001. 2. 8	4대 연기금 주식투자비중 확대, 연기금 투자풀(Investment Pool) 조성, 기업연금제도 도입 검토
2001. 9. 18	자사주 매입절차 완화, 금융기관의 주식투자제한 완화, 연기금 미집행분의 조기집행
2001. 10. 22	장기증권저축 발매
2002. 7. 22	주식시장 중심의 자금순환체계 구축방안 발표

은 아니다.

증시 분위기에 중요한 영향을 끼치는 정치권 개편 등 정치뉴스는 물론 반도체 경기와 자동차 판매동향 등 산업뉴스도 넓은 의미에서 증권시장 관련 뉴스라고 할 수 있다. 다시 말해, 증권시장의 흐름을 제대로 읽기 위해서는 경제면뿐만 아니라 정치면·사회면·산업면 등도 열심히 읽어야 종합적이면서 올바른 판단을 할 수 있다. 주가에는 산업경제 동향은 물론 정치사회적 변수도 많이 반영되기 때문이다.

증권시장이란

일반적으로 증권이라고 하면 '주식'과 '채권'을 의미하고, 이러한 증권이 투자자들 사이에서 거래되는 시장을 '증권시장'이라고 한다. 증권시장은 넓은 의미로는 증권의 수요와 공급이 조절되는 추상적인 시장을 의미한다. 좁은 의미로는 실제로 증권의 매매가 이루어지는 구체적인 시장, 곧 증권거래소를 지칭하기도 한다.

증권시장은 그 기능에 따라 '발행시장'과 '유통시장'으로 나뉘는데, 발행시장은 기업이나 정부·공공단체가 외부로부터 자금을 조달할 목적으로 증권을 발행하여 개인투자자나 증권회사·보험회사·은행 등 기관투자가에게 매출하는 시장이다. 신규기업 공개와 유상증자 등을 통한 주식 발행·회사채 및 금융채 등 채권 발행이 발행시장에서 이루어진다. 반면 유통시장은 이미 발행된 증권이 매매차익을 목적으로 하는 투자자들 사이에서 거래되는 시장을 말한다.

발행시장과 유통시장은 서로 밀접한 관계를 유지하고 있는데, 유통시장에서 형성되는 증권의 시장가격과 유통상황은 발행시장에서

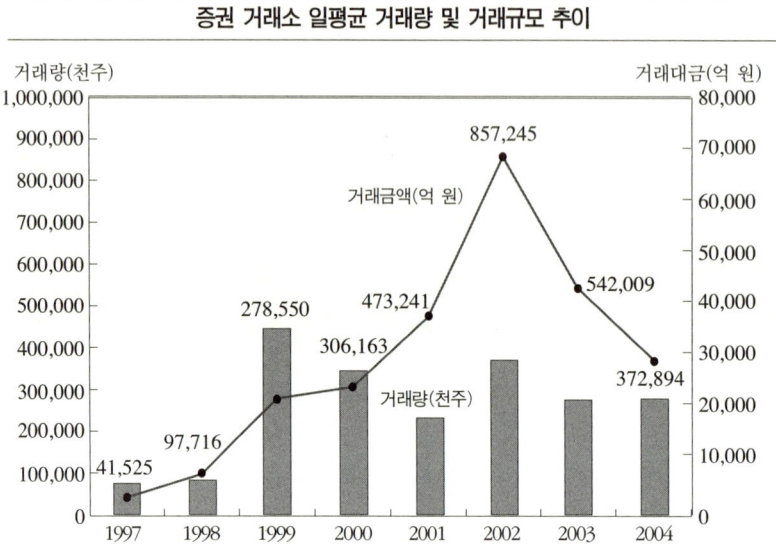

증권 거래소 일평균 거래량 및 거래규모 추이

거래량(천주)

거래대금(억 원)

857,245

거래금액(억 원)

278,550

473,241

542,009

306,163

372,894

거래량(천주)

41,525

97,716

1997 1998 1999 2000 2001 2002 2003 2004

새로 발행되는 증권의 발행 규모·조건·시기 등을 결정하는 주요한 요인이 된다. 반대로 발행시장에서의 증권 발행 규모·조건은 유통시장에서의 증권가격 등에 커다란 영향을 미치게 된다.

증권거래소

주식이 거래되는 증권시장을 가리켜 '주식시장'이라고 하며, 기업들이 자본금을 조달하거나 자본금을 증액하기 위해 발행한 주식이 거래되는 시장을 의미한다. 주식은 증권거래소(장내시장)에서 거래되는 것이 일반적이지만, 증권거래소 밖(코스닥시장, 장외시장)에서도 사고 팔 수 있다. 주식시장은 오전 9시부터 오후 3시까지 하루 6시간씩 열린다.

경제신문은 물론 일반 종합신문들도 주식시장에서 매일매일 형성되는 주식가격, 즉 주식시세표를 게재하고 있다. 주식시세표에는

증권거래소 주식 유통시장 추이

	상장회사수 (개)	상장주식수 (백만주)	거래량 (백만주)	거래대금 (10억 원)	시가총액 (10억 원)	종합주가지수 (80. 1.4 =100)
1985	342	7,955.3	5,563.8	3,620.6	6,570.4	138.9
1990	669	4,796.3	3,162.1	53,454.5	79,019.7	747.0
1995	721	7,609.4	7,648.4	142,759.7	141,151.4	934.9
1996	760	8,598.4	7,785.4	142,642.2	117,370.0	833.4
1997	776	9,030.7	12,125.3	162,281.5	70,988.9	654.5
1998	748	11,443.7	28,533.1	192,845.2	137,798.5	406.1
1999	725	17,325.8	69,359.1	866,923.5	349,504.0	806.8
2000	704	19,638.6	73,785.3	627,132.9	188,041.5	734.22
2001	689	19,578.3	116,417.3	491,365.4	255,850.1	572.83
2002	683	26,463.4	209,167.8	742,150.0	258,680.8	756.98
2003	684	23,662.0	133,876.3	547,508.9	355,362.6	679.83
2004	683	23,426.8	92,850.6	555,794.9	412,588.1	832.92

＊기준일 : 매년 12월 폐장일. 종합주가지수는 연중 평균치

아침 개장 직후 형성되는, 맨 처음 가격인 시가(始價)와 오후 폐장
직전 마지막으로 형성되는 종가(終價), 그리고 당일거래 중 가격이
가장 높았던 최고가, 가장 낮았던 최저가 등 4개의 가격정보가 실
려 있다.

　아울러 주식시장의 그날 주가흐름을 설명하는 시황(市況)란이 주
식시세표 옆에 실리고 있다.

　경제전문지의 경우에는 '증권면'이라는 별도의 지면에 주식시세
표 이외에도 시장동향 분석기사와 상장기업 뉴스를 심층적으로 분
석해서 독자들에게 주식의 흐름을 더욱 자세하게 제공하고 있다.
이는 경제신문 독자의 상당수가 주식투자자이기 때문이며, 이러한
까닭에 기사내용도 일반종합지보다 아주 자세한 편이다. 1999년 말
부터는 많은 종합 일간신문도 증권뉴스면을 별도로 제작하여 자세

한 정보를 제공하고 있다.

코스닥

코스닥(KOSDAQ)시장은 지난 1999년 이후 증권시장에서 주식투자 붐을 조성하며 신문지상에 자주 오르내리는 단어가 되었다.

단순히 증권거래소 상장을 위한 예비단계로 취급됐던 장외시장은 지난 1996년 7월 코스닥시장이 개설되면서 본격적으로 투자가들 앞에 모습을 드러냈다.

코스닥은 미국의 나스닥(NASDAQ)을 본떠 만든 것으로 1998년 이후 김대중 정부가 들어서면서 펼쳐진 벤처우대정책을 바탕으로 삼아 급격히 시장이 확대됐다. 우리나라 코스닥시장의 모델인 미국의 나스닥에는 마이크로소프트 · 인텔 · 텍사스인스트루먼트 등 미국

코스닥 주식 유통시장 추이

	등록회사수 (개)	등록자본금 (10억 원)	시가총액 (10억 원)	거래대금 (10억 원)	코스닥지수 (96.7.1=100)
1990	66	203	426	12	—
1994	310	3,308	7,958	332	—
1995	340	3,885	7,338	377	—
1996	331	3,102	7,606	535	120.47
1997	359	3,495	7,069	1,166	97.25
1998	331	5,408	7,892	1,607	75.18
1999	453	13,062	106,281	106,808	256.14
2000	604	15,128	29,015	578,490	52.58
2001	721	14,735	51,818	425,180	72.21
2002	843	14,616	37,403	294,092	44.36
2003	879	13,448	37,374	266,383	448.7
2004	890	12,325	31,149	155,696	380.33

*기준일 : 매년 12월 폐장일, 코스닥지수는 연중 평균치

의 대표적인 첨단기술 기업들이 대거 등록되어 있다.

나스닥의 경우 하루 주식거래량이 1996년부터 뉴욕증권거래소를 추월하기 시작했고, 세계 최고의 증시 자리를 놓고 뉴욕증권거래소와 경쟁하고 있기도 하다. 그렇기 때문에 나스닥의 주가가 오르고 내리는 상황에 따라 국내증시 전체가 흔들릴 정도로 엄청난 영향을 받고 있는 것이다.

코스닥위원회

코스닥시장에 기업의 등록 여부를 결정하는 기관이다. 코스닥시장에 등록하기 위해선 한 달에 두 번씩(둘째·넷째 수요일) 열리는 코스닥위원회의 '합격판정'을 받아야 한다. 쌍용정보통신 같은 회사가 코스닥시장에 등록하기 위해 여러 번 재수(再修)를 한 회의가 바로 코스닥위원회이다. 코스닥위원회는 코스닥시장의 의결기구로 볼 수 있으며 기업의 등록 여부는 물론 어떤 기업을 시장에서 퇴출시킬지, 가격제한폭은 어느 정도로 할지 등을 결정한다. 코스닥위원회는 상임위원인 위원장 외에 10명의 각계 전문가가 비상임위원을 맡고 있다.

비상임위원들이 한 달에 겨우 두 번만 모여, 그것도 회의만으로 어떻게 코스닥 등록을 결정하는지 의문이 생길 수 있으나 실제는 그렇지 않다.

기업의 재무 건전성, 사업내용 검토, 주식의 분포 같은 실무적인 검토자료는 증권업협회 등록팀이 맡아서 미리부터 심사를 한다. 코스닥위원회는 한 기업의 코스닥 등록을 좌우하는 만큼 엄정하고 객관적인 기준에 따라 결정을 내려야 한다. 다만 심사기준이 오락가락한다거나 일부 위원이 등록 여부를 심사하는 기업의 주식을 보유해 문제가 되기도 했다.

제3시장

1999년 말 코스닥 시장이 호황을 이루면서 명동을 중심으로 한 소위 사채시장의 거액 자금들이 장외시장 종목을 집중적으로 거래하기 시작했다.

이처럼 증권거래소에 상장하지 못하거나 코스닥 등록여건을 갖추지 못해 제

제3시장기업 "집단탈퇴"

정부 무관심에 반발

최근들어 시장활력을 상실한 채 사실상 기능이 마비된 제3시장의 지정기업들이 정부의 무관심에 반발, 집단탈퇴 움직임을 보이는 등 제3시장이 개설이래 최대의 위기를 맞고 있다.

제3시장협의회는 그동안 증권업협회와 금융감독원이 정경제부에 건의했던 제3시장 활성화 방안이 대부분 받아들여지지 않고 있는데 반발, 6일 제3시장협의회 긴급이사회를 열고 지정철회 문제를 공식 논의하기로 했다고 밝혔다.

강신웅 제3시장협의회 부회장은 "현재 제3시장 규정에 따르면 기업측의 신청이 있을 경우 지정 취소할 수 있도록 돼 있다"며 "정부가 아무런 대책을 세우지 않을 경우 긴급이사회에서 제3시장 초기에 지정받은 10여개 기업이 취소를 결의할 것"이라고 밝혔다.

제3시장협의회측은 제3시장 출범 이후 지속적으로 제기해온 양도소득세 문제와 경쟁매매 방식 채택, 그리고 가격제한폭 설정·데이트레이딩 허용 같은 개선책들이 전혀 받아들여지지 않으면서 대부분의 제3시장 기업들이 주가 폭락을 겪고 있다고 주장했다.

제3시장 지정기업들은 주가 폭락으로 인해 국내외 투자자는 물론, 기존주주들로부터 유상증자조차 거부당하고 있어 심각한 자금난에 봉착해 있는 실정이라는 게 협의회의 입장이다.

/韓玩宰기자 yooniae1@chosun.com

도권 시장에 진입하기 어려운 기업들의 주식을 준(準)제도권으로 편입시키기 위해 조성한 주식시장이 바로 제3시장이다.

기업 입장에서는 비록 비상장·비등록된 상태이기는 하지만 제3시장 같은 직접 금융시장을 통해 자금조달의 기회를 가질 수 있어 환영하는 입장이다. 또 상장·폐지된 주식들이 계속 거래되도록 함으로써 기존 투자자에게 환금(換金)의 기회를 주기도 한다. 그러나 무엇보다 제3시장의 순기능이라고 할 수 있는 것은 투자자에게 아이디어와 기술력이 있는 유망기업의 초기단계에 투자할 수 있도록 하는 데 있다.

하지만 제3시장은 법적으로는 증권시장으로 인정받지 못하고 있

증권거래소 · 코스닥 · 제3시장 비교

	증권거래소	코스닥	제3시장
개장시간	오전 9시~오후 3시		
가격 제한폭	±15%	±15%	±50%
매매방식	가격이 정확히 맞지 않아도 매매체결	가격이 정확히 맞지 않아도 매매체결	가격이 정확히 맞아야 매매체결
동시호가	개장직전, 마감직전	개장직전, 마감직전	없음
위탁 증거금	증권사 자율	증권사 자율	100%
데이트레이딩	가능	가능	불가능
양도소득세	없음	없음	있음
증권거래세	농특세 포함 0.3%	농특세 없이 0.3%	0.5%
기준가	전날 종가	전날 종가	전날 가중평균가
매매단위	10주	1주	1주
신용거래	가능	가능	불가능

다. 공식 명칭도 '장외주식 호가중개 시스템'으로, 코스닥증권시장이 장외주식의 주문을 중개하기 위해 만든 전산시스템에 불과하다는 의미다. 이 때문에 제3시장은 2000년 2월 29일 문을 연 이래 위탁증거금률 100%와 신용거래 금지, 단타매매 금지 규정 등의 각종 차별을 받아 왔다.

또 제3시장에서는 주식을 사고 파는 사람이 제시하는 가격과 수량이 모두 맞아야 거래가 체결되는 상대매매 방식을 채택하고 있다. 기존 거래소나 코스닥시장에서는 현재가가 경쟁매매를 통해 일률적으로 매겨지지만 제3시장에서는 가장 최근에 매매가 형성된 가격에 불과하다.

그래서 다음날 거래가 시작될 때 기준이 되는 종가의 개념이 없으며 '기준가'라는 용어만이 사용된다.

사이버 증권거래

본래 '사이버'란 인공지능과 이를 연결하는 전산망을 의미하는 말이다. 그러므로 사이버 증권거래란 컴퓨터와 전산망을 통한 증권거래라는 뜻으로 해석할 수 있으나 사이버 증권거래에도 여러 단계가 있다.

첫 번째 단계는 단순히 통신망을 이용한 가격조회 수준이다. '천리안' 서비스 등 기존의 PC통신망을 이용하면 증권사 객장에 직접 나가지 않고도 컴퓨터 통신으로 주식시세를 알아볼 수 있다.

두 번째 단계는 통신망을 이용한 '홈 트레이딩'으로 집에서 컴퓨터를 이용해 주식을 사고 팔 수 있다.

물론 시세조회와 잔고조회도 가능하지만 거래는 증권사와 증권거래소를 통해서만 이루어지기 때문에 반드시 한 증권사에 거래계좌를 터 놓아야 한다.

미니경제상식 | 신용거래

증권사에서 돈이나 주식을 빌려 주식매매를 하는 것을 말하며, 크게 신용융자와 대주(貸株) 두 가지로 나뉜다. 우선 신용융자는 투자자가 주식매입에 들어가는 자금의 일부를 증권회사를 통해 차입하여 주식을 매입하는 것을 가리키며, 대주는 투자자가 증권사로부터 주식을 빌려서 매도하는 경우를 말한다.

최근에는 증권사가 주식을 보유하는 상품계정을 크게 줄여 대주제도가 유명무실한 상태다.

현재 1인당 신용융자와 대주의 한도는 각각 1억 원이며, 종목당 신용융자 한도는 총발행주식의 20%까지다.

예컨대 A사의 발행주식이 1억 주일 때 모든 투자자들이 신용융자로 살 수 있는 주식수는 2000만 주란 말이 된다. 신용융자를 이용해서 주식을 산 사람은 150일(5개월) 안에 이를 변제해야 하며, 상환되지 않은 수량이나 현금액을 '신용거래 잔고'라고 한다.

또 증권사가 자체 전산망 없이 별도의 PC통신망을 통해 홈 트레이딩 서비스를 제공하는 경우에는 해당 PC통신망에 가입해야 한다. 현재 우리나라가 이 단계에 이르러 있으며 여러 증권사들이 인터넷을 통한 홈 트레이딩 서비스를 실시하고 있다.

세 번째는 '사이버 증권회사' 단계로, 인터넷에 증권사가 독립된 지점을 만들고 주식매매를 중개하는 것이다. 즉 실제 영업점 없이 인터넷에서만 영업을 하는 증권사가 생긴 셈이다.

네 번째는 '사이버 증권시장' 단계로, 기존의 증권사나 증권거래소를 통하지 않고 인터넷 장터를 통해 개인들이 직접 주식을 매매하는 단계다. 수수료를 내지 않거나, 내더라도 해당 인터넷 장터에 내는 정도기 때문에 비용이 아주 적게 든다. 그러나 현재로서는 증권거래소를 통하지 않은 거래는 불법일 뿐 아니라, 이중매매나 사기 등의 위험이 많아 제도적으로 많은 보완이 필요한 실정이다.

전자주식거래 네트워크(ECN)

미국 뉴욕증시에는 뉴욕증권거래소(NYSE)나 나스닥(NASDAQ)시장 외에도 ECN이란 시장이 존재한다.

'Electronic Communication Networks'의 약자로 전자거래 시스템으로 운영되는 사설(私設) 온라인 증권거래소를 말한다. 우리나라에서는 전자주식거래 네트워크, 전자증권거래 시스템, 온라인 장외거래 등으로 불린다.

ECN은 뉴욕증권거래소와 나스닥시장의 정규 매매시간은 물론이고 두 시장이 문을 닫는 야간(한국시간 오전 6시 이후)에도 독자적으로 매매호가를 받아 처리하고 있다.

이 때문에 ECN은 다음날 뉴욕증권거래소와 나스닥시장의 흐름을

주식 야간에도 사고 판다

내년부터 사설 전자증권거래시스템 허용

위정환 기자

증권거래소나 코스닥증권시장 등과 같은 기존 거래소 외에 전자시스템을 이용해 주식을 사고 팔 수 있는 사설 전자증권거래시스템(ECN) 설립이 허용된다.

이에 따라 기존 매매시간 후에도 주식을 사고 팔 수 있는 길이 열리게 돼 투자자들의 유동성이 크게 개선될 것으로 예상된다.

재정경제부와 금융감독위원회 관계자는 16일 "거래소시장만을 둘 수 있도록 되어 있는 증권거래법을 개정해 이번 정기국회에 상정할 예정"이라고 밝혔다.

정부 관계자는 올해 안에 '대체거래시장(ATS:Alternative Trading System)' 설립 근거를 마련하고 관련 세부사항 등을 제정해 내년부터 사설 전자거래시장을 설립할 수 있도록 제도적 장치를 마련할 방침이라고 덧붙였다.

정부가 허용하게 될 대체거래시장은 전자증권거래시스템인 ECN(Electronic Communication Network) 형태로 전자거래 대상으로 된 종목의 주식을 매매시간과 관계없이 주식을 사고 팔 수 있는 거래체제다.

ECN 개념도

매수주문 +현금 → 투자자 → ECN(사설전자증권) → 매도주문 +주식 → 투자자
주식입고·체결 ← 거래소 ← 매도자금입금

ECN 운영안(예상)

- 개장시간: 오후 3~다음날 오전9시
- 거래대상: 사설기관
- 가격결정기준: 거래소 등 기존시장 종가
- 체결방식: 중개매매방식

이에 따라 투자자들은 거래소시장이 마감된 뒤에도 ECN을 통해 주식을 사고 팔 수 있는 길이 열려 유동성을 높일 수 있게 될 것으로 전망된다.

그러나 정부가 구상하고 있는 사설 ECN은 극히 제한적인 수준에서 허용될 전망이다.

임종룡 재경부 증권제도과장은 "대체거래시스템은 기존 거래소시장과 경쟁관계를 형성하는 것보다 기존 시장기능을 보완할 수 있는 수준에서 설립될 것"이라고 설명했다.

이에 따라 ECN은 가격결정 기능을 갖지 않고 기존 거래소시장에서 결정된 종가를 기준으로 주식을 사고 팔려는 투자자들의 주문을 중개하는

수준에서 시작될 것으로 예상된다.

재경부는 증권거래법 개정안을 통해 법적 근거를 마련하고 ATS에 대한 구체적인 운영방식을 결정하기 위해서는 통은 금융감독위원회와 금융감독원에서 결정하도록 할 방침이라고 밝혔다.

ECN은 기존 증권거래소와는 달리 나름대로의 체결원칙에 따라 전자거래 방식으로 거래하는 전자증권거래시스템을 말한다. 일종의 사이버 증권거래소다.

투자자가 증권사를 거쳐 거래소에 주문을 전달하는 기존 매매시스템과 달리 ECN은 투자자들의 주문을 직접 모집 받아 매매를 중개하고 체결한다.

미국 등에서 활성화되어 있으며 초기에는 저렴한 가격으로 대량 거래를 하는 기관이 자전거래 등 주로 이뤄오나 최근에는 일반투자자에게 확산되고 있는 추세다.

우리나라에서도 사이렉스, 금융포털 사이트인 유뱅크 등이 ECN 설립을 위해 용이해 LG상사 등 대기업들도 설립을 검토 중인 것으로 알려지고 있다.

미리 반영하는 경향이 있으며, 같은 시간대에 거래가 이루어지는 아시아증시에 엄청난 영향을 미치고 있다.

이는 ECN이 미국 주요기업의 실적 발표를 실시간에 반영하기 때문이다. 미국 기업들은 증시에 미치는 영향을 고려하여 뉴욕증권거래소와 나스닥시장이 거래를 마감한 이후에 경영실적을 발표한다. 예컨대 미국의 인텔이 장마감 뒤 실적이 악화됐다는 발표를 하자 미국 뉴욕증시의 시간외거래(전자주식거래 네트워크)에서 인텔의 주가가 급락했으며, 같은 시간 국내증시도 폭락세를 나타냈다.

한편 우리나라의 경우, 장외전자거래주식시장이 2001년 10월 27일 개설되어 오후 4시 30분부터 오후 9시까지 KOSPI200 및 KOSDAQ50 편입종목에 대하여 당일 종가기준 ±5% 범위 내에서 매매가 가능하다. 그러나 아직까지는 시장활성화가 미흡한 편이다.

타이밍의 승부, 데이트레이딩

데이트레이딩(Day Trading)이란 하루에도 주식을 여러 번 사고 파

는 것을 말하며, 데이트레이딩을 하는 투자자를 데이트레이더라고 부른다. 데이트레이딩이 가능해진 것은 인터넷을 통한 주식거래가 활발해지고, 증권사들이 인터넷 주식매매 수수료를 대폭 할인하면서부터다. 증시에서 주식을 자주 사고 파는 것을 '단타매매'라고 부르는데, 데이트레이딩은 단타매매보다도 더 순발력 있는 거래라고 할 수 있다. 두 거래 형식을 나누는 정확한 기준은 따로 없지만 통상 단타매매는 주식을 사들인 당일이나 2~3일 후에 팔면서 특별히 목표수익률을 설정하지 않는 반면, 데이트레이딩은 하루에도 수십 회씩 사고 팔면서 당일 청산을 목표로 하고 1~2%의 적은 수익률에도 기계적으로 팔아치우는 거래라고 보면 된다.

즉 데이트레이딩은 종목의 가치가 아니라 그야말로 매매의 타이밍을 사고 팔면서 승부를 거는 셈이다. 따라서 대단한 순발력과 감각, 대담성을 필요로 하고, 특히 각종 정보를 얻기 위해 인터넷을 종횡무진 누빌 수 있는 PC 운용 능력이 필수적이다. 인터넷으로 거

데이트레이딩 급증

데이트레이딩 주식거래 절반

저가주 위주 개인투자자 94% 차지
인터넷 영향… 위험회피 방법 의견도

주식을 하루에도 몇번씩 사고 파는 데이트레이딩이 크게 늘고 있다. 증권거래소의 자료에 따르면 데이트레이딩이 전체 주식거래량에서 차지하는 비중은 올 1월 29.4%에서 지난 7월 46.25%를 기록, 절반가량을 점했다. 또 거래대금에서도 지난 1월에는 전체의 23.7%였으나 7월 33.23%로 증가했다.

거래소는 같은 사람이 매수한 종목을 당일 다시 매도하거나 매도한 종목을 하루만에 매수하면 이틀 모두 데이트레이딩으로 집계했다.

특히 이같은 데이트레이딩은 대부분 개인투자자들에 의해 이루어지는

5천원 미만의 주식 거래가 데이트레이딩의 31.5%를 차지하고 3만원 이상인 종목은 18.68%에 그쳤다.

근래 데이트레이딩이 급증하는 것은 증시환경의 변화에 따른 현상으로 볼 수 있다. 먼저 인터넷에 의해 온라인 거래가 활성화되면서 개인투자자들에게도 주식거래는 과거에 비해 상상키 어려울 정도로 손쉬워 졌다는 점

의 시세와 거래량등을 실시간에 알아 볼 수 있다. 데이트레이딩의 급증으로 지수 선물 가격 변동과 맞물려 장중 주가 변동성을 높이는 등 각종 부작용의 양산될 가능성이 크다는 지적도 많다. 데이트레이딩 때문에 장중 지수흐름이 불안정해지고 결국 개인투자자가 다시 손해를 입을 수밖에 없다는 것이다.

투자를 과연 권할 수 있느냐는 것이다. 주식은 은행과 달리 오래 갖고 있다고 무조건 수익이 늘어나는 것도 결코 아니므로 투자기간을 정하는 것은 순순히 투자자 개인의 자유의사이어야 하며 이같은 결정은 어디한 경우에도 존중받아야 한다는 것이다.

더욱이 데이트레이딩은 주식시장에서 급등과 급락상세를 완화하는 순기능을 한다는 주장도 있다. 어떤 종목이 급등할 경우 데이트레이딩에 의해 매물이 쏟아져 나오므로 가격이 내려가고 반대로 급락할 경우에는 매수량이 많아져 가격의 폭락을 어느 정도 막아준다는 것이다.

래하면 수수료도 쌀뿐더러 거래에 걸리는 시간이 짧아져 주식을 분 또는 초 단위로 사고 팔아 순간의 차익을 남기는 거래형태로 자리 잡았다.

주식이 장중의 수급변화에 따라 급등락하는 동향을 파악해 치고 빠지는 식으로 거래하는 것이다. 시세 흐름을 계속 지켜보다가 주가 움직임이 빠른 주식을 골라 사들인 뒤 단기간에 차익을 챙기고 빠져나오는 방법으로, 아예 컴퓨터 단말기를 몇 대씩 갖다놓고 인터넷으로 연결한 뒤 데이트레이딩만 전문적으로 하는 투자자들도 생겨났다.

그러나 너도나도 데이트레이딩에 뛰어들었다가 큰 손실을 보는 경우가 빈번해지자 정부에서 이를 규제하려는 움직임을 보이고 있다. 주식시장을 투기장화할 수 있다는 우려 때문이다. 데이트레이딩이 활발한 미국의 경우에도 그만큼 규제를 엄격히 적용한다. 미국은 증권사의 돈을 빌려 계좌(신용계좌)를 개설하고 하는 데이트레이딩은 허용하지만, 고객이 자신의 돈을 갖고 계좌(현금계좌)를 만들어 하는 데이트레이딩은 금지하고 있다.

예컨대 주식에 대한 매수자금을 내지 않거나 일부 증거금만 내고 증권을 사겠다고 주문한 뒤 다시 다른 사람에게 팔아 매수대금을 충당함으로써 차익을 얻는 소위 '무임승차(free riding)'를 금지하고 있다. 당일 증거금 활용이 허용돼 있기 때문에 현금계좌와 신용계좌를 구분하지 않고 모두 데이트레이딩이 허용되는 우리나라와 차이가 있는 셈이다. 특히 미국의 연방준비제도이사회(FRB)는 증권 관련 규정(Regulation T)에 따라 무임승차 금지규정을 어기고 결제를 이행하지 않은 고객은 90일 동안 거래를 하지 못하도록 규제하고 있다.

반면 사이버 거래 비중이 상대적으로 낮은 일본은 데이트레이딩을 크게 문제삼지 않고 있다. 다만 고객이 신용거래로 명시하지 않은 거래를 하면 반대매매에 의한 차감결제를 인정하지 않는 등 미국의 무임승차 금지규정과 비슷한 규제를 하고 있다.

주식시장의 상장과 등록

보통 소수의 투자자만 가지고 있던 주식을 대중에게 분산하고 기업의 재무상태도 널리 알려 '진정한' 주식회사로 변모하는 과정을 '기업공개'라고 말한다. 대체로 기업을 공개할 때는 주식의 환금성을 확보해 주기 위해 유가증권시장에 주식을 올려놓고 매매할 수 있도록 한다.

거래소 상장과 코스닥 등록

주식을 거래소시장에 올려놓으면 '상장'이라고 하고, 코스닥시장에 올려놓으면 '등록'이라고 부른다. 따라서 '코스닥 상장'이라는 말은 틀린 표현이다. 상장이나 등록을 할 때는 일정한 요건을 충족시켜야 하는데, 그 기준이 다르며 물론 거래소 상장이 더 까다롭다.

대표적인 상장 요건으로는 매출액이 최근 300억 원 이상이어야 하며, 부채비율이 동종업종 평균의 1.5배 미만일 것, ROE가 최근 5%(또는 이익 25억 원) 이상일 것 등 재무지표로 '커트라인'을 그어놓고 있다. 그러나 코스닥은 적자를 내는 기업도 인정받으면 등록이 가능하다. 상대적으로 거래소가 기업의 안정성과 수익성을 까다

롭게 따지는 셈이
다. 다른 요건에서
도 코스닥이 상대
적으로 느슨한 편
이다.

공모주 청약

기업이 주식시장
에 상장하기 위해
재무상태를 공개하

7개 기업 코스닥 등록심사 청구

모디아소프트를 비롯한 7개 기업이 증권업협회에 코스닥 등록 예비심사 청구서를 접수했다.

청구서를 낸 기업에는 이동통신 시스템통합(M·SI·Mobile-System Integration)을 공급하는 모디아소프트, 캐릭터 디자인과 완구를 만드는 디자인전문업체 오로라월드, 연료분사장치를 비롯, 자동차 부품을 만드는 코다코 등이 있다.

이밖에 소프트웨어 개발업체인 테크노필, 통신기기제조업체인 한국레이컴, 컴퓨터설계자문업을 하는 디날리아이티, 양가죽 위주로 가죽제품을 만드는 디에스아이가 청구서를 제출했다.

이로써 금년 들어 예비심사청구서를 제출한 법인은 262개사이며, 이중 161개사의 등록이 승인됐고, 34개사가 기각 또는 보류 판정을 받았다.

◇코스닥 등록 예비심사 청구법인 (단위:억원)

회사명	업종·주요제품	99년 매출액	99년 순이익	자본금	희망공모가(예상가)
디날리아이티	시스템통합(SI)	204.5	11.8	18.0	3,500~4,500원(500원)
디에스아이	완구제품류	247.1	5.7	29.0	9,000~11,000원(5,000원)
모디아소프트	이동 시스템통합(SI)	92.2	18.2	7.4	33,500~50,000원(500원)
오로라월드	캐릭터디자인 완구	449.8	27.0	30.2	4,300~6,300원(500원)
코다코	연료분사 동력전달 장치	147.3	8.1	19.9	18,000~27,000원(5,000원)
테크노필	소프트웨어 개발	23.4	1.1	34.9	12,000~16,000원(500원)
한국레이컴	통신기기	230.7	5.6	35.0	1,400~2,100원(500원)

면서 자기 회사의 주식을 일반인에게 파는 것을 공모라고 하며, 그
주식을 공모주라고 부른다. 공모주를 사려면 청약서류를 만들고 청
약증거금을 내야 하는데 그 절차를 공모주 청약이라 한다.

공모주 청약은 일반적으로 투자위험이 크지 않으면서 상대적으로
높은 수익을 올리는 방법으로 알려져 한동안 높은 인기를 누렸다.
특히 1999년 말을 전후한 증시 호황기에 증권 관련 기사 중 상당부
분을 차지한 것이 바로 공모주 청약이었다. 주로 코스닥 등록사를
중심으로 러시를 이루었고 공모주 청약에 성공한 투자자들은 당시
상당한 차익을 남기기도 해 숱한 화제를 뿌렸다. 공모주 청약으로
취득한 주식은 증권거래소에 상장되거나 코스닥에 등록된 후 주가
가 대개 발행가를 웃돌기 때문에 잘만 하면 많은 시세차익을 올릴
수 있었다.

공모주에 청약하려면 먼저 청약한도를 확인하고 공모주 청약서를
작성한 뒤 청약금액의 50%를 청약증거금으로 내야 한다. 청약한
다음 3~6일 정도 지나면 공모주 배정금액을 뺀 다음 나머지 청약

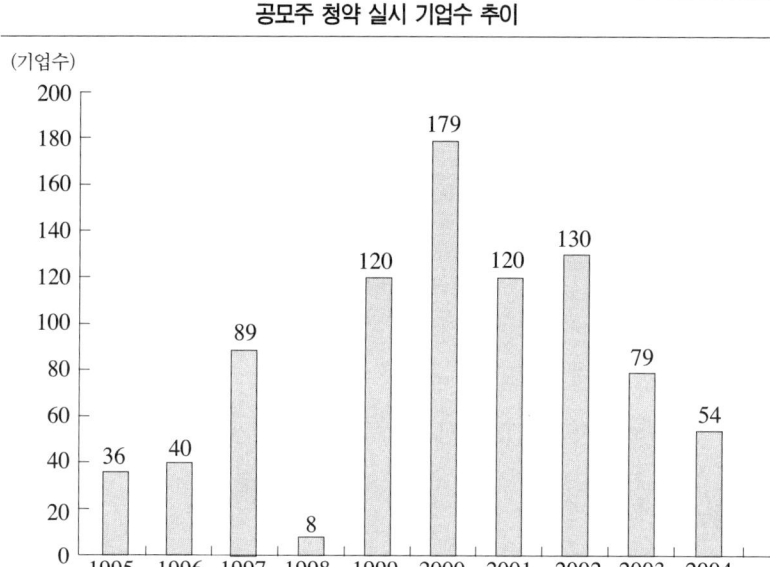

공모주 청약 실시 기업수 추이

증거금을 돌려 받는다.

그리고 배정받은 공모주는 청약일로부터 약 10일 후에 자신의 계좌에 자동적으로 입고된다.

적정 공모가를 위한 수요예측

한때 인터넷 경매기업인 옥션의 공모가가 '수요예측' 과정에서 당초 희망가의 2배인 40만 원(액면가 5000원 기준)까지 치솟은 적이 있어 증권시장에서는 과연 옥션이 그렇게 높은 주가에 걸맞은 기업인지 논란이 일기도 했다. 수요예측은 새롭게 주식시장에 상장할 주식을 시장에서 얼마의 가격에 어느 정도 수량만큼 사고 싶어하는지 '미리' 알아보기 위한 제도다. 사전에 시장의 수요를 알아보고 공모할 주식의 가격과 기관투자가들이 가져갈 물량을 결정하는 것이다.

과거에는 증권사가 기업측과 논의하여 임의대로 공모가를 결정했지만, 공모가가 터무니없이 높거나 낮아지는 것을 막기 위해 최근 들어 수요예측이라는 절차를 거치고 있다.

수요예측은 공모일정보다 1주일 정도 앞서 미리 기관투자가들끼리 모여 '희망 매입수량'과 '희망 매입가격'을 적어내는 방식으로 진행한다.

그러나 이때 최종 공모가보다 낮은 가격을 적어내면 주식을 한 주도 배정받지 못하기 때문에 기관투자가들이 서로 가격을 높게 적어내면서 공모가를 '뻥튀기'하기도 한다. 금융감독원은 이런 공모가 거품현상을 없애기 위해 2000년 1월 수요예측 과정에서 지나치게 높은 가격을 적어낸 기관투자가들을 제재하는 조치를 발표한 바 있다.

보통주, 우선주, 주식예탁증서

일반투자자가 주식 거래를 할 경우 주식의 종류와 특성을 잘 알아두는 것이 가장 중요하다. 주식에는 기업의 경영정책에 참여할 수 있는 의결권과 배당을 받을 수 있는 권리가 함께 부여되어 있는데, 권리행사의 우선순위에 따라 '우선주', '보통주' 등으로 구분된다.

우선주란 보통주에 우선해서 이익배당을 받을 수 있고, 기업이 해산할 때 이루어지는 잔여재산의 분배에서도 우선해서 받을 수 있는 권리를 가진 주식을 말한다. 그러나 우선주는 일반적으로 주주총회에서 의결권이 없는(무의결권주) 대신 상장사가 배당금을 지급할 때 보통주보다 1% 정도 높은 배당률을 적용받는 우대조치만 있을 뿐이다.

우선주와 달리 배당금 지급 면에서 특별한 권리내용이 없는 보통 주식을 보통주라고 부른다. 보통주는 우선주에 비해 배당 및 자산 분배에 있어 나중 순위의 권리를 갖는 대신 주주총회에서 의결권이 주어지는 것이 특징이다. 그리고 주식을 담보로 하여 발행된 '주식 예탁증서(DR)'도 주식의 일종이라고 할 수 있다. 주식예탁증서는 주식을 담보로 맡기고 이를 증명하기 위해 발행하는 증서다. 해외 에서 발행되는 '해외 주식예탁증서'는 국가간에 서로 다른 화폐제 도·주식거래제도·주권운반의 난점 등을 극복하기 위해 만들어졌 다. 한국전력·포항제철 등 우리나라의 일부 상장기업들은 뉴욕증 시에 주식을 상장하는 방법으로 주식예탁증서 발행제도를 이용한 바 있다.

미니경제상식) **왜 우선주가 쌀까** ─────────

외국에서는 대개 우선주 주가가 보통주보다 높지만 우리나라에서는 보통 주가 더 비싼 경우가 많은데 그 이유를 알아보자.

우선주(preferred stock)란 배당이나 잔여재산 분배에 있어 일종의 '특혜'를 주는 대신, 의결권은 없다. 그래서 우선주는 '사채 비슷한 주식'이라고 볼 수 있는데 일정한 수준의 배당을 보장해 주므로 투자자는 '안정성'을 누리 고, 회사는 '상환 의무'를 덜 수 있으니까 누이 좋고 매부 좋은 식이다. 대주주처럼 지분에 신경쓰는 이들에게도 큰 부담이 없다.

미국 등 해외 증시에서는 실적이 나빠 배당을 못 하면 다음 해에 그만큼 더해 준다든지, 실적이 좋을 때 일부를 미리 적립한다든지 하는 방식으로 우선주에 대한 '특혜보장'을 튼튼하게 해준다. 그래서 대부분 보통주보다 주가가 높다. 하지만 우리나라의 경우, 1998년 신형 우선주가 나오기 전까 지는 '액면가 기준'의 보통주 배당보다 겨우 1%포인트쯤 더 얹어 주는 정 도여서 우선주로서 매력이 별로 없었다. 또 경영권에 지장이 없다는 이유 로 대주주들이 대량 발행했던 우선주가 폭락함으로써 '개미 투자자'들이 큰 손해를 보기도 했다.

국내 기업들은 원(原)주식을 국내 금융기관에 맡겨 이를 담보로 주식예탁증서를 발행하여 외국인에게 판매하기도 한다. 주식예탁증서를 발행할 때 구주(舊株)를 사들여 예탁하는 방식과 신주(新株)를 발행하는 유상증자 방식이 있는데, 기업의 자금조달 측면에서 후자 쪽이 보편적이다.

국민주, 대·소형주, 자산주, 블루칩

증권 관련 기사에 자주 등장하는 '국민주', '대·소형주', '자산주', 그리고 '블루칩'이라는 용어에 대해 자세히 알아보자.

먼저, 국민주란 국민의 소득향상을 도모하고 국민경제 발전에 기여할 목적으로 정부가 보유주식을 국민을 대상으로 매각하여 널리 보급하는 정부투자 기업의 주식을 말한다. 우리나라에서는 지난 1988년 포항제철이 맨 처음 국민주로 보급되었고, 1989년 한국전력이 두 번째 국민주로 보급되었다.

대형주는 큰 규모의 발행주식수 및 유통주식수, 시가총액을 가진 대기업의 주식을 말한다. 상장종목들을 대·중·소형주로 가르는 기준은 시가총액(발행주식수×시가)이다.

이전에는 자본금 규모를 기준으로 대·중·소형주로 구분하였으나 2003년 2월 17일 이후부터 시가총액을 기준으로 구분하고 있다. 즉 시가총액 상위 100위까지는 대형주, 101위부터 300위까지는 중형주, 그 이하는 소형주로 분류하고 있으며 시가총액이 매일매일 변하므로 지수의 안정성을 확보하기 위해 6개월 단위로 구성종목을 교체하고 있다.

소형주는 대형주에 비해 비교적 적은 자금으로도 주가를 크게 올릴 수 있다는 특징이 있다. 종합주가지수는 떨어졌지만 주가가 상

자본금 규모별 주가 추이

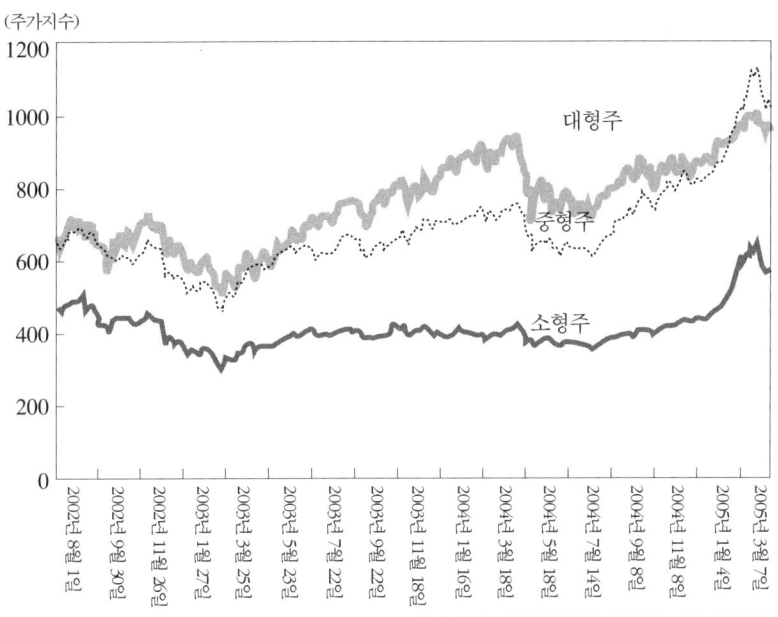

(주가지수)

대형주

중형주

소형주

승한 종목수가 하락한 종목수를 압도하는 현상이 일어나는 것은 이 때문이다. 대형주(시가총액 상위종목)들이 약세를 보이고, 중·소형 주(시가총액 하위종목)들이 강세를 보일 때 자주 나타난다.

자산주란 부동산·주식 등 가치 있는 자산을 많이 소유하고 있음 에도 불구하고 현재 그 자산가치가 주가에 충분히 반영되지 못한 기업의 주식을 말한다. 상장기업이 자산투자를 많이 하는 대신 당 기순이익을 많이 내지 못한 경우에 발생하기 쉽다. 그러나 부동산 을 매각하거나 보유주식을 팔면 보유자산이 줄어들기 때문에 자산 주가 항상 높은 자산가치를 보유하고 있다고는 할 수 없다.

마지막으로, 블루칩(blue chip)이란 상당 기간 동안 안정적으로 이익을 내고 배당지급을 실행해 온 우량기업의 주식을 일컫는 말이다. 블루칩(우량주)에 대한 통일된 개념이 정립되어 있지는 않지만, 일반적으로 수익과 재무내용이 좋고 업계에서 유력한 지위를 갖고 있는 회사의 주식을 말한다. 블루칩의 기원은 트럼프의 포커에서 쓰는 세 종류(흰색·적색·청색)의 칩 가운데 가장 높은 것이 블루칩인데서 유래했다고 한다.

일반적으로 블루칩은 경기변동에 강하고 고수익 및 고배당을 유지하기 때문에 신용도가 매우 좋으며 지명도도 높다. 우리나라 증권시장에서는 SK텔레콤·포항제철·한국전력·현대자동차·삼성전자·국민은행 등이 대표적인 블루칩으로 꼽히고 있다.

블루칩은 증시가 상승세를 타면 함께 오름세를 보이고 증시가 하향곡선을 그리면 함께 내림세를 보이기 때문에 증시 기조를 분석하는 주요한 지표로도 사용된다.

그러나 블루칩이라고 해서 언제나 경영실적이 좋은 것만은 아니다. 지난해 엄청난 호황을 누렸다고 해도 새해 들어 제품값이 떨어지고 수출이 줄어들면 이익도 줄어들 수밖에 없다.

신경제주와 구경제주

2000년에 들어서면서 전 세계적으로 '신(新)경제'라는 말이 유행처럼 번지기 시작했다. 신경제 신드롬이란 말이 나올 정도로 지구촌을 온통 휩쓸었는데, 주식시장에서도 이를 반영해 '신경제 주식'과 '구(舊)경제 주식'이란 말이 등장할 정도였다.

신경제는 사실 몇 년 전부터 인터넷 등 정보통신산업과 생명공학산업이 급속히 발전하면서 나타난 말이다. 정보통신의 획기적인 발전에 힘입어 일반인의 생활방식은 물론 기업들의 경영방식이 빠른 속도로 바뀌자 그 같은 변화를 설명하기 위해 '제3의 산업혁명'이니 '패러다임 이동'이니 하는 말과 함께 '신경제(new economy)'라는 말이 등장한 것이다.

신경제는 특히 인플레이션 없이 고속성장을 지속하고 있는 미국 경제를 설명하는 데 많이 사용된다. 정보통신의 발전으로 계속적인 생산성 향상이 가능해지기 때문에 경기순환이 사라진다는 설명을 하면서 신경제라는 표현을 쓰는 것이다. 또한 신경제라는 표현은 주식시장에서는 '구경제(old economy)'와 대비적인 개념으로 많이 쓰이고 있다.

첨단산업 분야의 주식은 지칠 줄 모르고 주가가 오르는 반면, 예전의 블루칩(우량주)들은 끝없이 내림세를 보이자 전자(前者)를 신경제 주식이라고 일컫는 대신 후자(後者)를 구경제 주식이라고 일컫게 되었다. 구경제에 대해 미국에선 '벽돌(brick and mortar)산업'이라고 표현했으며 우리나라에선 '굴뚝산업'이라고 하기도 한다. 불과 얼마 전까지만 해도 기업 하면 대부분 공장을 떠올렸고, 그 공장에는 굴뚝이 있고 담장이 있기에 굴뚝산업이나 벽돌산업이라는 표현을 사용하게 된 것이다.

하지만 신경제 주식이라고 해서 마냥 주가가 오르는 것은 아니다. 2000년 이후 한국의 주식시장, 특히 코스닥시장에서 1999년 말을 정점으로 치솟았던 신경제 주식은 거품이 스르르 빠지듯 주가가 지속적으로 떨어져 버렸기 때문이다.

주식시장을 파악하기 위한 투자지표

주식시장에서는 많은 종목의 주식이 거래되고 있고, 거래의 결과로 형성되는 주가는 종목마다 등락폭과 등락률이 각각 다르며, 거래량과 거래대금도 각각 다르다. 하지만 개별 종목의 움직임이 전부 다르다고 하더라도 주식시장 전체의 움직임을 파악할 수 있는 '주식시장 지표'가 필요하다.

주식시장 지표는 투자에 대한 판단을 내릴 수 있는 주요 척도로서, 일반투자자의 합리적인 의사결정 자료로 이용되며, 정부 역시 시장관리와 정책결정의 참고자료로 이용하고 있다. 주식시장 지표로는 종합주가지수 외에도 거래량·주가수익 비율·주가순자산 비율 등이 있으나 역시 종합주가지수가 가장 중요하다.

종합주가지수의 의미

종합주가지수는 주식시장 전체의 움직임을 파악하기 위해 개별 주식의 주가변동을 종합하여 작성한 지수다. 기준시점(1980년 1월 4일)의 시장 전체의 주가수준을 100으로 하고, 기준시점의 주가수준과 비교시점의 주가수준을 비교하여 산출한다.

증권거래소가 매일 집계하여 발표하는 종합주가지수는 '시가(時價)총액 비교방식'으로 산출하는 것이 특징이다.

상장주식 전 종목을 대상으로 주가에 상장주식수를 곱해 산출한 시가총액을 기준시점의 시가총액과 비교해서 산출하는데, 그 산출방식은 다음과 같다. 시가총액식 주가지수가 지닌 장점으로는 상장주식수가 주가에 가중되므로 주가지수가 비교적 정확하게 반영될

주가지수 추이

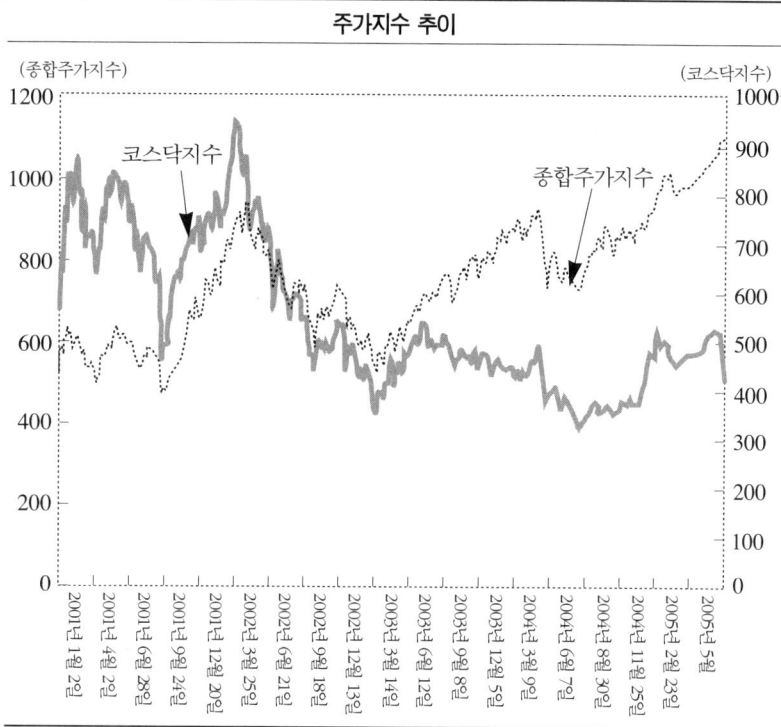

(종합주가지수)   (코스닥지수)

수 있으며, 전상장종목을 대상으로 하므로 전체 시황파악이 용이하고, 여러 계층의 지수 이용자에게 지수의 활용도를 제고할 수 있다는 점 등을 들 수 있다.

$$종합주가지수 = \frac{비교시점의\ 시가총액}{기준시점의\ 시가총액} \times 100$$

그러나 단점으로는 종합주가지수의 흐름이 대형주의 주가향방에 크게 좌우될 수 있고, 전체 상장종목을 대상으로 조사하기 때문에 주가지수의 계산이 복잡하다는 점을 들 수 있다.

투자에 도움이 되는 지표들

은행에 예금을 하면 예금이자를 받는 것과 마찬가지로 주식을 사면 그 기업의 영업실적에 따라 배당금을 지급받는다. 또한 채권에 투자하면 주식과는 달리 확정된 금리에 따라 안정된 이자수익을 얻을 수 있다. 일반적으로 금융기관에 예금할 때는 예금금리가, 채권에 투자할 때는 채권수익률이 선택의 판단기준이 된다. 그러나 보통 주식투자자들이 주식을 살 때는 배당수입만을 목표로 해서 주식을 사는 것이 아니다. 쌀 때 주식을 샀다가 비쌀 때 팔아서 시세차익(혹은 자본차익)을 올리는 것이 주식투자자들의 일반적인 목표다.

좋은 주식을 고를 수 있는 확실하고도 완벽한 방법은 존재하지 않지만, 증시분석가들은 투자자들에게 투자지침이 될 수 있는 몇 가지 지표를 개발해서 이를 적극적으로 권장하고 있는 상황이다. 투자지침으로 도움이 될 수 있는 대표적인 지표를 살펴보자.

• 주가수익 비율

주식투자의 대표적인 판단지표의 하나로 '주가수익 비율(PER: Price Earning Ratio)'을 들 수 있다. 주가수익 비율이란, 주가를 법인세 공제 후 나오는 1주당 순이익(EPS: Earning Per Share)으로 나눈 수치로, 단위는 배(倍)를 사용한다. 이때 1주당 순이익으로는 전기(前期)의 순이익을 사용한다.

$$\text{주가수익 비율(PER)} = \frac{\text{주가}}{\text{1주당 세후 순이익}}$$

간단한 예를 들면, A회사의 전년도 법인세 차감 후 순이익이 20

억 원이고 총 주식수가 100만 주라면 법인세 차감 후 1주당 순이익
은 20억 원÷100만 주=2000원이 된다. 따라서 현재 주식가격이 1
만 원이라고 한다면 A회사 주식의 주가수익 비율은 1만 원÷2000
원=5(배)가 된다. 즉 A주식 발행회사가 금기(今期)에도 전기와 같
은 수익을 얻는다고 가정하면 A주식은 순이익의 5배의 가격으로
증권시장에서 매매되고 있음을 의미한다. 쉽게 말해 주가수익 비율
은 주가가 1주당 세공제 후 순이익의 몇 배 가격으로 형성되고 있
는가를 나타내는 지표다.

경제전문지와 증권시장지(紙)의 주식시세표란에 상장회사들의 주
가수익 비율이 기재되어 있으며, 주가가 매일 변하는 데 따라 주가

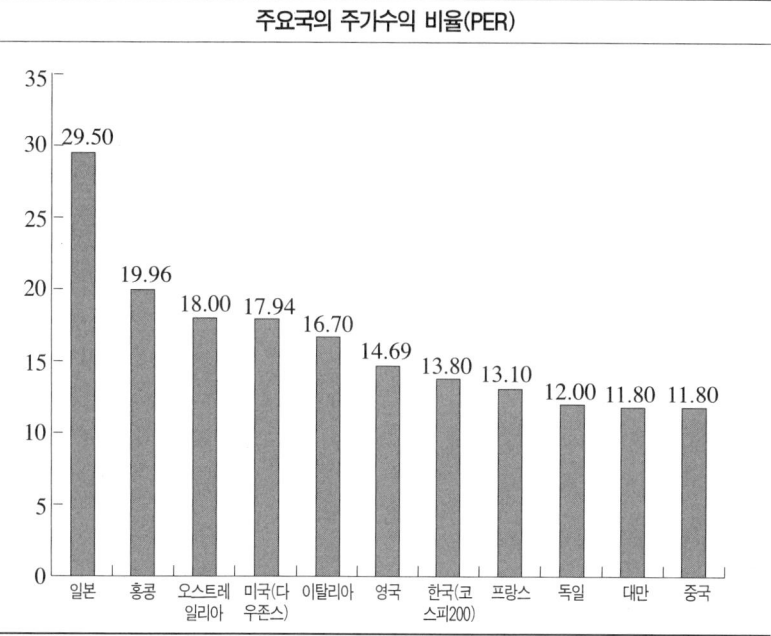

주요국의 주가수익 비율(PER)

*자료 : 세계증권거래소연맹, 2004년 말 기준

고ROE-저PBR종목 '투자유망'

강대일씨 26개기업 추천

한 애널리스트가 ROE(자기자본이익률)와 PBR(주당순자산비율)개념을 조합해 한국컴퓨터 등 양제와 금강고려 한성 등 26개 기업을 투자유망종목으로 추천, 눈길을 끌고 있다.

대우증권 리서치센터 강대일 애널리스트는 17일 자사 홈페이지를 통해 "ROE와 PBR가 모두 높을 때는 초과수익을 얻기 쉽지만, ROE가 높으면서 PBR가 낮은 종목은 지평가 상태로 추가적인 상승을 기대할 만하다"고 지적했다.

ROE는 기업이 주주가 출자한 돈을 이용해 이익을 얼마나 올렸는지를 나타내는 지표로 높기순이익을 자기자본으로 나눠 구한다. ROE가 높을수록 경영효율이 높다는 뜻.

반면 PBR는 주가를 주당 순자산가치로 나눈 것으로 회사의 자산에 비해 주가가 얼마나 높은

가격으로 형성돼 있는지를 평가하는 지표. PBR가 1보다 낮다는 것은 시가총액이 장부상 순자산가치보다 작다는 것으로 주식을 전부 사들인 뒤 회사를 청산하더라도 차익을 남길 수 있다는 의미다.

대우증권 애널리스트는 보고서에서 "ROE의 증가에도 불구, PBR가 낮게 형성된다면 이는 기업실적이 주가에 제대로 반영되지 못한 것으로 해석할 수 있다"고 밝혔다.

실제로 미국시장에서 82~91년 10년 동안 '고ROE-저PBR' 종목군의 평균 수익률은 27%로 시장평균 수익률보다 10%포인트 가량 높았다.

대우증권은 이같은 분석에 따라 올 12월 결산 예상수익을 기준으로 ROE가 10% 이상이고 PBR가 0.7배 미만인 26개 종목을 투자유망종목(表)으로 제시했다.

(이강운기자)
kwoon90@donga.com

고ROE-저PBR 투자유망종목

종목	ROE(%)	PBR(배)
장기컴퓨터	48.50	0.61
동양제과	25.97	0.65
금강고려	25.65	0.62
삼보전자	25.14	0.59
이구산업	23.67	0.64
해태	21.85	0.55
경방제지	19.96	0.66
영창악기	15.50	0.53
흥진기계	15.44	0.36
포스틸	15.38	0.55
LG유통	14.70	0.48
동방	14.64	0.36
동성화학	14.54	0.61
경남기업	14.33	0.27
투신	13.45	0.38
현대백화점	13.30	0.47
아우룩화	13.15	0.32
계성전기	13.03	0.28
캠브리지	12.94	0.58
한영기계	12.81	0.34
극동가스	12.44	0.62
통신	12.07	0.38
수출포장	11.52	0.28
코오롱유화	11.25	0.31
대림산업	10.42	0.31
	10.07	0.62

ROE·저기자본이익률가 10%이상, PBR·주당순자산비율가 0.7배 미만인 종목을 선정

(자료 대우증권)

수익 비율도 매일 달라진다. 주가수익 비율을 이용할 때 유의해야 할 점은 비율 계산에 사용되는 1주당 세후 순이익이 전기의 이익일 뿐 다음 기의 예상 수익이 아니라는 점이다.

주가는 장래수익과 배당수준 등을 예상해 결정되기 때문에 현재의 주가수익 비율을 기준으로 주가의 절대적인 높고 낮음을 판단할 수는 없다. 따라서 주가수익 비율을 투자의 판단지표로 이용할 경우에는 기업의 성장성 분석과 함께 그 기업이 속해 있는 산업별 주가수익 비율과 비교하여 판단하는 것이 현명하다.

• 주가순자산 비율

주식투자시 지침이 될 수 있는 또 다른 하나는 '주가순자산 비율(PBR: Price Book-Value Ratio)'이다. 이는 주가를 1주당 순자산으로 나누어 계산한 것으로, 산출 방식은 나음과 같다.

$$주가순자산\ 비율(PBR) = \frac{주가}{1주당\ 순자산}$$

여기서 순자산은 전기 대차대조표의 자산에서 부채를 차감해서

계산하는데, 이는 회사가 해산될 때 주주에게 분배될 금액을 의미한다.

예를 들어, B회사의 전기 대차대조표상 자산이 1000억 원이고 부채가 500억 원일 경우 이 회사의 순자산은 1000억 원−500억 원=500억 원이며, 발행 총주식수가 100만 주라면 1주당 순자산은 500억 원÷100만 주=5000원이 된다.

주가수익 비율이 기업의 수익성 측면에서 주가를 판단하는 지표인 데 비해 주가순자산 비율은 재무상태면에서 주가를 판단하는 지표라 할 수 있다.

또한 일반적으로 순자산이 많다는 것은 재무상태가 양호하다는 것을 나타내기 때문에 주가순자산 비율은 재무상태에 비해 주가가 어느 수준에 있는가를 표시해 준다. 즉 주가순자산 비율이 높다면 주가가 재무상태에 비해 높은 수준이라고 할 수 있으며, 주가순자산 비율이 낮다면 주가가 재무상태에 비해 낮은 수준이라고 할 수 있다.

• 자기자본 이익률

최근 주목받고 있는 주식투자지표로 '자기자본 이익률(ROE : Return On Equity)'이라는 것이 있다. 기업이 자기자본을 효과적으로 활용하여 이익을 내고 있는가를 판단하는 지표로서, 당기의 순이익을 자본금·자본잉여금·이익잉여금 등을 합친 자기자본으로 나누어 산출한다.

$$자기자본 이익률(ROE) = \frac{순이익}{자기자본} \times 100$$

자기자본 이익률이 시장금리보다 낮으면 그 회사에 투자하는 것보다 금리가 높은 예금이나 기타 금융상품으로 운용하는 편이 좋고, 반대로 시장금리보다 높을 때에는 투자대상으로서 바람직하다는 판단하에 주로 미국과 유럽의 기관투자가들이 중시하고 있는 지표다.

• 주식배당 수익률

'주식배당 수익률(Dividend Yield Ratio)'은 1주당 배당금을 주가로 나누어 산출하며, 여기서 1주당 배당금으로는 전기의 확정배당금을 이용한다.

$$주식배당\ 수익률(\%) = \frac{1주당\ 배당금}{주가} \times 100$$

예를 들어, 액면가격이 5000원인 주식의 현재 시장가격이 1만 원이고 전기배당률이 10%라고 하면 배당금은 5000원×0.1=500원이며, 이에 따라 주식배당 수익률은 5%[(500원÷1만 원)×100]가 된다. 주식배당 수익률은 어떤 주식에 투자할 경우 그 투자자금이 배당에 의해 연간 어느 정도의 수익을 실현할 수 있는가를 나타내는 지표다.

따라서 은행예금과 채권 등 주식 이외의 투자대상과 수익성 정도를 비교하거나 다른 상장회사들과 주가수준을 서로 비교할 때 자주 이용된다.

여기서 한 가지 유의해야 할 점은 주식배당 수익률 산출시 1주당 배당금으로, 앞으로 받을 배당금이 아닌 전기의 확정배당금을 이용한다는 점이다. 상장기업들은 주주들에게 배당금을 지급할 때 현금배당뿐 아니라 '주식배당'도 실시하고 있다.

주식배당은 배당금으로 현금을 지급하는 대신 주식으로 지급하는 것을 말하는데, 주식배당 수익률을 계산할 때는 현금배당만을 감안하는 일반적인 국제방식에 따라 주식배당을 제외하고 현금배당만을 기준으로 산출하는 것이 보통이다.

• 이비 에비타(EV/EBITDA)

투자할 만한 기업을 꼽으라고 하면 대부분의 애널리스트들은 PER(주가수익 비율)이나 ROE(자기자본 이익률) 같은 지표들을 가지고 설명한다. 그러나 이런 투자지표 외에 최근 각광을 받기 시작한 것이 바로 '이비 에비타(EV/EBITDA)'다.

'기업가치÷세금과 이자지급 전 이익'이라는 뜻이지만, 애널리스트들은 쉽게 이비 에비타라고 부른다. 간단히 말하면 기업가치(EV)를, 세금과 이자를 내지 않고 감가상각도 하지 않은 상태의 이익(EBITDA)으로 나눈 수치이다.

기업이 자기자본과 타인자본을 활용해 어느 정도의 현금 흐름을 만들 수 있는가를 나타낼 때 주로 쓰인다. 이 수치가 높으면 주가가 고평가되어 있다는 뜻이고, 반대로 낮으면 저평가되어 있다는 뜻이다. 보통 3배니, 4배니 하는 '배(倍)' 단위로 얘기한다. 국내 상장기업들의 평균 이비 에비타는 2000년대 들어와 6.5~7배 정도를 나타내고 있다.

개별종목의 '이비 에비타'가 이보다 높으면 고평가된 것이고, 낮으면 저평가된 것으로 해석할 수 있다. 그러나 개별종목이나 업종별 특성이 있기에 이런 해석이 반드시 옳다고는 할 수 없다.

이비 에비타는 외국인들이 투자종목을 고를 때 주가수익 비율
(PER)과 함께 참고로 하는 수치다. 증권사들이 투자자들에게 나눠
주는 「상장기업분석」 책자를 보면 각 기업마다 이 수치가 얼마가
되는지 나와 있는데, 어려운 용어기는 하지만 매우 중요한 주식 관
련 지표라 할 수 있다.

• 기업실적

분기별로 발표되는
상장기업들의 경영실
적도 주식투자를 할 때
고려해야 할 사항이다.
기업실적은 주가에 곧
바로 반영되기 때문에
매출액과 순이익 변동
추이를 유심히 체크해
야 한다.

그러나 주의해야 할
점은 물건을 많이 팔았

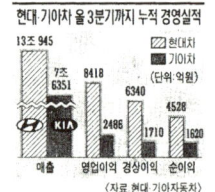

"현대 · 기아車 純益 1조원 예상"

3분기까지 4528억원 이익
99년 한해실적 이미 돌파

현대 · 기아자동차가 올 들어 지난
3분기까지 달성한 당기순이익이 이
미 지난해 전체 순이익을 넘파했던 것
으로 나타났다.
현대자동차는 올 3분기까지 누적
당기순이익이 4528억원으로 지난
한해 동안의 4143억원을 돌파했다.
이 기간의 매출은 지난해 전체의
91.9%에 해당하는 13조945억원(내
수 7조9603억원, 수출 5조1342억
원), 영업이익은 8418억원, 경상이
익은 6340억원을 기록했다.
기아자동차도 3분기까지 1620억
원의 당기순이익을 기록해 지난해
전체 순이익 1357억원을 넘어섰다.
또 매출은 7조6351억원, 영업이익

은 2486억원, 경상이익은 1710억원
으로 나타났다.
현대 · 기아자동차의 순익 규모는
창사 이래 최대 실적이라고 양사는
밝혔다.
현대자동차 관계자는 "올해 자동
차 소그룹 전체 당기순이익이 1조
원 안팎에 이를 것"이라고 예상했
다. / 金宗浩기자 tellme@chosun.com

다고 반드시 좋은 기업은 아니라는 사실이다.

매출액은 높지만 이익을 별로 못 내는 기업이 있는가 하면, 매출
액은 많지 않지만 순익은 짭짤한 기업도 있기 때문이다. 1999년부
터 투자자들의 관심을 모으고 있는 IT 관련 기술주는 매출액에 비
해 이익이 많고, 성장률도 높은 주식이다. 하지만 매출과 이익증가
율에 비해 주가가 너무 급등했기 때문에 2000년 들어 큰 폭의 주
가조정을 겪기도 했다.

기업이익을 측정하는 지표에는 영업이익, 경상이익, 당기순이익 등이 있다. 우선 영업이익은 제품을 판매한 매출액에서 영업에 들어간 비용(원료비, 임금, 판매관리비)을 뺀 것이고 경상이익은 영업이익에서 금융비용(차입금 이자)과, 환율변동에 따른 환차손 등 영업외 비용을 뺀 개념이다.

끝으로 당기순이익은 경상이익에 부동산매각·주식매각 등 특별손익을 반영하고, 세무서에 낸 법인세를 제외해 계산한다. 일반적으로 기업이익을 비교할 때, 경상이익 지표와 당기순이익 지표가 가장 많이 활용된다.

• 이동평균선

증시시황 기사를 읽다 보면 이동평균선이란 용어가 자주 등장한다. "코스닥지수는 200일 이동평균선인 100선 내외에서 지지가 가능할 것으로 보인다"는 표현 등이 그것인데, 이동평균선은 종합주가지수의 흐름을 통해 증시의 움직임을 살펴보는 투자지표다. 이동평균선은 과거 며칠간의 주가지수나 종목별 주가를 평균한 값(이동평균)을 그래프로 나타낸 것으로, 주가의 흐름을 예측하는 데 흔히 쓰인다.

200일 이동평균은 오늘을 기준으로 최근 200일간 주가를 평균한 값을 말하며, 20일 이동평균은 최근 20일간 주가를 평균한 것이다. 이 값을 매일매일 이어나가면 이동평균선이라는 그래프가 만들어진다. 이동평균선 중에서도 5일과 20일 이동평균선은 단기, 60일은 중기, 120일은 장기 주가 흐름을 파악하는 데 이용한다. 예를 들어 종합주가지수보다 20일 이동평균이 더 낮을 경우, 그래프로 보면 종합주가지수 그래프가 20일 이동평균선을 뚫고 올라가는 모양으로

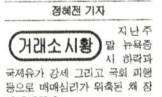

20일 이동평균선 하향돌파

경혜진 기자

거래소시황

지난주 말 뉴욕증시 하락과 국제유가 강세 그리고 국회 파행 등으로 매매심리가 위축된 채 장이 출발했다.

지난주 말 앞서 분위기가 이어지며 540선에서 출발세를 보이다가 오후 들어 외국인의 선물매도로 규모가 3434계약으로 늘어나면서 주가지수가 큰 폭 하락했다.

이에 따라 종합주가지수는 20일 이동평균선이 무너지면서 지난주 말보다 13.86포인트 하락한 537.40으로 마감했다. 이는 지난 13일 이래 1주일 만에 530선으로 주저앉은 것이다.

시가총액은 197조원으로 지난 13일(197조5천억)이래 처음으로 200조원대 이하로 떨어졌다. 거래량은 2억8975만주를 기록했고 거래대금도 1조1756억원으로 8월 이후 연중 최저치를 나타냈다.

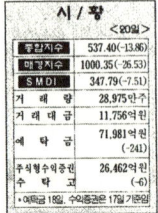

시/황 <20일>	
종합지수	537.40(-13.86)
매경지수	1000.35(-26.53)
SMDI	347.79(-7.51)
거래량	28,975만주
거래대금	11,756억원
예탁금	71,981억원 (-241)
주식형수익증권	26,462억원 (-6)
※예탁금 18일, 수익증권은 17일 기준임	

**삼성전자 주가하락
시가총액 2위로 밀려
SK텔레콤 다시 1위**

과해 주가 하락 종목 수인 559개의 2분의 1 수준에 그쳤다. 현대건설 강세에 힘입어 건설

여 머물렀다.

삼성전자는 6000원 하락한 15만5000원을 기록해 시가총액 1위를 SK텔레콤에 넘겨줬다. 한국통신공사와 포항제철이 각각 2400원과 2500원 하락하는 등 기아자와 담배인삼공사를 제외한 시가총액 상위 20개 종목이 하락세를 보여 지수하락을 더욱 부추겼다.

◇매경지수와 삼성-매경디지털지수(SMDI)=매경지수는 지수 하락폭을 확대하면서 지난주 말보다 26.53포인트 하락한 1000.35를 기록했다.

SMDI는 통신장비업종만 소폭 상승했을 뿐 대부분 종목이 하락세를 보임에 따라 7.51포인트 내린 347.79를 나타냈다.

◇종목별 업종별 특징=오전 내내 강세를 보였던 현대그룹주는 현대자동차이 부자사들의 기대에 못미친다는 인식이 확산되자 현대건설을 현대상사 등을 제외하곤 대부분 하락세로 돌아섰다.

나타난다. 기술적 분석가들은 그래프가 이런 형태를 보일 경우 주가가 상승할 개연성이 높은 것으로 평가한다.

하지만 이 경우 120일 이동평균이 종합주가지수보다 더 높다면 장기적인 전망을 달리 가져야 한다. 소위 대세 상승장이 되려면 주가가 단기 이동평균선은 물론 중장기 이동평균선을 뚫고 올라가야 하는데 그렇지 못했다면 증시체력이 부족하다고 볼 수

미니경제상식 3월 결산법인 · 12월 결산법인

결산을 영어로 표현하면 'closing an account'로가 말 그대로 회계상 한 시기를 마감하고 장부를 덮는다는 뜻인 셈이다. 기업들은 장부내용을 표로 정리해 대차대조표 · 손익계산서 · 현금흐름표와 같은 재무제표(財務諸表)를 만든다. 이익이 남았다면 그 이익을 어떻게 처리할 것인지도 보고서로 만들어야 한다.

결산을 언제 하느냐에 따라 기업들을 12월 결산법인, 3월 결산법인, 6월 결산법인, 9월 결산법인 등으로 나눈다. 대체로 1월부터 12월까지를 한 회계연도로 잡아 결산을 하는 기업이 많은데, 이 때문에 거래소와 코스닥에 상장된 기업 중에는 12월 결산법인이 가장 많다. 2002년 말 현재 12월 결산법인은 증권거래소에 577개(83.9%), 코스닥시장에 800개(93.2%)가 각각 있다. 금융기관 중 은행들은 모두 12월 결산법인이나 증권사 · 보험사 · 종금사 등 제2금융권 기관들은 대부분 3월 결산법인이다.

있기 때문이다.

주가를 예측하는 기술분석상의 한 지표인 '골든크로스(golden cross)'는 단기 주가 이동평균선이 장기 주가 이동평균선을 위로 상향 돌파하는 상황을 말한다. 골든크로스는 일반적으로 강세국면을 확인하는 강력한 신호로 해석된다. 그 반대의 경우를 '데드크로스(dead cross)'라고 하며, 이는 일반적으로 약세국면으로의 전환신호로 해석된다.

신문기사에 자주 등장하는 해외 주가지수

• 다우존스 주가평균(Dow Jones Average)

1884년 7월 3일 미국의 다우존스(Dow Jones)에 의하여 처음 발표된 것으로 가장 오랜 역사를 가진 주가지수인데, 미국 주가평균 중 가장 오래되고 권위있는 지표다. 다우존스 주가평균에는 공업주 30종목 평균, 운송주 20종목 평균, 공익 사업주 15종목 평균과 65종목 종합주가 평균 등이 있고 이들 네 가지 평균이 함께 발표되고 있다. 이 방법의 특징은 상장종목 중 거래가 활발한 대표적인 소수인 우량주를 채택하여 시황을 민감하게 파악하는 데 있으며, 원칙적으로 채택종목의 변경을 하지 않는다.

그러나 지난 1999년 컴퓨터 · 소프트웨어 등 기술주의 매매가 활발해지자 나스닥시장에 상장해 있던 마이크로소프트(MS), 인텔 등을 다우지수 산출에 새로 포함시켰다. 또한 다우 주가평균은 금액으로 표시되기 때문에 일반투자자에게 인기가 있으며 우리나라 시가총액식 종합주가지수보다 산출방식이 용이하므로 그 작성에 소요되는 경비나 인력을 절약할 수 있는 장점도 지니고 있다. 이 방법의 단점으로는 자본금의 크기에 관계없이 채택종목을 동등하게 취급하므로 가격의 움직임이 큰 주식의 영향을 강하게 받아 정확한 시황파악이 어려울 경우가 있고 채택 종목수가 한정되어 있어서 산업구조의 급속한 변화 등에 대응하기 어렵다는 점이다.

• 필라델피아 반도체지수

2000년 하반기 들어 삼성전자를 필두로 한 반도체 관련 주식이 서울증시에서 폭락세를 보이곤 했다. 외국인들이 보유하고 있던 국내 반도체주를 대량 매각했기 때문으로, 증시전문가들은 "미국증시의 반도체주 하락이 외국인들의 매도 공세를 불러일으켰다"고 분석했다.

이럴 때 미국 반도체주의 지표로 등장하는 것이 바로 '필라델피아 반도체지수'인데, 정확히 말하면 미국 필라델피아증권거래소가 1993년 12월 1일부터 산정해 온 '반도체 업종지수(Semiconductor Sector Index : SOX)'를 말한다. 이 지수는 반도체 설계·제조·유통업과 관련된 17개 미국 반도체회사의 주가를 포함하고 있다. D램 제조업체인 마이크론 테크놀로지를 비롯해 인텔·모토로라·텍사스 인스트루먼트·LSI로직 등 세계적인 반도체업체가 해당되어 이들 업체의 주가가 하락하면 반도체 업종지수도 하락할 수밖에 없다.

미국의 반도체 업종시수는 1999년 10월 4/5.9/에서 2000년 3월 1362.10까지 꾸준히 올랐는데, 2000년 3월 중순 이후 등락을 거듭하다가 하락세로 접어들었다.

미국 반도체지수의 흐름을 관찰해 보면, 국내 반도체주식의 향방을 대략 짐작할 수 있다. 물론 완벽한 것은 아니었지만 지금까지 비슷한 흐름을 보이고 있는 게 사실이다. 외국인들이 미국 반도체

주에 따라 국내 반도체주의 매매 패턴을 결정하기 때문이다.

• 닛케이 주가평균

일본 증시의 대표적 주가지표인 닛케이 주가평균은《일본경제신문(약칭 닛케이)》사가 산출한다고 하여 닛케이라는 이름이 붙었다. 닛케이 평균주가는 말 그대로 일정 시점에서 일부 종목들의 주가를 평균한 수치다. 그래서 숫자로만 나타내는 지수(index)와는 달리 일본의 통화 단위인 '엔(円)'으로 표시한다.

닛케이 평균주가는 도쿄증권거래소 1부에 상장된 225개 종목의 가격을 평균하여 산출한다. 이때 증자에 따른 배당락(증자비율만큼 주가를 인위적으로 떨어뜨리는 것)과 주식분할(주식 한 주를 2~5주로 쪼개는 것)도 감안해 산정한다. 일본 증시의 주가지표로는 또 도쿄증권거래소가 발표하는 'TOPIX(일본식 종합주가지수)'가 있다. 이는 한국증권선물거래소가 매일 발표하는 종합주가지수(KOSPI)와 비슷한 방식으로 계산한다.

그러나 닛케이 주가평균은 2000년 5월 한 차례 논란이 있었는데 《일본경제신문》사가 4월 24일 225개 종목 중 30개 종목을 새로 교체하면서 불거진 것이다. 일본 기관투자가들이 탈락 예정인 30개 기업 주식을 대거 매각하면서 닛케이 평균주가의 폭락을 부채질했다고 해 사회문제화된 바 있다.

주식회전율

국내 주식시장의 회전율이 세계 최고수준인 것으로 나타났다. 코스닥 증권시장(www.kosdaq.or.kr)은 21일 "세계 주요 증권거래소의 지난해 연간 회전율과

코스닥시장의 회전율을 비교해 본 결과, 코스닥시장의 회전율이 가장 높은
것으로 조사됐다"고 밝혔다. 코스닥증권시장은 그 근거로 국제증권거래소연
맹(FIBV)에 가입된 50개 세계 주요 증권거래소를 대상으로 연간 시가총액회
전율을 공개했다.

국제증권거래소연맹(FIBV) 회원 거래소 가운데 연간 시가총액회전율이 가장
높은 시장은 미국 나스닥으로, 나스닥의 시가총액회전율은 352.2%에 달했다.
한국증권거래소는 315.9%로 나스닥에 이어 2위를 차지했다. 현재 국제증권거
래소기구 회원이 아닌 코스닥시장의 2월 평균 시가총액회전율은 1108.1%로
나스닥보다 2배 이상 높아, 코스닥과 거래소에 모두 단타매매가 성행하고 있
는 것으로 나타났다.

이 밖에 시가총액회전율 3, 4, 5위는 대만(296.8%), 파리(239.9%), 마드리드
(197.8%)였고 미국 뉴욕증권거래소는 83.3%로 16위였다.

— 매일경제신문, 2000년 2월 22일자

코스닥시장의 주식회전율이 세계 1위라는 내용의 신문기사가 한
때 주식시장에서 화제가 된 적이 있다. 여기서 코스닥시장의 주식
회전율이 1108.1%라는 것은 쉽게 말해 코스닥시장의 모든 주식이
1년 동안 평균 열한번 가량 주인이 바뀌었음을 뜻한다.

주식회전율이란 주식의 주인이 얼마나 자주 바뀌는가, 즉 손바뀜
이 얼마나 많은지를 나타내는 지표다. 회전율이 높은 시장은 강세
로, 회전율이 높은 주식은 그만큼 인기가 많은 것으로 판단하면 된
다. 거래가 활발하고 주가가 오르는 활황기에는 당연히 회전율이
높아지고, 침체기에는 반대로 회전율이 낮아진다.

주식회전율이라고 하면 일반적으로 거래량회전율을 의미하는데,
보통 일정 기간 동안 거래된 주식수를 다 더한 다음 상장주식수로
나누어 구한다. 가령 A라는 종목이 지난 1년간 총 500만 주가 거래
됐는데, 이 회사의 상장주식수가 100만 주라고 가정해 보자. 이 주

식의 연간 거래량회전율은 (500만÷100만)×100 해서 500%가 된다. 이는 A종목 주식의 주인이 지난 1년간 다섯 차례나 바뀌었다는 뜻이다.

주식회전율을 계산하는 방식으로는 대금을 기준으로 하는 '시가총액 회전율(거래대금/시가총액)'도 있다. 회전율이 높다는 것은 그만큼 주식거래가 활발하다는 뜻이며, 보통 은행주와 증권주처럼 일반인들이 많이 보유하고 있는 대중주들이 비교적 높은 주식회전율을 보인다.

그러나 회전율이 높다는 것은 그만큼 팔아치우는 사람도 많다는 뜻이기 때문에 반드시 좋은 신호로만 해석하기 힘든 측면도 있다. 특히 단타매매가 극성을 부리는 상황을 그대로 반영하기도 하는데, 1999년 말 증시활황기 이후 코스닥시장에서 나타난 현상이 바로 그런 사례다.

주식을 하루에도 몇 번씩 사고 파는 데이트레이딩이 확산되면서, 최근 코스닥시장의 경우 회전율이 급속히 높아지는 추세다. 회전율이 높은 종목은 주가가 급등하거나 급락할 가능성이 높으므로 투자에 신중을 기해야 한다.

주가지수 선물과 옵션의 차이

• 주가지수 선물

선물(先物)시장이란 미래의 정해진 시기에 미리 정해진 가격으로 매매하는 시장이다. 가을에 추수하는 쌀을 사기 위해 봄에 미리 돈을 내고 계약을 맺는 입도선매(立稻先賣)의 원리와 똑같다. 가을이 되어 냉해로 쌀값이 계약가격보다 올라가면 이익을 보고 공급이 넘

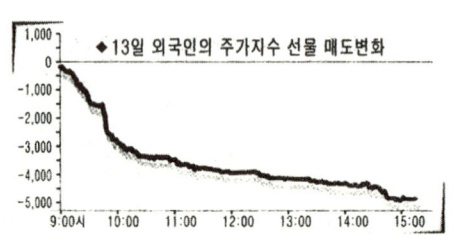

증시폭락 외국인 先物 매도세가 주도?

어제 4807계약 팔아치워

13일 주가 폭락의 직접적인 촉발제는 외국인의 주가지수 선물 대량 매도였다. 이날 외국인은 장초반부터 신규매도를 집중적으로 내놓으며 '사이드카'까지 끌어냈고, 결국 총 4807계약의 순매도로 장을 마쳤다. 이는 지난 10월 9일에 이어 올들어 두번째로 많은 양.

이 때문에 개인과 기관이 외국인의 매물을 일부 받았음에도, 12월물 선물 지수는 5% 이상 급락했다.

이날 외국인의 선물 매도 공세는 우선 24시간 글로벡스 (Glovex) 시스템으로 거래되는 미국 나스닥 선물이 우리 장이 열려있던 시간에 한때 하한가 근처까지 내려가며 계속 약

◆ 13일 외국인의 주가지수 선물 매도변화

세권에 맴돌았기 때문이다.

전균 동양증권 연구위원은 "나스닥 선물이 시간외 거래에서 이렇게 약세를 보인 것은 오랜만의 일"이라며 "나스닥 기업의 실적 부진과 함께 전혀 예상치 못했던 미국 대선 정국의 혼미가 미국 투자자들을 불안하게 한 것 같다"고 말했다.

질질끄는 국내 상황이 외국인을 짜증나게 했다는 분석도 있

다. 이원종 신영증권 연구원은 "현대건설 자구안이 '조만간 나온다', '곧 나온다'면서 3주 동안 제대로 제시되지 않은 것에 외국인이 실망한 데다 미국 변수가 겹친 것"이라고 말했다.

전문가들은 앞으로 단기적으로는 외국인이 선물에 이어 현물까지 매도세를 이어갈 가능성이 높은 것으로 보고 있다.

/張源埈기자 wjjang@chosun.com

처 내려가면 손해를 보는 식이다.

주가지수 선물은 주가지수가 앞으로 얼마나 될지를 놓고 벌이는 일종의 머니 게임이다. 매일 종합주가지수와 함께 발표되는 우량종목 200개의 주가지수(코스피200지수)와 코스닥 우량종목 50개의 주가지수(코스닥50지수)가 입도선매에서의 쌀과 같은 거래대상이 된다.

코스피200지수 선물은 3월, 6월, 9월, 12월 둘째 주 목요일에 지수가 얼마나 되겠는지를 예측하는 것이다. 만약 현재 코스피200지수가 108이지만, 3월 둘째 주 목요일에 최소한 110 이상으로 올라가겠다고 생각하면 2000년 3월물 110에 매수주문을 낸다. 만약 3월 둘째 주 목요일에 주가지수가 110 아래로 떨어지면 투자자는 손해를 보게 된다.

코스닥50지수 선물과 코스피200지수 선물 비교

구분	코스닥50지수 선물	코스피200지수 선물
대상지수	코스닥50	코스피200
거래단위	지수×20만 원	지수×50만 원
최소가격 변동폭	0.05포인트(1만 원)	0.05포인트(2만 5000원)
가격제한폭	기준가 대비 상하 10%	기준가 대비 상하 10%
일시적 거래중단 제도(서킷 브레이커)	-거래가 가장 활발한 종목의 선물가격이 기준가 대비 7% 이상 변동하고, 이론가 대비 괴리율이 3% 이상인 상태가 1분간 지속될 경우 5분간 거래중단 -현물시장의 거래가 중단된 경우 그 시간만큼 거래중단	-거래가 가장 활발한 종목의 선물가격이 기준가 대비 5% 이상 변동하고, 이론가 대비 괴리율이 3% 이상인 상태가 1분간 지속될 경우 5분간 거래중단 -현물시장의 거래가 중단된 경우 그 시간만큼 거래중단
프로그램매매 중단제도 (사이드 카)	전날 거래량이 가장 많은 선물종목의 가격이 전일 종가 대비 6%이상 변동하여 1분 이상 지속되는 경우 코스닥 현물시장에서의 프로그램매매 호가의 효력을 5분간 정지	전날 거래량이 가장 많은 선물 종목의 가격이 전일 종가대비 5%이상 변동하여 1분 이상 지속되는 경우 거래소 현물시장에서의 프로그램매매 호가의 효력을 5분간 정지
포지션 (미결제 약정수량) 제한	없음	회원이 자기계산으로 행하거나 동일인 위탁자별로 수탁받을 수 있는 선물거래의 순미결제 약정수량은 5000계약을 초과할 수 없음(단, 차익거래 및 해지거래 관련 수량은 제외)
시가 · 종가 · 거래중단 후 재개시 가격 결정	-단일가에 의한 개별 경쟁매매 -가격 · 시간순	-단일가에 의한 개별 경쟁매매 -가격 · 시간순
일일정산 가격	당일 선물종가	당일 선물종가
최종 결제방법	현금결제	현금결제
결제월	3, 6, 9, 12월 두 번째 목요일까지 거래, 다음날 최종 결제	3, 6, 9, 12월 두 번째 목요일까지 거래, 다음날 최종 결제
거래시간	-오전 9시~오후 3시 15분 -최종거래일엔 오전 9시~오후 2시 50분	-오전 9시~오후 3시 15분 -최종거래일엔 오전 9시~오후 2시 50분
최종 결제가격	최종 거래일의 코스닥50 종가지수	최종 거래일의 코스피200 종가지수

*2005년 4월 말 현재

하지만 그렇게 한 번 사두고 만기 시점까지 기다리는 것은 아니고 만기일 이전에 주가지수를 수시로 매매함으로써 거래차익을 챙긴다. 이런 거래가 빈번하게 일어나는 시장이 주가지수 선물시장이다.

코스피200지수 선물 이외에도 코스닥50지수 선물도 있다. 주가지수 선물은 1996년 5월부터 거래됐고 코스닥50지수 선물은 2001년 1월부터 거래를 시작했다.

코스닥50지수 선물이란 코스닥의 대표적인 50개 종목으로 구성된 코스닥50지수를 거래 대상으로 하는 선물 상품이다. 코스피200지수 선물과 마찬가지로 코스닥50지수가 오를 것으로 생각하면 매수주문을, 내릴 것으로 생각하면 매도주문을 내는 방식으로 거래한다. 선물지수는 장차 주가가 올라갈지 내려갈지를 예측하고 투자하는 것이기 때문에 주식투자자에겐 참고가 된다.

선물지수가 올라갈 때는 많은 투자자들이 "향후 주가가 오를 것이라고 예측하는 사람이 많구나"라고 판단함으로써 현물시장에도 강력한 영향을 미친다.

• 주가지수 옵션

옵션(option, 선택권)이란 미래의 정해진 시점에, 사전에 정한 가격으로 대상물을 사거나 팔 수 있는 권리다. 따라서 옵션거래는 이 같은 권리를 사고 파는 것을 의미한다. 대상 자산을 사들일 수 있는 권리를 '콜 옵션(call option)'이라 하고, 팔 수 있는 권리를 '풋 옵션(put option)'이라 한다.

옵션을 부동산 거래와 비교해 설명해 보자. 홍길동 씨가 사려는 아파트의 현재 가격은 1억 원이고 1년 후 집을 살 계획으로 집주인에게 프리미엄 500만 원을 주고, 1년 뒤에 가서 현재가격인 1억 원에 살 수 있는 권리를 사들였다고 가정해 보자. 1년 후 집값이 1억 2000만 원이 된다면 홍길동 씨는 1억 원에 집을 구입하게 되므로 프리미엄 500만 원을 제하고도 1500만 원을 챙길 수 있다. 반면 집값이 8000만 원으로 떨어지면 홍길동 씨는 프리미엄 500만 원만 손해를 보고 집 구입을 포기할 수 있다.

선물·옵션 차익과세 반발

투신업계 "파생상품 헤지 기능 위축"

정부가 소득세법 시행령을 바꿔 11월부터 펀드의 선물·옵션 운용 수익에 대해 22%의 세금을 물리면서 선물·옵션시장은 물론 현물·선물 연계거래가 크게 위축될 것으로 우려되고 있다.

7일 투신업계에 따르면 재정경제부가 소득세법 시행령 제23조의 수익증권 과세 계산방법을 개정하면서 비과세 대상을 과거 '유가증권'에서 '주식과 출자지분'으로 한정함에 따라 주가지수 선물·옵션 등 파생상품이 저절로 과세 대상에 포함됐다.

투신협회 신철순 업무부장은 "이번 과세조치로 파생금융 상품의 헤지기능이 크게 위축될 수밖에 없게 됐다"며 "결과적으로 현물 주식의 가격변동이 더 심해질 것"이라고 우려했다.

그는 또 "펀드의 원금을 잠식했는데도 세금을 내야 하는 억울한 사례가 생기게 됐다"고 말했다.

증권업계 전문가들은 "대개 현물·선물 차익거래는 1~2%의 수익을 보고 들어가는 게 보통이라 세금을 고려하면 거래할 이유가 없어진다"며 "정부는 이처럼 불합리한 세제를 다시 고쳐야 할 것"이라고 주문했다. **김광기·나현철 기자**
<kikwk@joongang.co.kr>

해를 보고 집 구입을 포기할 수 있다.

그러니까 홍길동 씨는 콜 옵션(집을 살 수 있는 권리)을 500만 원에 사서 최악의 경우 500만 원만 손해보면 되고, 집값이 크게 오르면 이득을 볼 수 있도록 미리 조건을 거는 셈이다. 반대로 집주인도 홍길동 씨처럼 위험을 줄일 수 있는데, 집값이 뛰면 손해를 볼 수 있지만 집값이 폭락하면 프리미엄만큼 손해를 감소시킬 수 있는 것이다.

우리나라에는 주가지수를 대상으로 한 코스피200옵션 및 코스닥50옵션과 7개의 우량종목주식(삼성전자, SK텔레콤, KT, 국민은행, 한국전력, POSCO, 현대자동차)을 대상으로 하는 주식옵션이 있다.

주식의 저평가와 고평가 -주식의 본질가치

거래소 상장기업의 87% 정도는 주가가 본질가치보다도 낮을 정도로 저평가돼 있는 것으로 나타났다. 증권거래소는 금년 반기보고서를 제출한 12월 결산법인 중 금융업·자본잠식회사·적자회사·관리종목·감사의견 거절법인 등을 제외한 389개사를 대상으로 조사한 결과, 지난 25일 현재 주가가 본질가치에 못 미치는 법인이 338개로 전체의 86.9%에 달했다고 28일 밝혔다.

또 이들 법인의 25일 평균주가는 27,554원으로, 평균 주당본질가치 51,794원의 53%에 불과했다. 거래소 최용구 과장은 "특히 성장주에 비해 가치주의 주가가 크게 저평가돼 있는 것으로 나타났다"고 말했다.

액면분할 이전을 기준으로 태광산업의 본질가치가 1,009,729원으로 가장 높았고, SK텔레콤·남양유업·롯데칠성·연합철강·롯데제과·삼성전자·고려제강·BYC·포항제철 등이 10위권에 들었다. 하지만 이 중 SK텔레콤 주가가 본질가치의 2.9배, 삼성전자 주가가 1.1배였을 뿐 나머지 8개 종목의 주가는 본질가치를 밑돌았다.

본질가치에 비해 가장 저평가된 기업은 동부건설로 주가가 본질가치의 2.9%에 불과했으며, 벽산건설(5.2%)·동부정밀화학(7.3%)·경농(8.1%)·금호석유(8.8%) 등이 뒤를 이었다. 반면 데이콤은 주가가 본질가치의 4배가 넘었으며, 영화금속·대원제지·남광토건·금양 등도 본질가치의 3배를 넘었다.

— 조선일보, 2000년 8월 29일자

신문기사를 읽다 보면 앞의 기사처럼 어느 종목의 주가가 저평가됐다느니 고평가 되어 있다느니 하는 내용을 접하게 되는데, 이는 현재의 수가가 미래의 해낭기업 주가를 세내로 반영하시 못했다는 말과 같다.

한 기업의 주가는 그 기업의 현재가치와 미래가치를 시장이 현재 시점에서 평가한 액수라고 할 수 있다. 그러나 주가란 말처럼 그리 간단한 게 아니다. 당시 주식물량의 수급 상황에 따라, 또는 그 기업과 직접적인 관계가 없는 분위기나 추세에 따라 주가가 좌우되는 게 보통이다. 그래서 현실적 주가 결정과는 다른 차원에서, 일정한 잣대로 한 주식의 가치를 측정해 보기 위해 등장한 것이 '본질가치'로 고유가치, 내재가치라고도 한다.

금융감독원의 '유가증권의 발행 및 공시 등에 관한 규정'에서는 본질가치를 다음과 같이 계산한다.

$$본질가치 = \frac{주당\ 순자산가치 + (주당\ 수익가치 \times 1.5)}{2.5}$$

우선 '순자산'이란 그 기업의 총자산에서 총부채를 뺀 것이다. '주당 순자산가치'란 이 순자산을 주식총수로 나눈 것이니까, 곧 주식 하나하나에 녹아들어 있는 그 회사의 순자산액을 의미하는 셈이다.

'주당 수익가치'는 향후 2차 사업년도 동안의 1주당 추정이익을 자본환원율(5개 시중은행 1년 정기예금금리 평균×1.5)로 나눈 것이다. 쉽게 말하면 기업의 장래 수익을 적당한 금리로 나누어서 현재 가치화한 것이다.

한마디로 기업의 본질가치란 '지금 존재하는 가치'와 '미래 가능성을 현재화한 가치'를 2 대 3 정도로 가중 평균해 그 주식의 값어치를 산출한 것으로 보면 된다. 통상 현주가가 본질가치보다 낮으면 저평가됐다고 판단한다.

증권시장의 흐름

증권시장은 흐름을 타게 마련이다. 주가의 상승과 하락에 따라 투자자의 희비가 엇갈리고 나라 경제가 영향을 받는다. 따라서 매일매일 증시의 흐름을 읽는 것이 무엇보다도 중요하다. 신문기사에 자주 등장하는 표현들을 정확하게 이해하는 것은 모든 투자자의 필수조건이다.

기업가치를 나타내는 시가총액의 의미

어느 신문이건 증권면을 들여다보면 시가총액이란 표현이 자주 나온다. 용어 자체는 다소 어렵게 들리지만 그렇게 이해하기 어려운 내용은 아니다.

시가총액이란 특정 종목의 상장 주식수를 주가로 곱한 금액을 말하는데, 바꿔 말하면 상장주식수가 많거나 주가가 비싸면 다른 기업보다 시가총액이 커지는 셈이다.

미니경제상식 **프로그램 매매**

프로그램 매매란, 기관투자가들이 자신들의 투자전략을 컴퓨터에 입력하여 시황 변동시 컴퓨터가 자동적으로 매수 또는 매도 시점을 포착하여 알려 주고, 펀드매니저들이 당시 시장의 여건을 종합 판단한 후 수분을 넘으로써 거래가 이루어지는 고도의 투자기법이다. 이때 매매주문까지 컴퓨터에 의존하게 되면 매도·매수가 반복되어 거래비용이 과도하게 들기 때문에 최종판단은 펀드매니저가 담당한다. 프로그램 매매를 이용하는 기관투자가들의 매매전략이 유사할 경우 대량의 주문이 현물시장 혹은 선물시장에 쏟아져 폭포효과로 표현되는 급격한 가격변동을 일으키는데, 이것이 현물시장 주가 급변의 주요한 요인으로 지목되고 있다.

세계 증시 시가총액 기준

순위	세계증시	시가총액(십억 달러)
1	NYSE (뉴욕증권거래소)	11,027
2	Tokyo (도쿄증권거래소)	2,740
3	Nasdaq (나스닥)	2,264
4	London (런던증권거래소)	2,165
5	Euronext (유로넥스트)	2,441
·		
7	Deutsche Börse (독일증권거래소)	1,195
·		
·		·
10	Hong Kong Exchanges (홍콩거래소)	861
11	Swiss Exchange (스위스증권거래소)	829
12	Borsa Italiana (이탈리아증권거래소)	790
·		
14	Taiwan SE Corp. (대만증권거래소)	443
15	JSE South Africa (남아공증권거래소)	443
16	Korea Exchange (한국증권거래소)	399
·		
·		
·		·
20	Sao Paulo SE (브라질증권거래소)	330
21	Shanghai SE (상하이증권거래소)	314
22	Singapore Exchange (싱가포르증권거래소)	217
·		
·		·
25	Mexican Exchange (멕시코증권거래소)	171

＊자료 : 세계증권거래소연맹, 2004년 말 현재

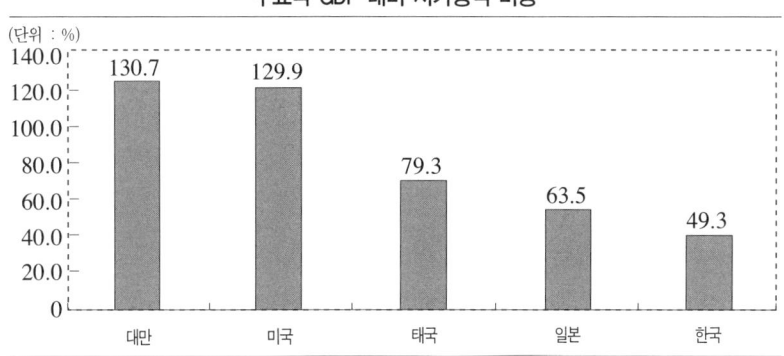

주요국 GDP 대비 시가총액 비중

(단위 : %)

- 대만 : 130.7
- 미국 : 129.9
- 태국 : 79.3
- 일본 : 63.5
- 한국 : 49.3

＊자료 : 세계증권거래소연맹, 2003년 말 기준

시가총액은 주식시장에서 해당 종목의 영향력을 결정하기도 하는데, 주가가 아무리 비싸도 주식수가 적어 시가총액이 적다면 시장에 그다지 영향을 미치지 못한다. 따라서 주가보다 시가총액을 봐야 기업의 시장가치를 정확히 평가할 수 있는 셈이다.

가령, 삼성전자의 주가는 코스닥시장에 상장된 일부 기업의 주가(액면가 5000원으로 환산했을 경우)보다 낮은 경우가 있었지만 시가총액은 수십 배나 많아 시가총액 순위로는 선두권을 유지했다. 종합주가지수나 코스닥지수도 시가총액이 큰 종목의 주가를 상대적으로 많이 반영하므로 시가총액의 상위종목 주가가 조금만 움직여도 주가지수에 당장 영향을 미친다.

2003년 2월 말 현재 삼성전자 · SK텔레콤 · 한국통신 · 한국전력 · 국민은행 등 거래소 시가총액 5위 종목은 증권거래소시장 전체 시가총액(236조 원)의 41% 정도를 차지, 종합주가지수에 지대한 영향을 미치고 있다. 시가총액에 따른 지수의 영향 때문에 주가지수는 하락하는데도 상승종목수가 하락종목수를 초과하는 현상이 심심치 않게 나타나기도 한다.

박스권 장세

주식가격이 일정한 가격대를 형성한 채 천장과 바닥을 계속 오르락내리락하는 양상을 '박스권 장세'라고 부른다. 가격폭이 일종의 상자(box) 모양처럼 일정하다는 의미에서 나온 말이다.

박스권 장세를 비행기와 비유해 보자. 엔진을 장착한 비행기라면 고도를 높이거나 착륙을 위해 하강하는 등 일정한 방향성을 갖고 움직인다. 그러나 자체 동력이 없는 행글라이더는 기류에 따라 흔들흔들 하늘을 날아다닌다. 여기서 비행기의 엔진을 바로 증시의 테마나 재료, 유동성 등으로 생각하면 된다.

뚜렷한 호재와 테마가 있거나 유동성이 풍부하면 주식시장은 힘차게 상승세를 타고, 또 확연한 악재가 있으면 장은 미끄러지게 마련이다. 그러나 특별한 '엔진'이 없는 경우 지수는 웬만큼 떨어졌다 싶으면 다시 약간 오르고, 또 좀 올랐다 싶으면 다시 하락하는 지루한 장세를 이어가게 된다. 다시 말하면 사겠다는 세력과 팔겠다는 세력의 힘이 엇비슷해 일종의 균형을 이루고 있는 상태라고 할 수 있다.

보통 박스권 장세가 길게 이어지면 개인을 비롯한 투자자들은 지루함과 피로감을 느껴 장을 떠나는 경우가 많다. 그래서 거래대금도 보통 줄어들게 되고 현물과 선물 사이의 차익을 노리는 프로그

미니경제상식) 모멘텀 투자

화려한 상승세로 각광을 받던 주식이 불과 며칠 사이에 급락하는 경우를 자주 볼 수 있는데 미국 증시의 인텔 주가 같은 경우 2000년 노동절 직전 한 주 사이 4% 이상 올랐다가 연휴 직후 6%나 하락하기도 했다. 이 같은 현상에 대해 증시 전문가들은 세계 증시에서 '모멘텀(momentum) 투자'의 추세가 점점 강해지기 때문이라고 분석한다.

모멘텀이란 주가가 한 방향으로 지속적으로 변동하는 경향을 말하므로, 모멘텀 투자란 시장의 이런 역동적 메커니즘과 정서에 근거해 투자하는 기법을 뜻한다. 개별 기업의 실적이나 역량을 바탕으로 투자하는 전통적 방식과 대비되는 투자방법이다. 특히 미국 증시에서는 애널리스트의 투자의견 조정이 증시의 모멘텀으로 작용하는 경우가 많다.

2000년 7월 살로먼 스미스바니의 애널리스트 조너선 조셉이 반도체 업종의 하향에 대한 투자 의견을 내놓자 반도체 주가가 폭락했고, 다시 이 입장을 번복하자 주가가 재반등기도 했다. 2000년 들어서 한국 증시에서도 외국인의 행동이 실질적 모멘텀 역할을 하는 경우가 많아졌다. 증시의 체질이 외국인만 바라보는 '천수답' 수준으로 떨어졌기 때문이다.

램 매매가 늘어나 박스권이 더 굳어지는 모습을 보이기도 한다.

보통 지수가 박스권 위를 뚫고 올라가면 상승장의 신호로, 밑을 뚫고 내려가면 약세장의 조짐으로 판단한다.

주가 폭락과 서킷 브레이커

주식시장이 또다시 동반 폭락했다. 종합주가지수는 연중최저치로 떨어졌고 코스닥시장은 1년 6개월 만에 80선이 붕괴됐다.

22일 주식시장은 미국 반도체 주가 급락에 따른 외국인의 강도 높은 순매도와 대우차 매각의 불투명성 등에 불안감을 느낀 투자자들이 투매물량을 쏟아내면서 선물시장에 서킷 브레이커(일시매매 거래중단)까지 걸리는 등 개장 초반부터 폭락세로 출발했다. 종합주가지수는 전날보다 42.74포인트(7.17%) 떨어진 553.25로 마감, 1999년 3월 5일(538.19) 이후 18개월 만에 가장 낮은 수준으로 밀려났다. 하락률의 경우 4월 17일(11.63%)과 9월 18일(8.06%)에 이어 연중 3위를 기록했다. 핵심 블루칩들의 피해가 가장 컸다. 2000억 원 가까운 매도우위를 보인 외국인들의 집중 매도세로 삼성전자가 13% 이상 하락, 시가총액 30조 원선이 붕괴된 것을 비롯, SK텔레콤이 8% 하락했다.

― 한국일보, 2000년 9월 23일자

주가가 폭락사태를 거듭하자 증권 관련 기사에 자주 등장한 용어가 서킷 브레이커(circuit breakers)다. 종합주가지수가 10% 이상 빠지는 폭락장이 1분 이상 지속될 때, 20분간 매매거래를 중단시키는 것을 말한다. 주식시장이 과도하게 침체될 경우 심리적인 공황 상태에 빠져들 수 있는데, 이에 조금 시간을 갖고 냉정을 되찾으라는 뜻에서 취해지는 조치다. 경기장에서 심판이 잠깐 시합을 중단시키는 '플레이·오프'를 선언하는 것이라고 보면 된다.

서킷 브레이커가 발동되는 30분 중에서 처음 20분 동안은 매매거래가 아예 중단되고, 나머지 10분 동안은 호가를 접수해 단일가격으로 체결시킨다.

서킷 브레이커 제도는 지난 1998년 12월 처음 국내에 도입됐다. 당시 정부는 증권거래소가 하루에 움직일 수 있는 주식의 가격제한 폭을 종전 ±12%에서 ±15%로 확대하면서 동시에 서킷 브레이커라는 장치를 마련했다. 투자자가 손실을 입을 수 있는 위험이 더 커졌기 때문에 도입한 것으로 일종의 안전장치라 할 수 있다.

그러나 하루에 단 한 번만 발동할 수 있고, 장이 끝나기 40분 전인 오후 2시 20분부터는 주가가 아무리 폭락해도 발동되지 않는다.

국내에서는 지난 2000년 4월 17일 오전 증권거래소시장에서 처음으로 서킷 브레이커가 발동되었는데, 이는 그동안 선물(先物)시장에서는 발동된 적이 있지만 현물(現物)시장에서는 처음 있는 일이었다. 코스닥시장에서의 서킷 브레이커 제도는 2000년 12월부터 도입되었다. 그 전까지는 이런 장치가 없어 코스닥지수가 전날보다 한참이나 떨어져도 매매는 계속됐다.

사이드 카

서킷 브레이커가 '계엄령'이라면 '사이드 카(side car)'는 이보다 한 단계 아래인 '위수령'쯤 되는 수준의 안전장치라고 보면 된다. 사이드 카 역시 서킷 브레이커처럼 너무 달아오르거나 혹은 너무 식어 버리는 시장의 일부를 잠시 쉬게 하는 비상조치다.

사이드 카는 선물시장의 급등락이 현물시장에 과도하게 파급되는 것을 막기 위한 것인데, 예컨대 선물이 전날보다 급하게 오르면 현물시장에 '프로그램 매수 물량'이 쏟아진다. 가격이 오른 선물을 팔고 상대적으로 가격이 떨어진 현물을 사도록 입력해 놓은 게 프로그램 매매이기 때문이다. 이 경우 덩달아 현물시장까지 너무 많이 오를 가능성이 있기 때문에 현물시장에 들어오는 프로그램 매수 주문의 처리를 5분 동안 보류시키는 게 바로 사이드 카다. 5분이 지나면 사이드 카는 자동으로 풀리고 주문순서에 따라 다시 프로그램 매매가 체결된다. 반대로 선물이 심하게 떨어질 경우에는 프로그램 매도를 5분간 보류시킨다.

사이드 카가 발동되는 경우는 전일 거래량이 많았던 선물 종목의 가격이 전날보다 5% 이상 치솟거나 떨어진 상태에서 1분 이상 머물러 있을 때로, 서킷 브레이커처럼 역시 하루에 한 번만 쓸 수 있다. 여기서 '전일 거래량이 많았던 선물 종목'이란 대부분 최근 월물을 말한다.

코스피200지수 선물시장에서의 서킷 브레이커는 전일 거래량이

미니경제상식) **과매도와 과매수** ─────────────

주가가 폭락할 때 시장에서 자주 나오는 용어로 과매도(oversold)란 말 그대로 투자자들이 보유 주식을 적정 수준 이상으로 시장에서 팔아버리는 것이다. 따라서 과매도란 의미를 잘 따져 보면 이제 그만 팔아도 괜찮고 더 나아가 주식을 사들일 적기라는 속뜻을 읽을 수 있다.

증시전문가들은 과거의 경험으로 볼 때 강력한 주가지지선인 200일 이동평균선 밑으로 주가가 떨어진 상태에서 매도(팔자) 주문이 쏟아져 나오면 대체로 과매도 상태로 해석한다.

반대로 매수주문이 폭발적으로 증가하면서 주가가 단기간에 폭등하면 이를 과매수(overbought) 상태라고 표현한다. 그러나 증권가 애널리스트들은 과매수라는 말을 잘 사용하지 않는다. 이 말 속에는 증시가 과열상태라는 뜻이 숨어 있기 때문이다.

일반적으로 투매현상이 일어나 주가지수가 과도하게 빠지는 경우를 과매도라고 설명한다. 하지만 주가가 과도하게 빠졌느냐, 아니면 아직 그런 상태는 아니다라고 판정하는 것은 보는 사람의 판단에 따라 여러 견해가 있을 수 있다.

가장 많은 종목의 가격이 5% 이상 하락 또는 상승하고 괴리율이 3% 이상 확대되는 두 가지 조건이 모두 충족된 가운데 1분이 지속되면 발동된다는 점에서 발동요건에 차이가 있다.

기술적 반등

증권기사를 읽다 보면 가끔 '기술적 반등'이란 용어를 접하게 되는데, 종합주가지수나 코스닥지수가 폭락세를 보이다가 상승세를 나타낼 때 증시전문가들이 이 같은 코멘트를 달기도 한다.

즉 기술적 반등이란, 특별한 호재가 없는데도 주가가 내림세에서 오름세를 탈 경우 쓰는 표현이며, 국내에서는 주로 미국증시의 영향을 받아 국내주가가 오를 것을 기대하며 이 용어가 사용되었다. 미국증시에선 흔히 '테크니컬 랠리(technical rally)'라고 말한다.

보통 기술적 반등은 투자자들이 주가가 너무 내려 싸다고 느끼는 시점에서 일어나는데, 증시전문가들이 말하는 '저항선'이 기술적 반등을 일으키는 '심리적 각성제'로도 작용한다. 주식시장에는 수많은 재료가 난무하지만 주가가 많이 떨어지는 것만큼 좋은 재료는 없다. 주가가 갑자기 내릴 경우 투자자들은 공포감에 사로잡혀 무작정 주식을 내다 파는 소위 '투매(投賣)'를 하지만, 그러다 보면 기업가치에 비해 주가가 지나치게 많이 내리는 경우가 많다. 따라서 시간이 흘러 투자자들은 냉정을 되찾게 되면 이번에는 "너무 많이 내렸구나" 하는 생각에서 주식을 자연스레 사들이는데, 차트 분석을 통해 미래주가를 예측하는 '기술적 분석'도 사람들의 심리 패턴이 일정하게 반복된다는 가정에서 비롯된 것이라고 볼 수 있다.

그러나 일반적으로 기술적 반등이란 말은 주가오름세가 계속 이어질 것인지 확신이 없을 때 주로 사용하며, 이 시점에서 "상승 추

한일·카스·우리조명등 8개종목

기술적 반등신호 보인다

"투자엔 신중"

유진평 기자

기술적 지표로 볼 때 코스닥시장에 '기술적 반등' 신호가 켜졌다는 분석이 잇따라 나오고 있다.

9일 대우증권은 거래량 이동평균선 등 차트 분석을 통해 한일 카스 우리조명 태경화학 금호미터텍 코닉스 동서 호성케멕스 등 8개를 유망종목으로 선정했다.

다만 기업가치보다는 기술적 분석만 고려해 선정했으므로 투자에 신중해야 한다고 대우측은 덧붙였다.

대신증권은 시가총액 '빅10'의 이격도 상대강도지수(RSI) 볼륨레이쇼(VR) 등을 분석하여 단기적인 기술적 반등을 점쳤다.

코스닥 '빅10' 기술적 지표
<단위=%>

종목	이격도 (25일)	VR (20일)	RSI (14일)
한통프리텔	82.7	89.7	31.2
한솔엠닷컴	89	107.6	36.3
국민카드	106.7	201.1	70.3
하나로통신	88.7	70	31.8
기업은행	81.3	127.3	36.8
SBS	94	221.5	43.3
새롬기술	81.6	103.9	38.6
다음	87	62.6	40.6
한국정보통신	87	61.6	44.7
LG홈쇼핑	88.2	175.9	40.9
코스닥종합	91.5	89.8	35.8

※자료=대신증권 (국민카드는 20일 이동평균선 이격도임)

95 이하면 매수시점으로 여겨진다. 상대강도지수는 30 이하면 과매도

60대에 머물고 있다.

■20일 이동평균선 돌파가 관건

매물벽(6월 1일~8월 9일)은 117~122선에 17.39%가 몰려있고 122부터 131선은 9.72%에 불과하다. 따라서 5일 이동평균선(120)과 20일 이동평균선(123) 돌파가 상승의 관건이라고 전문가들은 본다.

서명석 동양증권 투자전략팀장은 "지난달 말 반등할 때 현대문제로 상승이 4일에 그쳐 힘이 누적된 상태"라며 "보다 긴 반등이 나올 수 있다"고 예측했다.

포인트 기술적 지표는 바닥을 나타내지만 투자는 신중해야 한다고 전문가들은 조언한다. 대형주보다는 주변주가 상승을 주도하고 있고 외국인이 관망세를 보여 상승추세로 전환하기까지

세로 전환했다"는 표현하고는 대조적인 의미로 파악할 수 있는 것이다. 다만, 예상을 깨고 주가가 계속 오르면 기술적 반등은 나중에 '추세적 상승의 출발점'으로 의미가 바뀌게 된다.

실적장세와 금융장세

"차트가 우량한 실적호전주를 주목하라."

코스닥의 12월 결산법인들이 일제히 상반기 실적을 발표했지만 기대만큼의 '실적장세'는 펼쳐지지 않고 있다. '테라 주가조작 사건'이라는 악재가 삐져나와 주가가 오르기는커녕 연중 최저수준으로 떨어졌다. 전문가들은 100~110선 밑으로까지 밀리지는 않을 것으로 보고 있으나 반등도 쉽지 않을 것이라며 실적에 바탕을 둔 투자에 나설 것으로 조언하고 있다. 실적호전주들에 대한 차트점검 등 기술적 접근을 병행한다면 그만큼 투자위험을 덜 수 있다는 설명이다. 동양증권은 코스

닥기업 중 관리종목을 제외한 순이익증가율 등이 30% 이상인 69개 실적호전주를 대상으로 5일, 20일, 60일 등 이동평균선의 흐름과 일봉, 거래량 추이 등의 차트점 검을 통해 21개 종목을 유망종목으로 선정했다.

— 한국경제신문, 2000년 8월 21일자

주가가 오를 때는 대체로 반드시 오를 수밖에 없는 이유가 있게 마련이다. 만약 뚜렷한 이유도 없이 주가가 오르는 기업이 있다면 십중팔구 주가조작에 의한 것이라고 생각하기가 쉽다. 하지만 일반 적으로 블루칩을 포함한 대부분의 상장기업 주가는 경영실적의 결 과가 반영되는 것이 보통이다.

모든 상장기업들은 1년에 네 번 분기별 영업실적을 발표하고, 매 년 2~3월 정기주총을 개최할 때 지난 한 해의 영업실적을 총체적 으로 종합하여 발표하고 있다. 이와 같은 영업실적의 발표는 그때 그때 주식시장에 영향을 주기 때문에 실적이 좋은 회사는 주가가 상승하고 실적이 나쁜 회사는 주가가 떨어진다. 이처럼 영업실적의 발표에 따라 주가가 재편되는 증시흐름을 '실적장세'라고 부른다.

아울러 주가는 증시 주변의 자금사정에 따라 오르기도 하고 내리 기도 하는데, 가령 상장기업의 실적이 좋지 않더라도 증시에 돈이 풍성하면 주식 수요가 전반적으로 늘어나 주가가 오르게 된다. 이 처럼 증시 내에 있는 자금이 풍부해 주가가 올라가는 현상을 '금융 장세'라고 말한다.

금융장세는 보통 다음과 같은 세 가지 요인으로 발생한다. 첫째, 금융이 완화되면 투자자금이 풍부해짐으로써 주식매수세가 왕성해 진다. 둘째, 금융완화의 결과로 금리가 떨어지면 상대적으로 주식 투자 수익이 유리해져 증시로 자금이 몰린다. 셋째 대출금리가 내 리면 회사의 금리부담이 가벼워지고 경영실적에 좋은 영향을 미치므로 투자가치를 높여 준다.

주식의 금융장세는 보통 불경기의 중반부터 호경기의 초기에 걸쳐 나타나는 것이 일반적이다.

기업과 증시

기업에게 증시는 기업의 가치와 이익을 창출하는 데 매우 중요하다. 또 기업과 투자자는 자금의 조달과 이익의 분배를 통해 긴밀한 관계를 맺고 있다. 따라서 투자자라면 기업과 증시의 관계, 그리고 자신의 권리에 대한 내용들을 알아둘 필요가 있다.

자사주 매입과 무상증자

기업들은 자사의 주가가 크게 떨어질 경우, 주가를 올리기 위해 여러 가지 방법을 강구하게 된다. 주가가 기업가치를 나타내는 대표지수이기 때문에 소위 '주가관리'에 나서는 것이다. 그중 하나가 바로 '자사주 매입'이란 방식으로, 기업체가 "회사 돈을 풀어 주식시장에서 우리 회사 주식을 사들이겠다"는 것이다. '자사주 신탁 가입'도 마찬가지로 "은행 등에 돈을 맡겨 우리 회사 주식을 사들이도록 하겠다"는 뜻이다. 따라서 기업들이 자사주 매입이나 자사주 신탁 가입을 할 예정이라는 공시를 내는 경우, 투자자들이 평소 마음에 두었거나 현재 투자하고 있는 기업이라면 관심을 가져야 한다. 기업들이 이렇게 돈을 들여 자기 회사 주식을 사들이는 이유는 말할 것도 없이 주가를 올려 시장에서 매수세를 불러일으키겠다는 의도 때문이다. 주주총회 시즌을 앞두고 자사주 매입에 나서는 것은 바로 주가를 올려 보려는 뜻이기도 하다.

그러나 자사주 매입을 공시했다고 주가가 다 오르는 것은 아니다. 매입 규모가 생각만큼 크지 않거나, 이렇게 사들인 물량은 언젠가 다시 시장에 대량으로 쏟아질 수 있기 때문이다. 한때 코스닥에서는 무상증자설이 나돌면 해당 기업 주가가 오름세를 타는 일이 잦았다. 무상증자는 한마디로 기존 주주들에게 공짜로 주식을 나눠 주겠다는 것으로 보통 기업 내에 돈이 많은 경우에만 실시할 수 있다. 유상증자는 주주들에게 돈을 받고 새 주식을 나눠 주는 것이지만 무상증자는 그냥 주식을 나눠 주고 주식값은 회사가 대신 내는 것이다.

주주들은 계속 바뀌기 때문에 어느 하루를 정해서 그날 주주인 사람에게 주식을 나눠 주게 되는데, 이 날을 '배정기준일'이라고 한다. 배정기준일 이틀 전까지 주식을 사지 못하면 무상증자로 주식을 받을 수 없게 된다. 주식이 계좌에 들어와야 주주명부상 주주로 확인이 되기 때문에 배정기준일 전날부터는 새 주식을 받지 못하는 만큼 주가를 일부러 떨어뜨리는 권리락을 실시한다.

무상증자는 일단 보유주식수가 늘어난다는 점에서 투자자들이 큰 이익을 얻는 것처럼 보인다. 그러나 무상증자는 현재의 회사재산을 기반으로 주식을 추가발행하는 것이기 때문에 실질적인 회사 재산의 증가는 없다. 오히려 유통주식수를 급격히 늘어나게 해서 주가 움직임을 둔화시킬 수도 있다. 또한 무상증자의 권리락 이후 주가가 금세 이전 수준으로 돌아오는 일도 많다. 주식수가 늘어났지만 표면적인 가격이 싸졌다는 이유로 저가매수세가 들어오기 때문이다.

유상증자와 권리락

기업은 돈이 필요할 경우 여러 가지 방법으로 자금을 조달하는데, 주식시장에서는 보통 유상증자를 많이 사용한다. 기존 주주들에게 "기업자금을 조금 더 내놓으라"는 것이다. 대신 기존 주주들에게는 약간의 혜택을 부여하는데 시장에서 주식이 거래되는 가격보다 싼값에 주식을 나눠 주는 것이다. 이것도 하나의 권리로 취급할 수 있는데 이 권리를 받으려면 신주 배정기준일에 주식을 갖고

미니경제상식) 지분법 ─────────────

가령 A기업이 B기업의 주식을 가지고 있을 경우 B기업이 이익을 내거나 손해를 본다면 이를 A기업의 이익이나 손해에도 지분율만큼 반영하도록 하는 회계제도를 지분법(持分法, actual value method)이라 한다. 회계적으로 표현하면 연결 재무제표를 작성할 때 처음에는 A기업의 투자액을 취득원가로 계산해 반영하지만, 주식취득 이후에는 B기업이 이익을 내거나 손해를 낼 경우 이를 투자금액에 반영하는 것이다.

현행 기업회계 기준에는 20% 이상의 지분을 가지고 있는 경우에 이런 지분법을 적용한다.

지분법을 적용할 경우 투자회사가 피(被)투자회사의 배당정책을 마음대로 조정하거나 내부거래를 통해 투자회사의 순이익을 조작할 위험이 방지되는 효과를 기대할 수 있다.

있어야 하기 때문에 기준일 이틀 전까지 주식을 사 둬야 한다.

만약 기준일 전날에 주식을 산 사람은 유상증자를 받을 권리가 없어진 주식을 사게 되는데, 이 경우를 가리켜 권리가 떨어져 나갔다고 하여 '권리락(權利落)'이라고 한다. 즉 권리락은 구주에 부여되는 신주인수권 또는 신주의 유무상(有無償) 교부를 받을 수 있는 권리가 없어진 상태를 말한다.

즉 주주가 현실적으로 주식을 소유하고 있더라도 주주명부의 명단에 등재되어 있지 않거나 배정기준일이 지나 신주를 받을 권리가 없어진 상태를 가리킨다. 이에 비해 신주를 받을 권리를 가지고 있는 상태를 '권리부(權利附)'라고 하며, 권리락이 이루어진 주식의 주가는 보통 권리부 시세보다 낮은 것이 일반적이다.

코스닥주식 중 하룻밤 사이에 주가가 반으로 떨어져 버리는 경우도 종종 생기는데, 이는 기업에 문제가 있어서 주가가 떨어진 것이 아니라 바로 '권리락' 때문이다. 그러나 단 하루의 차이로 먼저 산 사람은 권리가 있고 나중에 산 사람은 권리가 없다면 불공평하다. 이 때문에 권리락이 되면 이 날 아침에 기준가격(통상적으로는 전일종가)을 인위적으로 떨어뜨려 권리락에 따른 적정주가를 제시하게 된다.

코스닥에서는 무려 100% 정도나 공짜로 주식을 나눠 주는 '무상증자'가 한때 유행처럼 번지기도 했다. 무상증자 때도 유상증자처럼 권리락을 실시하는데 보유주식의 100%만큼 무상증자를 실시할 경우 권리락 기준가격은 전일종가의 절반이 된다. 권리락이 되면 《조선일보》의 경우 시세표에서 주가변동액 옆에 '☆' 표를 붙여서 표시한다.

배당과 배당락

주주총회 시즌이 다가오면 각 기업들은 주주들을 위한 '배당'을 발표하는데, 배당이란 쉽게 말해 주주들에 대한 이익을 분배하는 것이다. 외국에서는 주식투자의 목적 중 하나가 배당수익을 내는 것이다. 하지만 우리나라에서는 이익을 못 낼 때는 당연히 배당을 하지 않고, 이익을 내더라도 상당 부분 기업에 유보하는 경우가 많았다.

배당은 '액면가의 몇 %'처럼 액면가 배당을 한다. 예를 들어 "삼성전자 50% 배당"이라고 하면 삼성전자 시가(10만 원이라고 가정하자)의 50%를 배당해 주겠다는 것이 아니라, 액면가 5000원의 50%인 주당 2500원을 주겠다는 말이 된다. 12월 결산법인이면 보통 배당은 12월 말일 주식을 가지고 있는 주주들에게 해준다. 따라서 연중 마지막 거래일 하루 전에 주식을 산 사람은 다음 해 연초에서야 주주명부에 등재되므로 이미 배당받을 수 있는 권리가 떨어져 버린 주식을 사게 된다. 이 경우 증권거래소 등이 현금배당에 따른 배당액 기준가격을 제시하지는 않으나 주가는 자연적으로 하락압력을 받게 된다.

배당은 보통 현금으로 주지만, 때에 따라서는 주당 몇 %의 비율로 주식배당을 하는 회사도 있으며 주식배당에 대해서는 배당락에 따른 기준가격 조정을 실시한다. 최근에는 연말에 하는 정기배당 외에도 '중간배당'을 하는 회사가 나오고 있다.

액면배당과 시가배당

액면배당이란 주권에 표시된 액면가격을 기준으로 배당률을 정해 배당하는 것으로, 종전에 우리나라의 거의 모든 기업들이 이 방식을 이용했다. 즉 주식 액면가가 5000원인 기업이 10% 배당을 한다면 1주당 500원씩 배당을 하는 셈이다.

주가가 몇 십만 원에 이르는 주식들이 있는 상황에서 액면가 기준으로 배당을 하는 것은 '코끼리에 비스켓' 격이라고 볼 수 있다. 예컨대 삼성전자는 2000년 50%의 배당을 실시했다지만 시가가 아닌 액면가 5000원의 50%이므로 실제 배당금은 1주당 2500원에 불과하다. 삼성전자 종목의 경우 한때 30만 원대를 기록했는데 실제 배당률은 1%도 채 못 되는 셈이다.

하지만 액면배당과 대조적인 의미로 쓰이는 시가배당은 실제 주가를 기준으로 배당률을 산정한다. 삼성전자가 50%의 시가배당을 한다고 가정할 때 주가가 30만 원이라면 1주당 2500원이 아닌 15만 원씩을 배당금으로 준다는 뜻이다.

미니경제상식) 관리 · 감리종목 ─────────────

초보 주식투자자들이 반드시 알아두어야 할 것이 바로 '관리 · 감리종목'이다. 개별종목 위주의 장세가 진행되는 가운데 거래소시장이나 코스닥시장에서 관리종목으로 지정된 기업들의 주가가 연일 크게 움직인다고 해서 부화뇌동(附和雷同)해서는 안 된다. 관리종목은 증권거래소가 부실 상장기업에 대한 투자자들의 주의를 촉구하기 위해 특별히 지정한 종목을 말한다. 자칫 증권시장에서의 사형선고라 할 수 있는 '상장폐지'를 받을 가능성이 있는 종목이란 뜻이다.
감리종목은 의미가 조금 다르다. 기업내용에 문제가 있다기보다는 최근 주가가 비정상으로 급등해 투자자들이 주의해야 하는 종목들이다. 이런 종목들은 주로 증시의 '작전세력'들이 달라붙었을 가능성이 높다. 관리 · 감리주식들은 투자위험이 상대적으로 커서 개인투자자들이 신중히 생각해 매매해야 하는 종목들이다. 개인투자자들이 그 중에서도 관리종목에 관심을 갖는 이유는 대개 주가가 아주 낮기 때문이다.

따라서 시가배당을 하면 주주들은 훨씬 많은 배당금을 받을 수 있다. 특히 우량기업일수록 액면가에 비해 시가가 훨씬 높기 때문이다. 상장기업들이 시가배당을 검토하거나 추진하는 것은 예전처럼 체면치레 수준의 배당을 해서는 결코 주주들이 만족하지 못한다고 판단했기 때문이다. 미국의 경우 주식에 액면가라는 것이 없기 때문에 액면배당이란 말 자체가 없고, 당연히 시가배당을 실시하고 있다. 우리나라도 '증권거래법시행령' 개정에 따라 2003년부터 시가배당을 실시하게 되었다.

주식매수청구권

통상 상장기업들이 합병할 경우 합병을 반대하는 주주들은 자신들이 보유한 주식을 시가보다 훨씬 높은 가격에 사달라고 요구하는 상황이 종종 벌어진다. 1999년 12월 합병을 결정한 금강과 고려화학의 경우 2000년 봄에 이 같은 고민에 빠졌다.

주주들의 이런 요구를 '주식매수청구권'이라고 부르는데, 경영진이 내린 '중대한 결정'이 마음에 안 들 경우 보유한 주식을 일정 가격에 사달라고 요구하는 권리다. 중대한 결정이란 회사가 영업의 전부 또는 일부를 양도·양수하거나 경영권의 위임·합병 등 주총의 특별 결의가 필요한 사항을 말한다.

회사의 방침에 반대하는 수수는 이사회 결의 후 주총이 열리기 전까지 서면으로 반대의사를 통지해야 한다. 회사측은 회사 방침에 반대의사를 밝히며 주식매수 청구를 요구하는 주주들에 한해 주총 이후 일정 기간 동안 주식을 의무적으로 사 줘야 한다.

매수가격은 이사회가 '중대 결의'를 한 날로부터 60일 이전까지 평균주가(거래량 가중)로 결정한다. 매수가격이 현재주가보다 높을

LG화학분할 매수청구권 없다

LG화학이 3개 기업으로 분할되더라도 주주들에게 매수청구권은 부여되지 않는다.

증권예탁원은 10일 "상법 570조는 기업분할의 경우엔 매수청구권을 부여하지 않고 분할합병할 경우에만 매수청구권을 부여한다고 규정하고 있다"고 밝혔다. 즉 LG화학이 단순히 3개 회사로 분할된다면 매수청구권이 주어지지 않는다는 설명이다.

기업이 회사를 쪼갤 경우 매수청구권이 주어지는 것은 분할회사가 제3의 다른 회사와 합병하는 경우에 한한다. 증권예탁원은 "증권거래법 제191조에도 분할합병의 경우에만 매수청구권을 부여한다고 규정돼 있다"고 덧붙였다.

매수청구권을 통한 투자자 보호 장치가 없어 LG화학은 회사분할 발표 후 하락세를 이어가고 있다. 회사분할 발표 전날 1만3천7백50원이던 주가가 10일엔 1만2천4백원으로 떨어졌으며 외국인은 6일 66만주, 9일 47만주 등 매도공세를 늦추지 않고 있다.

박준동 기자
jdpower@hankyung.com

경우 권리를 행사하면 주주는 이익을 얻을 수 있다. 반면, 현재주가가 매수가격보다 높다면 청구권을 행사하려는 주주는 당연히 없을 것이다. 따라서 중대한 결정에 봉착한 주주는 미래가 어찌될지 모르는 까닭에 일단 이사회 결의 반대의사를 밝혀 두는 편이 좋다는 견해도 있다. 반대의사를 전했다고 무조건 팔아야 하는 것은 아니기 때문이다.

자전거래

현대건설이 추가 자구노력의 일환으로 현대중공업 보유지분을 현대중공업측에 넘기는 과정에서 정몽준 현대중공업 고문이 일부 지분을 사들였다. 20일 증권거래소와 현대중공업에 따르면 현대건설은 이날 오후 자전거래를 통해 현대중공업 보유지분 526만7,750주(6.93%)를 장내에서 현대중공업측에 매각했다.

이 가운데 현대중공업이 자사주 펀드를 운용하고 있는 외환은행 등 4개 금융기관을 통해 352만9,750주(4.64%)를 주당 1만9000원씩 670억 원에 매입했으며 정 고문이 173만8,000주(2.28%)를 330억 원에 사들였다.

현대중공업은 정 고문이 일부 지분을 매입한 경위에 대해 "경영의 안정을 위해 대주주가 의결권 있는 주식을 매입한 것"이라며 "정 고문이 직접 사재를 들여 매입한 것으로 안다"고 밝혔다. 이로써 정 고문의 중공업 지분율은 8.06%에서 10.34%로 높아졌으며 현대중공업 자사주 펀드는 18.61%에서 23.25%로 늘어났다.

— 한국일보, 2000년 10월 21일자

자전거래는 증권거래소 시장에서 대량의 주식거래를 할 때 가끔 이용되는 방법인데, 매매를 중개하는 증권사 입장에서는 같은 주식을 동일한 가격과 수량에, 동시에 매도하고 매수하는 형태의 거래를 하는 것이다.

보통 자전거래를 할 때는 세 가지 방법이 사용된다. 첫째는 신고대량매매 방법인데, 자전거래를 하는 당사자들이 장개시 시점에 시가로 매매하거나 장종료 시점에 종가로 매매하겠다고, 신고한 뒤 거래하는 형태다. 둘째는 시간외대량매매 방법으로, 장이 끝난 뒤 오후 3시 10분부터 4시까지 50분 동안 종가를 기준으로 ±7% 범위 내에서 매매를 체결하는 방법이다.

이 두 가지 경우는 거래당사자가 매매에 합의한 뒤 신고서를 증권거래소에 제출해야 한다. 셋째로 보통 주식거래와 마찬가지로 상중에 호가를 내서 매매를 체결하는 장중 대량매매 방법이 있다. 현대는 2000년 7월 그룹 계열사간의 지분정리를 위해 2000만 주의 자전거래를 한 바 있으며 8월 말 정주영 전 명예회장이 6.1%의 자동차 지분을 매각하는 과정에서도 장중 대량매매를 통해 470만 주를 주고받았다.

기관투자가

투자자의 유형은 크게 '기관투자가'와 '개인투자자'로 나눌 수 있는데, 일반적으로 기관투자가는 개인과 기업, 연금·기금 등으로부터 조성한 자금으로 유가증권에 투자하는 법인형태의 전문투자자 집단을 말한다.

법률적으로는 법인세법 제18조 및 동법 시행령 제17조에 의해 상장·등록법인으로부터 받은 배당소득금액을 수익에서 제외함으로써 법인세가 감면되는 법인을 지칭한다. 투자신탁 운용회사·은행·보험회사·증권회사 등이 대표적인 기관투자가들이다.

주식거래 규모가 100억 원대가 넘는 거액 개인투자자들을 증권시장에서는 속칭 '큰손'이라고 부르지만 일반적으로 기관투자가들의 주식거래 규모는 그보다 훨씬 크다. 경제면에 기관투자가의 매매동향에 관한 기사가 자주 실리는 것은 그만큼 증시에서 차지하는 비중이 높기 때문이다. 기관투자가들이 증권시장에서 차지하는 비중과 영향력이 점차 높아지는 것을 '증시의 기관화 현상'이라고 부른다. 미국과 일본 등 선진국 증권시장에서는 기관투자가의 거래비중이 40~50%에 이르고 있는데, 우리나라에서는 아직 15% 내외에 머물고 있는 실정이다.

(미니경제상식) **내부자 거래** ─────────────

상장기업의 임원·대주주 등 특정기업과 특별한 관계에 있는 내부자가 그 직무·지위상 얻은 내부정보를 이용해 자기 회사 주식을 매매함으로써 부당이익을 취하는 것을 말한다.
세계 각국은 공정거래 질서유지를 위해 내부자 거래를 형사범죄로 처벌하고 있으며, 우리나라도 증권감독원이 내부자 거래에 대해 강한 단속활동을 펴고 있다.

경영을 감시하는 소액주주 운동

소액주주 운동은 상장기업의 소액주주들이 대주주 오너(재벌총수)의 경영을 감시하기 위해 자신들의 의결권을 한데 모아 주주총회에서 자신들의 의사를 실현하는 운동이다. 1997년 IMF 경제위기 이후 대주주 오너의 독단적인 경영전횡에 대한 비판여론이 높아지면서 시민운동 단체인 참여연대의 주도하에 소액주주 운동이 크게 활성화됐다.

참여연대는 증권거래법상 규정된 의결권 대리행사 권유 규정에 따라 다수의 주주들이 주주총회 의결권을 참여연대에 위임하도록 권유한 뒤, 이를 토대로 주주총회에 참석해 재벌 총수와 경영진의 잘못을 조목조목 따져 국내외 여론의 주목을 받았다. 주총 의결권은 보통주를 가진 주주들이면 주총에서 주요 경영정책이나 경영진 선임을 결정할 때마다 1주당 한 표씩 갖는 권리를 말한다.

소액주주들이 의사를 표시하는 방법에는 주주대표소송, 집중투표제, 집단소송제가 있다. 주주대표소송이란 일정 지분 이상을 확보

미니경제상식 손절매(로스컷)

오래 가지고 있던 주식이 손해를 볼 게 확실하다면 얼른 내다 파는 게 오히려 손실을 줄이는 한 가지 방법이 될 수도 있다. 대부분의 개미투자자들은 이때를 놓쳐 손해가 눈덩이처럼 불어나는 것을 그냥 눈뜨고 지켜볼 수밖에 없는 경우가 많다.

그러나 기관투자가들은 주가가 어떤 시점까지 떨어지면 어심없이 무식을 갖다 판다. 흔히들 로스컷(loss cut)이라고 부르는 손절매가 바로 이것으로, 주가가 계속 하락할 것이라고 예측될 때 손해를 보고라도 주식을 팔아 추가 하락에 따른 손실을 피하는 것이다. 주식전문가들은 손실이 일정폭 이상 나면 기계적으로 주식을 파는 것이 가장 중요하다고 역설한다. 주가가 계속 떨어지는데도 본전이 될 때까지 들고 있는 것처럼 미련한 일은 없다는 것이다.

한 소액주주들이 회사를 대표하여 경영진이 저지른 경영실책을 법정소송을 통해 추궁하는 제도다. 2004년 말 현재 전체 지분의 0.01% 이상을 확보하면 주주대표소송을 제기할 수 있다.

집중투표제는 주주총회에서 이사를 선임할 때에 주주가 자신이 원하는 특정 이사후보에게 표를 몰아 줄 수 있는 제도다. 예를 들어 3명의 이사를 선임하는 경우에 1주를 가진 주주는 후보 1인당 한 표씩 세 표의 의결권을 갖는다. 집중투표제에서는 자신이 지지하는 한 명의 후보에게 세 표를 몰아주거나 또는 2명의 후보에게 한 표와 두 표로 나누어 투표할 수도 있다. 우리나라에는 1998년 말 상법 개정으로 도입되었으나 회사 정관으로 적용하지 않을 수 있게 되어 있어 현재까지 이를 도입한 기업은 많지 않은 실정이다.

집단소송제란 이해관계가 비슷한 다수의 피해자(집단) 중에서 그 집단을 대표하는 대표 당사자가 나와서 기업을 상대로 법정소송을 수행하고 그 판결의 효력이 피해자 전체에 미치게 하는 제도다. 집단소송제는 소비자들의 권익을 보호하고 기업의 투명성과 신뢰성을 고취시킨다는 장점이 있는 반면, 소송이 남발되면 기업들의 재판비용이 크게 늘어나고 기업경영을 위축시키는 부작용이 적지않다. 우리나라는 2005년부터 증권분야 집단소송제를 도입했다. 이 외에도 대주주의 경영전횡을 감시하기 위한 제도로 사외이사(社外理事) 제도가 있는데, 상법(商法)상 상임이사와 동등한 법적 권리와 책임을 갖는 이사로, 소액주주를 대표해 경영진을 감시하는 역할을 맡는다.

알아두면 도움이 되는 주식거래 관련사항

주식을 보유하고 있는 사람들이 가장 열심히 읽는 경제면으로 증권시세표와 시황란을 꼽을 수 있다. 시황란에는 그날그날 증권시장에서 돌아다닌 루머나 주가가 오르내린 이유와 배경, 고객예탁금 변동내용 등이 쓰여 있다.

수년간 주식투자를 해온 사람들이라면 증권기사에 자주 등장하는 권리락 · 거래중지 · 분식결산 · 시세조작 · 유상증자 · 경계매물 등의 용어에 매우 익숙하겠지만 학생이나 주부를 비롯한 일반인들에게는 지금까지 전혀 들어 보지 못한 매우 생소한 용어가 대부분이다. 전문용어인 탓에 증권 전문가가 아닌 바에야 굳이 알아둘 필요가 있을까 싶기도 하다.

하지만 자금의 흐름에 대한 통찰력을 기르고, 나아가 재테크에도 적극적으로 활용할 수 있는 방편으로 이러한 증시용어들을 잘 익혀둔다면 증시 관련기사를 읽기가 훨씬 수월하고, 실제로 주식투자에 나설 때도 큰 도움이 될 것이다.

• 경계매물

주가의 단기급등에 따라 주가조정 내지 하락세 반전이 예상되는 경우 투자자들이 향후장세에 대한 불안심리 때문에 주식시장에 팔려고 내놓은 주식을 말한다. 주가가 단기간에 급등했을 때 그 이익을 챙기기 위해 투자자들이 내놓는 주식을 '차익매물'이라고 한다.

• 분식결산

기업이 자산이나 경영수지 상황을 자사에 유리하게 보이도록 대차대조표나 손익계산서를 조작해 발표하는 결산을 말한다. 반대로 세금을 적게 내기 위해서나 임금을 적게 주기 위해 회사 이익을 적게 계산하는 것을 '역분식'이라고 한다. 증시 관리책임을 지고 있는 금융감독원은 투자자보호를 위해 분식결산 사실이 적발된 상장사와 경영진을 엄벌하고 있다.

• 시세조작

일부 주식투자자들이 담합하여 특정종목의 주식을 매입하는 등의 방법으로 주식값을 인위적으로 끌어올리는 행위를 말한다. 현행 증권거래법은 공정매매 질서유지 차원에서 위장거래·허위사실 유포 등을 통한 시세조작 행위를 엄격히 처벌하고 있으며, 시세조작으로 인해 투자자가 입는 손실에 대해 배상책임까지 규정하고 있다.

• 가격변동 제한폭

급격한 주가변동으로 인한 혼란을 방지하기 위해 전일 종가(마지막 가격)를 기준으로 당일에 등락할 수 있는 최대한의 상·하한선을 정해 놓은 것을 말한다. 주가가 가격제한폭까지 오른 것을 '상한가', 내린 경우를 '하한가'라고 부른다.

• 거래중지 조치

장래의 주가형성에 큰 영향을 줄 수 있는 기업정보나 재무변동 사항이 있을 경우 증권거래소는 특정 주식종목에 대해 거래를 일시적으로 중단시키는 조치를 취한다. 이는 문제회사의 주식을 보유하고 있는 투자자들에게 이 회사에 관한 새로운 정보를 충분히 얻을 수 있는 시간적 여유를 주기 위해 행해진다. 예를 들어 2000년 10

월 한국디지탈라인(KDL) 정현준 사장의 불법대출 사건이 큰 파장을 일으키자 코스닥 증권시장은 한국디지탈라인에 대해 3일간 거래중지 조치를 취했다.

• 고객예탁금

투자자들이 주식이나 채권을 사거나 신주를 청약할 때 또는 신용거래를 위한 담보금으로 증권회사에 맡겨 둔 돈으로 증시 주변의 자금사정을 알아보는 중요한 지표로 이용되고 있다. 고객예탁금은 2005년 4월 현재 약 9조 원을 유지하고 있는데, 국내 증권사들은 고객예탁금에 대해 연 1~3%의 이자를 지급하고 있다.

• 공개매수

상장사의 경영 지배권 획득 또는 강화를 목적으로 주식의 매수 희망자가 매수 기간·가격·수량 등을 공개적으로 제시하고, 주식시장에서 불특정 다수의 주주들로부터 주식을 매수하는 방법을 말한다. 공개매수 희망자는 공개매수 신고서 및 첨부서류를 증권관리위원회에 제출하여 그 신고의 효력이 발생(1개월 경과)하면 공개매수를 할 수 있다.

• 공시

공시는 사업보고서 및 주주총회 결과보고서 등 정기적인 자료를 공표하는 '정기공시'와 그 외에 수시로 필요사항을 공시하는 '수시공시'로 나눌 수 있다. 수시공시에는 공시요구 후 공시해야 하는 시점에 따라 '당일공시'와 '익일공시'가 있고, 그 외에 풍문 및 신문보도의 사실여부에 대한 '조회공시' 및 투자자들이 공정하게 정보에 접근할 수 있게 하는 '공정공시' 등이 있다. 2002년 11월에 도입된 공정공시제도는 중요한 전망 또는 예측에 대한 정보를 개인투자자도 기관투자가와 동일한 시점에 알 수 있도록 하는 공시제도로 투자자들의 공시에 대한 관심을 고조시켰다.

• 위탁증거금

증권회사가 고객으로부터 매매거래 위탁(매도 혹은 매수주문)을 받았을 때 징수하는 증거금으로, 보통 거래시 매수의 경우에는 현금을, 매도의 경우에는 매도증권을 증거금으로 징수한다.

현재 개인투자자의 위탁증거금률은 증권회사별로 다르며 보통 40~60% 사이에서 증권사들이 신축적으로 조정하고 있다. 증거금률이 40%라면 400만 원을 가지고 있는 투자자는 최대 1000만 원 어치의 주식을 살 수 있다는 뜻이다. 이때 나머지 600만 원을 미수금이라고 한다.

• 일임매매

증권회사 직원이 고객을 대신해서 증권을 매매할 수 있도록 고객이 사전에 허락한 매매를 말한다. 일임매매 허락을 받은 증권회사직원은 매매하고자 하는 종목이나 매매가격·매매시점 등을 일일이 고객의 허락을 받지 않아도 매매할 수 있다. 시시각각으로 시세가 빠르게 바뀌는 주식시장에서 비전문가인 일반투자자가 제대로 사고 팔기는 꽤 어려운 실정이어서 대부분 투자자들은 증권사 창구직원들에게 계좌관리를 맡기는 것이 보통이다. 증권거래법에는 고객과 증권사가 약정서를 체결한 뒤 제한적인 범위 내에서 일임매매를 하도록 규정하고 있으나 과도한 일임매매는 금지하고 있다.

• 증권선물위원회

금융감독위원회에 설치된 소위원회를 말한다. 증권·기업 회계기준과 회계감리에 관한 업무, 증권·선물시장의 불공정거래 조사 및 관리와 감독, 감시 등 금융감독위원회로부터 위임받은 업무를 수행한다. 종래의 증권관리위원회와 선물위원회의 권한을 포함하고 있다. 위원장을 포함해 5명의 위원으로 구성돼 있고 위원장을 제외한 4명의 위원 중 한 명을 상임위원으로 하도록 하고 있으며 금융감독원에 대한 지시권도 가지고 있다.

4

채권과 투자신탁

날로 중요해지는 채권시장 뉴스

지난주 발표된 2차 자금시장 안정대책에 대해 채권시장이 냉담한 반응을 보이고 있다.

29일 채권업계에 따르면 투기채권의 원활한 소화를 위해 23일 발표된 자금시장 안정대책이 기대만큼의 참신성을 갖추지 못하고 있으며 이에 따라 채권금리는 발표 이후 0.05%포인트 가량 상승해 오히려 약세를 나타내고 있다.

채권시장 전문가들은 한국은행의 금리인상 우려감은 다소 완화되고 있으나 10조 원 채권형펀드의 추가조성이 은행 및 보험권의 자금부담 가능성을 증폭시킴으로써 이들 기관의 매수심리를 약화시키고 있다고 지적했다.

또 이미 조성된 채권 전용펀드의 운용내역을 고려할 때 우량채 위주의 보수적인 운용기조가 유지될 가능성이 높은 만큼 투기채권 소화여부도 의문이라고 말했다. 지난달부터 조성되기 시작한 채권 전용펀드 규모는 5조 5000억 원(26일 현재)으로, 이중 회사채 매입 규모는 5634억 원에 불과하다.

채권담보부증권(프라이머리CBO)발행과 관련 투기등급 회사채편입 비율의 확대는 오히려 회사채 발행기업의 발행비용 증가로 이어진다는 것도 문제로 지적됐다.

— 매일경제신문, 2000년 8월 30일자

앞의 신문기사처럼 요즘 경제면에는 채권시장의 동향에 관한 기사가 자주 실릴 정도로 채권시장의 비중이 점차 높아지고 있다. 일반인들에게는 채권이 낯설지 모르지만 기업체에서 자금관리를 맡고 있는 사람들에게는 채권시장의 변화를 주목하는 일이 매우 중요한 업무 중의 하나다.

특히 앞의 기사처럼 시중 자금사정이 어려울 때면 어김없이 정부가 관련대책을 발표하곤 하는데, 이 경우 채권시장이 즉각 반응하게 마련이다. 정부대책이 만족스러우면 채권시장의 채권거래가 활발해지면서 채권금리가 떨어지는 게 보통이며, 그렇지 않을 경우 앞의 기사처럼 채권금리가 올라 채권시장이 불안해진다.

주식 외에도 채권에 투자하는 일반인이 점차 증가하고 있는 추세이므로 개인의 자금관리라는 측면에서도 채권에 대한 상식은 매우 중요하다고 할 수 있다. 특히, 자산운용회사의 공사채형 수익증권은 일반인들로부터 돈을 모아 채권투자를 대행해 주는 금융상품으로 크게 주목받고 있다.

'채권'이란 국가나 기업이 장기자금 조달을 위해 발행하는 유가증권(상법상의 재산권을 표시한 증권)으로서, 채권시장에서 채권을 발행하는 것을 '기채(起債 : 국가나 공공단체가 국채·공채 따위를 모집하는 일)'라고 부른다.

채권시장은 주식시장과 마찬가지로, 채권이 처음으로 발행되는 '발행시장'과 발행된 채권이 매매되는 '유통시장'으로 크게 나뉜다. 채권시장에서 거래되는 채권의 종류는 발행기관과 발행조건에 따라 또는 만기에 따라 수천 가지에 달한다. 하지만 이 모든 거래가 대부분 기관투자가 간에 이루어지고, 일반 개인투자자들의 관심을 끌 만한 주요 채권종목은 몇 가지에 불과하다. 이에 따라 신문들은 일반 개인투자자들을 위해 대표적인 채

'30년간 수익률' 채권 1위

서울증권 분석 71년 이래 채권168배 주식35배 늘어

최경선 기자

"국내 주가는 13년 장기 횡보 후 2년 간 큰 도약기를 맞아왔다. 2001년에는 그 새로운 도약기에 접어들 전망이다."

서울증권은 9일 지난 71년 이래 30년간 주식 부동산 채권 투자수익률을 비교한 분석자료에서 이같이 전망했다.

서울증권에 따르면 주식 부동산 채권 투자 가운데 지난 30년 간 투자수익률이 가장 낮은 부문은 주식 투자인 것으로 분석됐다.

지난 71년 1월 채권에 투자한 자금은 지금까지 168.05배로 늘어났고 부동산(땅)에 투자한 자금도 37.85배(임대소득 제외)로 늘어났다.

이에 비해 주식에 투자한 자금은 지금까지 평균 34.9배(배당수익 제외) 증가하는 데 그쳤다.

바꾸어 말하면 71년 1월에 부동산 채권 주식에 각각 1만원 투자했다고 가정했을 때 채권은 168만원, 부동산은 38만원, 주식은 35만원으로 자산이 늘어났다는 것이다.

80년대 이후로는 주식투자 수익률이 부동산투자 수익률을 앞서는 것으로 조사됐다.

80년~2000년 중 주식에 투자한

자금은 평균 5.8배 증가한 것으로 분석된 반면 부동산에 투자한 자금은 이 기간 5.1배 증가하는 데 그친 것으로 나타났다.

한편 국내 주가는 통상 13년 박스권 동반을 거듭하다가 2~3년 간 강한 상승세를 되풀이해 온 것으로 조사됐다. 서울증권은 "70년

대 초 주가가 큰 폭 상승한 후 13년(73~85년) 간 박스권 등락을 거듭하다 또다시 86~87년 큰 폭 상승한 뒤 88년 이후 현재까지 12년째 박스권 동반을 거듭하고 있다"고 풀이했다.

이와 관련해 박상욱 서울증권 차장은 "이 같은 장기등락율 보이는 것은 산업생산구조 고도화와 밀접한 관련이 있다"고 해석했다.

70년대 노동집약적 산업에서 80년대 자본집약적 산업으로 진입할 때 주가도약이 이뤄졌고 이번에는 정보통신 첨단화와 기술집약적 산업으로 진입하기 위해 준비과정을 거치고 있다는 설명이다.

기간별 주식·부동산·채권 수익률 비교			
기 간	주식	부동산	채권
71년~2000.9	34.9배	37.85배	168.05배
80년~2000.9	5.8배	5.1배	22.9배
85년~2000.9	4.3배	3.8배	3.4배

*자료:서울증권

권상품 5~10가지만 골라 그 상품들의 가격변동만을 금융시장란에 게재하고 있다.

그러나 채권시세 변동은 주식처럼 2만 1000원 혹은 9000원이라는 가격으로 표시하지 않고, '수익률 연 5%'라는 식으로 표시한다. 많은 채권들 중에서도 경제면에 주로 실리는 대표적인 것으로는 거래가 많고 시장가격 지표로도 가치가 높은 만기 3년짜리 회사채·만기 3년짜리 국고채·만기 1년짜리 통화안정증권·만기 5년짜리 국민주택채권 등을 들 수 있다.

채권의 종류

채권은 발행주체를 기준으로 국공채, 특수채 및 회사채로 나누는데, 차례로 살펴보자.

먼저, '국공채'는 정부 및 지방 자치단체가 공공사업 추진 또는 재정수지의 일시적 불균형을 해소하고 결손 부분을 채우기 위하여 발행하는 채권이다.

국채에는 국고채권·국민주택채권(1종·2종) 등이 있으며, 공채에는 지역개발채권·서울도시철도채권·지방도시철도채권 등의 지방채가 있다. 아울러 시중통화를 흡수하기 위해 한국은행이 발행하는 통화안정증권, 정부가 재정자금을 마련하기 위해 발행하는 재정증권, 해외자금의 유입으로 불어나는 통화를 흡수하기 위한 외국환 평형기금 채권 등도 국공채에 속한다.

'특수채'는 특별법에 의해 설립된 특별법인이 설립근거법에 의해 발행하는 채권을 말한다. 여기에는 토지개발 채권·예금보험기금 채권·한국전기통신공사채권 등 공사채와 산업금융채권·은행채 등 금융기관이 발행하는 금융채가 있다.

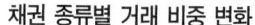

채권 종류별 거래 비중 변화

단위(억원)

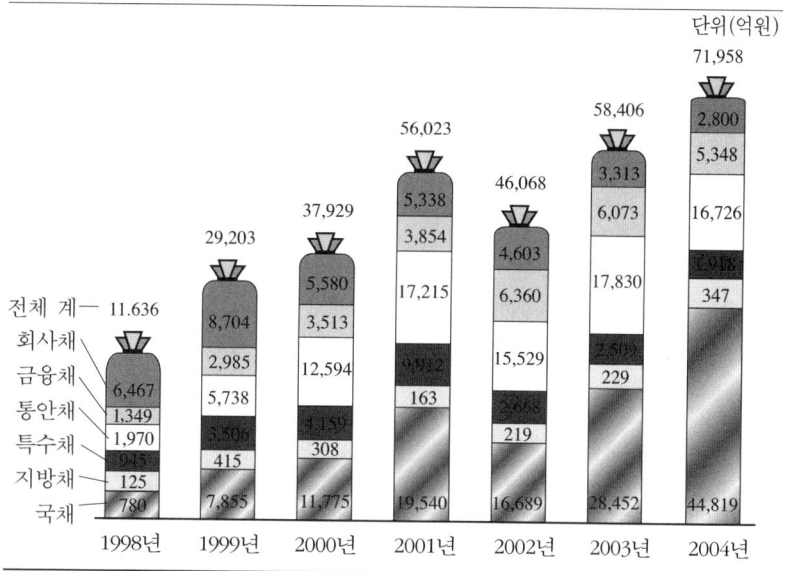

전체 계— 11,636
회사채
금융채
통안채
특수채
지방채
국채

	1998년	1999년	2000년	2001년	2002년	2003년	2004년
전체		29,203	37,929	56,023	46,068	58,406	71,958
회사채	6,467	8,704	5,580	5,338	4,603	2,800	2,800

* 기준 : 1일 평균 거래량(연중)

 채권시장에서 가장 활발하게 거래가 이루어지고 있는 채권은 '회사채'로, 기업이 시설자금이나 운영자금을 조달하기 위해 발행하는 채권을 말한다.

 회사채는 발행조건에 따라 채권의 원리금 상환에 대한 금융기관의 지급보증이 붙어 있는 '보증사채'와 지급보증이 없는 '무보증사채'로 나뉜다. 예전에는 보증사채의 발행액이 월등하게 많았으나 최근에는 무보증사채의 발행이 크게 늘고 있는 상황이다.

 보증사채와 무보증사채 이외에도 일정 조건 하에서 발행기업의 주식으로 전환할 수 있는 '전환사채(CB)', 발행기업이 새로운 주식을 발행할 경우 이를 인수할 수 있는 권리가 첨부된 '신주인수권부사채(BW)', 발행금리가 고정되어 있지 않은 채 정기예금금리 등에 연동되어 있는 '변동금리부사채(FRN)' 등의 채권발행도 늘어나는 추세다.

전환사채 · 신주인수권부사채 · 교환사채

• 전환사채

채권에 관해 알아두어야 할 사항 중 또 다른 하나로 주식과 채권의 성격을 모두 가지고 있는 '전환사채(轉換社債, CB)'를 들 수 있다. 전환사채는 당초에는 기업이 사채로서 발행했지만 그 후 일정한 조건 아래서 그 기업의 주식으로 바꿀 수 있는 채권을 말한다.

전환사채는 사채로서의 기능을 갖고 있기 때문에 만기 때 원리금의 상환이 보증되어 있으므로 사채이자는 언제든지 확보할 수 있다. 또한 전환사채를 보유한 사람은 일정 기간은 사채로 이자를 지불받다가 주식으로 전환시킨 다음 주식시장에서 매각해서 매매차익을 얻을 수도 있다. 채권을 주식으로 전환하는 방식은 전환사채 발행 당시에 미리 결정해 두는데, 보통 채권과 주식을 얼마의 비율로 교환할 것인가 하는 '전환가격'을 정해 두게 된다. 예를 들어, 주식 전환가격이 1만 원인 전환사채를 가지고 있는 투자자는 그 회사의 주가가 1만 원을 초과할 경우 전환사채를 주식으로 교환해서 이를 증권시장에 내다 팔면 상당한 이익을 볼 수 있다.

물론 사채를 그대로 지니고 있다가 수가가 더욱 오를 때 주식으로 전환해도 좋다. 만약 전환가격이 증권시장에서 형성되는 주식가격을 계속 밑돌 경우에는 만기까지 사채를 보유한 다음 약정된 원리금을 상환받는다. 이와 같이 전환사채는 채권이 지니고 있는 안정성과 주식투자의 묘미를 함께 지니고 있다는 점에서 투자자들의 흥미를 끄는 상품이다.

CB 및 BW발행 제도 변화

CB 및 BW관련 규정전무
(99년 8월 6일 이전)

↓

전환가격(행사가격)은 기산일로 부터 소급한 1개월 평균종가, 1주일평균종가, 최근일 종가를 산술평균한 가액과 최근일 종가 및 청약일 3거래일전의 종가중 낮은 가액이상
(99년 8월 6일 협회중개시장 운영규정 제49조 신설)

↓

전환가격(행사가격)은 기산일로부터 소급한 1개월 평균종가, 1주일평균종가, 최근일 종가를 산술평균한 가액과 최근일 종가 및 청약일 3거래일전의 종가중 높은 가액이상
(2000년 6월 상장법인등의 재무관리 규정개정)

BW 편법상속-축재 악용

삼성·동양그룹등 저가·해외변칙 발행
코스닥기업도 흉내- 대주주 배 불려

'정현준 게이트'를 계기로 신주인수권부사채(BW)의 저가 발행이 다시 구설수에 오르고 있다.

BW는 전환사채(CB)와 함께 기업 자금조달이라는 본래 목적에서 벗어나 대주주의 축재 및 편법상속 수단으로 악용되는 사례가 늘고 있기 때문이다.

코스닥기업들도 감독규정이 허술한 것을 틈타 과거 대기업이 사용했던 수법을 그대로 모방하고 있다. 전문가들은 전환(행사)가격 규정을 고쳐 저가 발행을 원천적으로 막아야 한다고 지적했다.

▽시발점은 삼성그룹=삼성SDS는 작년 2월 BW 230억원(행사가격 7150원)을 발행했다. 삼성그룹 이건희 회장의 장남인 이재용씨는 이중 채권 44억5889만원, 신주인수권 2억4111만원을 인수했다. 발행직전 삼성SDS 장외가격은 5만4750~5만7000원(액면가 5000원)이어서 행사가격 7150원은 시세에 비해 너무 낮았다. 현재는 1만8000~1만9000원(액면분할후 500원 기준)에 거래되고 있다.

이재용씨는 2월27일부터 신주인수권을 행사할 수 있으며 금액은 주당 5만4750원(320만주을 적용할 경우 1500억원이 나 된다.

참여연대는 이같은 저가발행

BW 3000만달러를 발행했고 현 회장은 작년 8, 10월 두 번에 걸쳐 신주인수권만 291만4654주 매입했다.

해외 BW는 통상 주가하락에 따른 행사가격조정(리픽싱·Refixing) 조항이 붙어있다. 동양메이저주가가 행사가격은 발행당시 8700원에서 작년 11월 6000원, 올 5월에는 5000원으로 조정됐다.

이에 따라 신주인수권도 늘어나 47만9250주로 늘어났다. 즉 주가가 떨어짐수록 현 회장 지분은 높아지는 기이한 현상이 발생한 것.

▽코스닥기업의 흉내내기=BW 저가발행은 비단 유일반도체뿐만이 아니다. 텔슨전자도 작년 6월 '만기 45년 연 10.8%' 조건으로 BW 120억원을 발행했다.

이는 김동연 사장이 전량인수했으나 채권가격을 현재가치로 할인해 실제납입금액은 1억

전환사채는 발행방식에 따라, 일반인을 상대로 공모를 하는 '공모(公募) 전환사채'와 발행기업이 마음대로 매입자를 정하는 '사모(私募) 전환사채' 두 가지로 나뉜다. 이 중 사모 전환사채는 재벌들의 상속 재테크 수단으로 널리 활용되고 있다고 해서 사회문제로 자주 등장하고 있다. 예를 들어 삼성 등 일부 재벌기업에서 2세들에게 싼 값에 전환사채를 팔아 오너 가족들을 갑자기 대주주로 만들어 줌으로써 사실상 재산 상속을 끝내 버린 경우가 대표적인 사례다.

• 신주인수권부사채

말 그대로 신주(新株)를 인수할 수 있는 권리까지 붙어 있는 사채를 말한다. 'Bond with Warrant'의 약자이며 흔히 'BW'로 불린다. '신주인수권'이란 일정 기간 내에 '정해진 가격(행사가격)'으로 정해진 양만큼 신주를 사들일 수 있는 권리다. 신주인수권을 갖고 있는

전환사채와 신주인수권부사채 비교

구 분	전 환 사 채	신주인수권부사채
권리행사	사채를 주식으로 전환 (사채소멸)	추가현금으로 신주인수 (사채는 계속 잔존)
발행금리	일반사채보다 훨씬 낮다	전환사채보다 높고 일반사채보다 낮다
권리행사 기간	전환청구 기간	행사청구 기간
기업재무구조 개선과의 연관성	크다	전환사채에 비해 적다

사람은 주가가 행사가격보다 높아지면 '권리'를 발동해 행사가격으로 싸게 산 후 시가에 비싸게 팔 수 있으니까 이득이 된다. 반대로 주가가 행사가격보다 낮다면 권리를 포기하면 된다. 상법상 신주를 배정받을 권리는 원칙적으로 주주들에게만 있으며 사채에 신주인수권을 끼워 주는 것은 예외적인 경우다. 기업들이 BW를 발행하는 이유는 우선 금리를 낮출 수 있기 때문이다. 신주인수권이라는 덤을 얹어 주는 대신 돈을 싸게 빌리는 셈이다. 또 BW는 사채 발행한도의 제한을 받지 않는데다 유상증자 효과를 낼 수도 있다. 신주인수권이 떨어져 나간 BW는 일반 사채와 똑같아진다.

• 교환사채

'교환사채(交換社債, EB)'는 현대그룹이 계열사인 현대건설의 자금난을 해결하기 위해 현대상선과 현대중공업의 지분을 매각하는 방안으로 제시해 화제가 된 바 있다. 교환사채란 이를 보유하고 있는 투자자가 일정 기간 동안 사전에 합의한 조건(교환조건이라 한다)에 따라 해당 회사채 발행회사가 갖고 있는 다른 상장주식으로 바꿔 줄 것을 요구할 수 있는 권리, 즉 교환권이 부여된 채권을 말한다.

교환사채는 확정이자를 받는 사채로서의 안정성과 주식의 투기성을 함께 갖고 있는 중간적 성격을 지니고 있다. 교환사채는 회사 입장에서 보면 보유 주식을 조기에 현금화할 수 있으며 직접 시장에 팔 때 발생하기 쉬운 주가하락을 분산시키는 효과도 있다. 또 일반 사채보다 금리를 크게 낮춰 발행할 수 있어 낮은 비용으로 자금을 조달할 수 있다. 교환사채권자가 교환을 행사하기 전까지는 발행사가 해당 주식에 대한 지배력을 행사할 수 있어 소유권 이전을 유보할 수 있다.

"현대건설 교환사채 9~10월중 발행"

현재 담보용 現重주가 2만원대
현대건설 "외국과 4만원대 협의"

현대건설이 보유하고 있는 현대중공업과 현대상선 주식을 담보로 교환사채(EB)를 발행키로 함에 따라 실현여부와 교환가격에 관심이 쏠리고 있다.

EB란 사채에 주식으로 교환할 수 있는 권리를 덧붙인 것. EB 인수자는 추후 주가가 교환가격보다 높아질 경우 이익을 볼 수 있는 장점이 있고, 발행자는 회사채 금리보다 싸게 사채를 조달할 수 있다.

현대건설이 보유한 현대중공업과 현대상선 주식은 각각 약 527만주와 2460만주. 현대건설이 이들 주식을 직접 매각하지 않고 EB를 발행키로 한 것은 이들 주식의 가격이 매우 낮기 때문. 현재 주가는 지난 14일 종가기준으로 현대중공업 2만2700원, 현대상선 4440원. 매입평균단가 2만6200원과 8750원을 크게 밑도는 수준이다.

현대건설은 적당한 EB 인수자를 물색, 협의를 통해 교환가격을 정하겠다는 입장이며, 금리는 회사채보다 1~2%포인트 낮은 수준에서 결정할 방침이다.

미니경제상식 채권지수 ───────────

채권지수는 주식의 종합주가지수처럼 채권의 가격을 종합적으로 보기 위해 만든 지수다.

채권지수 산출방법은, 먼저 지수산출의 대상이 되는 채권의 시가총액을 구한 뒤 채권의 발행잔액에 따라 가중치를 주어 산술평균한다. 여기에 다시 각 채권의 표면이자수익, 표면이자의 재투자수익, 채권수익률 변동에 의한 자본손익 등을 모두 고려해 채권의 총수익률을 구한 것이다.

채권지수는 일반적으로 금리가 떨어지면 올라가고, 금리가 올라가면 내려간다. 또 주가지수에 코스닥지수, 벤처지수 등이 있듯이 대상 채권의 종류에 따라 시장지수, 국공채지수, 특수채지수, 금융채지수 등이 있다.

투자자 입장에서는 확정이자를 받는 사채로서의 안정성이 있지만 주가가 떨어지는 약세장에서는 메리트가 감소할 수 있다는 약점이 있다. 교환사채를 교환할 때 발행회사는 자산과 부채가 동시에 줄어들게 된다.

자산담보부채권(ABS)

한국자산관리공사(KAMCO)가 아시아에서는 처음으로 부실채권을 담보로 한 외화표시 자산담보부채권(ABS)을 국제 금융시장에서 발행했다. 자산관리공사는 25일(현지시간) 영국 런던에서 도이치은행과 UBS워버그를 공동주간사로 3억6700만 달러 규모의 달러화 표시 ABS를 발행했다고 밝혔다. 발행금리는 런던은행간 금리(LIBOR)+2%. 자산관리공사는 응모액이 발행 목표액의 3.5배인 13억 달러에 달하는 등 치열한 경쟁이 벌어졌다고 말했다.
이번 ABS 발행의 대상 자산은 산업·외환·조흥·한빛·신한·국민 은행이 회사 정리절차 및 화의 인가된 기업에 달러화 또는 엔화로 대출해 준 외화채권 3억 9500만 달러로, 이를 담보로 발행된 총 4억 2000만 달러의 ABS 중 선(先)순위채 3억 6700만 달러가 이번에 발행됐다.

— 한국일보, 2000년 7월 27일자

IMF 경제위기 이후 각 신문의 경제면에 ABS·MBS 등 새로운 경제용어가 많이 등장하고 있다. ABS(Asset Backed Security)란 쉽게 말해 대출에 관련된 채권이나 상업용 부동산 등의 자산을 담보로 금융

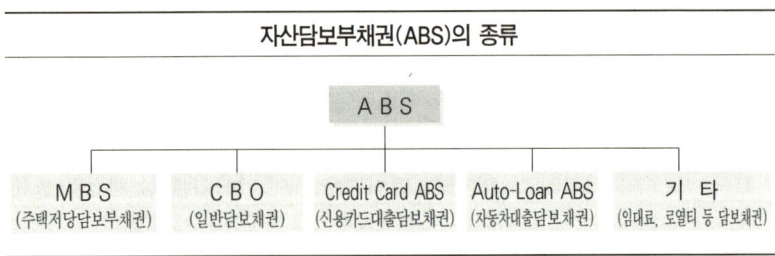

자산담보부채권(ABS)의 종류

ABS 발행 메커니즘

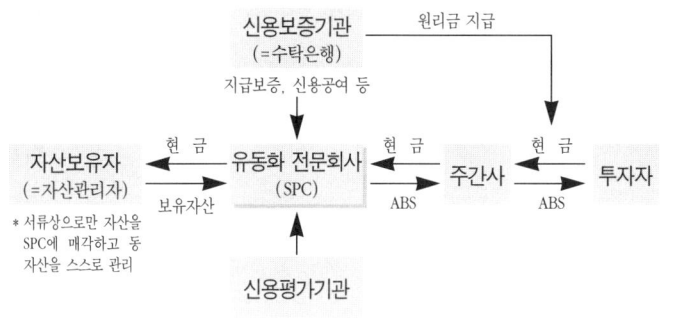

기관 등이 발행하는 증권을 말한다.

자산담보부채권은 1980년대 중반 이후 미국에서 각종 채권 및 자산을 유동화(流動化)할 목적으로 발행되기 시작하였다. 초기에는 주택저당대출을 대상으로 한 주택저당담보부채권(MBS : Mortgage Backed Security)이 대표적인 형태였으나 최근에는 자동차대출담보채권, 신용카드대출담보채권, 리스대출담보채권 등을 모두 가리키는 말로 사용되고 있다. 자산담보부채권은 여타 자금조달 방법에 비해 보다 저렴한 비용으로 자금을 조달할 수 있다는 이점이 있다. 즉 만기가 되지 않은 대출채권(자산)을 증권화할 수 있기 때문에 대출을 조기에 회수하는 효과가 있을 뿐 아니라 발행채권의 신용등급에 따라서는 낮은 이자율로 채권을 발행할 수도 있다.

정부는 IMF 쇼크 이후 기업들이 대거 도산함으로써 금융기관들의 부실채권이 크게 늘어나자 부실채권에 딸려 있는 담보부동산이나 담보채권 등을 되도록 빨리 처분해서 현금자산으로 만들기 위해 1998년 7월부터 자산담보부채권제도를 도입했다.

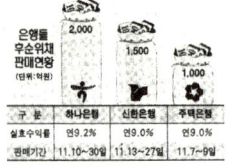

후순위채의 특징

후순위채란 회사채를 매입한 기업이 망할 경우 돈을 돌려받을(변제) 수 있는 권리가 일반 채권보다 밀리는 채권을 말한다. 은행차입금이나 물품대금, 회사채 등에 대한 변제가 모두 끝난 뒤에야 지급을 요구할 수 있다. 채권행사 순서가 가장 늦다는 의미에서 후순위채(後順位債)라고 부르며 우선주나 보통주보다는 순위가 앞선다. 후순위채권은 발행회사에 문제가 생기면 채권확보가 불확실하기 때문에 채권이자가 시중금리보다 월등히 높은 게 보통이다.

국내에서는 은행들이 부족자본을 확충하는 수단으로 많이 발행했다. 후순위 채권은 최소 5년만기라서 장기자금 조달이 가능하고 BIS(국제결제은행)기준 자기자본비율을 높이는 효과가 커서 재무구조가 취약한 은행을 중심으로 발행되는 경우가 많다.

채권수익률이란 무엇인가

채권시장의 가격구조를 이해하는 데 있어 가장 중요한 포인트는 '수익률'이라고 할 수 있다. 채권수익률은 투자자가 채권을 구입할 당시의 투자수익률을 의미하며, 기본적으로 채권 구입가격에 대한 이자율과 같다고 생각하면 이해하기가 쉽다.

채권이자는 보통 액면금액에 대해서 ○%라고 정해진 금액이 일정

채권형 펀드 금리 오르자 수익률 '비상'

이달들어 8월 절반수준으로 급감

올해 들어 금리하락으로 재미를 봤던 채권형 펀드들이 금리가 올라가면서 수익률이 다소 떨어지고 있는 것으로 나타났다. 이에 따라 비과세펀드 등 최근 발행된 채권형펀드의 수익률 관리에 비상이 걸렸다.

본지 J머니팀이 제로인에 의뢰해 조사한 결과 9월23일 현재 채권형 펀드 전체의 지난 6개월간 수익률은 금리가 낮았던 지난 8월12일에 비해 0.35%포인트 떨어졌다.

특히 8월 들어 금리가 가파르게 상승하면서 1개월간 펀드 수익률은 지난 8월의 절반 수준인 0.48%를 기록했고, 최근 1주일 동안에는 전혀 수익을 내지 못했다. 또 만기가 1년이상인 장기 시가평가 채권형 펀드의 경우 금리상승에 따른 채권가격 하락으로, 지난 1주일간 마이너스 0.04%의 평가손실을 냈다.

채권형 펀드의 수익률이 나빠진 것은 지난 8월12일 8.91%까지 내

려갔던 회사채 금리가 지난 9월23일(어제)는 9.11%까지 상승하고, 국고채 금리도 7.73%에서 8.20%로 올랐기 때문이다. 채권가격은 금리가 오르면 떨어지기 때문에 금리가 낮았을 때 사둔 채권이 많으면 나중에 금리가 오르면 손해를 보게 된다.

펀드별로는 최근 6개월간 가장 성적이 좋은 상위 30개 채권형 펀드 가운데 3분의 1에 해당하는 11개 펀드에서 주간수익률이 마이너스를 기록했다.

11개는 주간수익률 마이너스 기록

삼성투신운용의 '에이스국채 단기1-1' 펀드의 경우 지난 6개월간 4.79%의 비교적 높은 수익을 올렸지만, 최근 일주일동안에는 -0.22%의 평가손을 기록했다. 또 한국투신운용의 'MVP동기후사채 M-3' 펀드도 6개월동안 5.25%의 누적수익을 냈지만, 최근 일주일 동안에는 -0.11%의 손실을 보았다.

한국투신운용 이도윤 시가평가팀장은 "하반기 들어 금리불안요인이 많아 채권운용에 어려움을 겪고 있다"며 "채권의 평균 연기릭 3~5개월 가량 단축해 금리변동이 채권가격에 미치는 영향을 줄이고 있다"고 말했다.

비과세펀드 등 목표치 수정 불가피

이에따라 비교적 금리가 높았던 지난해에 가입한 채권형 펀드 투자들은 성적이 좋을 경우 연간 10%이상 수익을 올릴 수 있었지만, 비과세펀드 등을 통해 투자한 투자자의 경우 수익률이 다소 떨어지는 게 불가피할 전망이다. 이도윤 팀장은 "올해 설정된 채권형 펀드의 경우 목표 수익률을 8~8.5%선으로 수정했다"고 말했다.

/박윤동기자 spark@chosun.com

기일(예를 들어, 연 4회)에 지불된다. 채권이자는 채권에 붙어 있는 이표(利票)를 잘라내어 이를 발행기관에 제출함으로써 지급받으며, 그 이표이율을 '표면금리(coupon rate)'라고 부른다.

그러나 채권은 액면금액보다도 약간 낮은 가격으로 발행되기도 하며 시장에서 실제 거래되는 유통가격도 이와 마찬가지다. 따라서 채권이 만기가 되어 상환받을 때 액면금액으로부터 발행가격 혹은 채권시장에서의 구입가격을 뺀 만큼의 차익이 생기는데, 이것이 채권투자의 실질적인 수익이 된다.

이러한 관계 때문에 채권수익률은 투자로부터 발생하는 수익(표면이자＋액면금액－구입가격)을 투자금액에 대비하여 연복리 개념으로

(미니경제상식) 정크본드

정크본드(junk bond)란 신용등급이 높아 투자적격업체에 속했던 기업이 경영악화나 실적부진으로 신용등급이 급격히 낮아졌을 때 과거 그 기업이 발행했던 채권을 지칭하는 용어다.

최근에는 이런 악성 채권뿐 아니라 성장성은 있지만 신용등급이 낮은 중소기업이 발행한 채권이나 기업의 매수합병에 필요한 자금을 조달하기 위해 발행한 채권 등에 광범위하게 사용되고 있다. 일반적으로 신용등급이 BB[+] 이하 등급의 채권이 여기에 해당된다.

BBB이하 社債 속속 발행

하나로통신등 4개 A+비해 1.7~2.7%P 높아

윤경호 기자

기업 신용 위험 때문에 시장에서 외면당했던 신용등급 BBB 이하 비우량 등급 기업 회사채 발행이 속속 성사돼 기업자금이 호전될 기미를 보이고 있다.

채권형 펀드 조성과 비과세신탁 도입으로 투신권 매수 여력이 살아난 데다 최근 프라이머리 CBO 발행으로 신용 불량 기업에 대한 위험 부담이 줄어드는 등 채권시장 분위기가 살아나고 있기 때문이다.

금융계에 따르면 지난 7일부터 12일까지 신세기통신 하나로통신 대한제당 코오롱 등 4개 BBB급 이하 기업이 자체 신용으로 회사채를 발행하는 데 성공했다.

발행 금리는 시장 기준인 A+ 등급 기업에 비해 1.7~2.7포인트 높은 수준이다.

신세기통신(BBB등급)은 지난 7일 500억원 규모 회사채를 연 9.93

비우량등급 기업 회사채 발행내용 〈단위=억원·연%〉			
발행기업	발행금리	발행규모	발행시점
신세기통신	9.93	500	8.7
대 한 제 당	10.84	100	8.10
하나로통신	11.70	1,400	8.10
코 오 롱	10.63	200	8.12

%에 내놓아 전량 소화됐다.

같은 등급인 대한제당과 코오롱도 10일과 12일 회사채를 각각 100억원과 200억원어치 발행했다. 금리는 대한제당이 연 10.84%, 코오롱은 연 10.63%였다.

BBB- 등급인 하나로통신은 지난 10일 1400억원 규모 회사채를 연 11.70%에 전량 발행하는 데 성공했다.

지난 5월부터 직접 금융시장에서 BBB급 이하 기업은 발행금리를 아무리 높여도 외면당했던 상황에 비하면 시장 분위기가 크게 호전됐음을 보여준다.

파악하면 된다. 그러므로 채권수익률은 표면금리가 오르면 올라가고 반대로 표면금리가 내리면 내려가고, 표면금리가 변하지 않더라도 채권의 구입가격(발행가격 또는 시장가격)이 내리면 수익률은 올라가고, 이와 반대로 채권의 구입가격이 오르면 수익률은 내려간다.

여기서 채권시장을 두드리는 일반투자자들이나 기관투자가들이 반드시 알아두어야 할 핵심포인트는 '채권수익률은 채권시장 가격의 변화와 반대방향으로 움직인다'는 점이다. 다시 말해, 채권가격이 오르면 (유통)수익률은 떨어지고 채권가격이 떨어지면 (유통)수익률은 오른다. 따라서 채권투자로 돈을 벌고자 한다면 채권값이 쌀 때(수익률이 높을 때) 사서 채권값이 비쌀 때(수익률이 낮을 때) 파는 것이 한 가지 요령이다.

• 채권수익률은 어떻게 형성되는가?

채권수익률은 채권 유통시장에서의 채권 수요와 공급에 따라 자유롭게 결정된다. 채권의 수요와 공급은 경기동향·통화당국의 금융정책·시장의 수급동향 등의 일반적인 경제여건과 각 채권의 내적 요인, 즉 채권의 만기와 표면이자율·발행 주체의 신용도 등에 따라 수시로 변화한다.

그러면 일반적인 경제여건의 변화가 채권수익률 결정에 어떻게 영향을 미치는지 그 과정을 살펴보자. 경기가 상승국면에 접어들면 기업의 자금수요가 늘어나면서 채권의 발행이 증가하고 이러한 영향으로 시중금리가 상승함에 따라 채권수익률도 상승(채권가격 하락)하게 된다. 반대로 경기후퇴기에는 기업의 자금수요가 진정되면서 시중금리도 안정세를 회복하게 되므로 채권수익률은 하락(채권가격 상승)하게 된다.

일반적으로 통화당국이 통화공급을 늘릴 경우 금융기관의 채권수요가 증가하여 채권가격은 상승(채권수익률 하락)하게 되며, 반대로 통화긴축을 하는 경우에는 채권의 매도물량이 증가해서 채권가격이 하락(채권수익률 상승)하게 된다.

• 증권사의 채권 판매가격

'신문에는 3년 만기 국채금리가 연 4.5%로 나와 있는데 왜 증권사에서는 연 4.1%에 판매할까?' 채권에 투자해 본 사람이라면 한번쯤은 품었음직한 의문이다. 시중금리보다 증권사가 제시하는 채권수익률이 낮은 이유, 즉 채권가격이 비싼 이유는 다음과 같다.

신문에 발표되는 채권수익률은 기관과 기관 사이의 거래에 적용되는 수익률이다. 기관들은 보통 액면이 100억 원 단위로 채권을 거래한다.

하지만 이를 개인들에게 나누어 팔다 보면 자투리가 남게 되어 증권사는 이를 보유하면서 가격변동의 위험에 노출된다. 또 채권을 샀던 개인이 되팔고자 할 때 증권사는 이를 되사주는 책임도 떠안는 게 일반적이다. 이런 부담들이 반영되면서 증권사의 채권가격이 비싸지는 것이다. 또 주식매매와 달리 채권투자의 경우에는 별도의 수수료를 내지 않는 경우가 일반적이다. 대부분의 채권투자는 증권사가 중간에서 매매를 알선하는 형식이 아니라, 증권사가 일단 채권을 사들인 후 이를 투자자에게 파는 형식이기 때문이다.

따라서 증권사는 자신이 사들인 가격보다 비싸게 팔아야 차익을 남길 수 있다.

예를 들어 국채금리 연 5.4%에 증권사가 채권을 사 그보다 낮은 금리(즉 높은 채권가격)인 연 5.0%에 고객에게 팔았다면, 결국 0.4% 포인트의 차익을 '채권 중개수수료'로 챙겼다는 얘기다. 쉽게 말해 신문에 나오는 수익률은 '도매가'고, 증권사에서 실제 투자할 때는 '소매가'를 내야 하는 것으로 생각하면 된다.

회사채 등급의 의미

회사채는 가장 활발한 거래가 이루어지는 채권이지만 발행한 회사가 부도 나면 투자한 돈을 날릴 수 있다는 우려가 있다. 이 때문에 일부 회사채는 금융기관들이 '이 회사채가 부도나면 우리가 대신 지급하겠다'는 보증을 붙여 왔는데, 은행이 보증할 경우엔 '은행보증 회사채', 보증보험사가 보증할 경우엔 '보증보험 보증 회사

미니경제상식 | **무기명 장기채권**

무기명 장기채권이란 한마디로 채권을 매입한 사람에게 정부가 자금의 출처를 묻지 않고 상속 및 증여세를 면제해 주기로 약속한 채권을 말한다. 무기명 장기채에 적용되는 이 같은 혜택 때문에 지급금리가 실세금리보나 훨씬 낮고 만기도 5년 이상 장기인 경우가 대부분이다.

채권발행 자금은 보통 실업구제, 증시안정, 구조조정 지원 등 공공목적을 위해 쓰인다.

회사채 등급

구분	신용등급	정의
투자등급	AAA	원리금 지급능력이 최상임
	AA	원리금 지급능력은 매우 우수하지만 AAA보다는 다소 열위임
	A	원리금 지급능력은 우수하지만 상위등급보다 경제여건 및 환경 악화에 따른 영향을 받기 쉬운 면이 있음
	BBB	원리금 지급능력은 양호하지만 상위등급에 비해 경제여건 및 환경 악화에 따라 장래 원리금의 지급능력이 저하될 가능성을 내포하고 있음
투기등급	BB	원리금 지급능력이 당장은 문제되지 않으나 장래 안전에 대해서는 단언할 수 없는 투기적 요소를 내포하고 있음
	B	원리금 지급능력이 결핍되어 투기적이며 불황시에 이자지급이 확실하지 않음
	CCC	원리금 지급에 관하여 현재도 불안요소가 있으며 채무불이행의 위험이 커 매우 투기적임
	CC	상위등급에 비해 불안요소가 더 큼
	C	채무불이행 위험성이 높고 원리금 상환능력이 전혀 없음
	D	상환불능 상태임

채'라고 한다.

보증을 선 금융기관이 없으면 무보증 회사채라고 부르는데, 이런 무보증 회사채는 회사의 신용을 보고 투자할 수밖에 없다.

이를 위해 신용평가 기관이 '이 회사채가 어느 정도 믿을 만한 가' 하는 평가를 내리게 된다. 바꿔 말하면 '이 회사가 꾼 돈을 제대로 갚을 수 있을까' 하는 의문에 대해 신용평가기관이 일종의 '학점'을 매긴 것이 바로 회사채 등급이다. 보통 3년이 만기인 회사채는 돈을 빌려 주는 입장에서 '3년 후에 돈을 떼일 위험'을 이 등급으로 가늠할 수 있다. 우리나라에서는 한국신용평가, 한국신용정보, 한국기업평가 3개의 평가기관이 수익성 · 안정성 등 재무구조와 산업위험 · 경쟁력 등을 기준으로 회사채에 대해 평가를 내린다.

신용등급은 AAA, AA, A, BBB, BB, B, CCC, CC, C, D 등으로 나뉜다. AAA는 '어떤 상황에서도 갚을 게 확실하다'는 뜻이고, 밑으로 내려갈수록 돈을 떼일 위험이 커진다. 통상 AAA로부터 '갚을 게 유력하지만 환경 변화로 가능성이 떨어질 수 있다'는 뜻의 BBB까지를 '투자적격 등급'이라고 하고, BB 이하는 '투자부적격(투기) 등급'이라고 한다.

투자신탁과 뮤추얼펀드

투자자는 각자의 판단에 따라서 직접 주식투자에 나서기도 하지만 증시전문가가 일반인들의 돈을 예탁받아 유가증권에 투자한 뒤 그 수익금을 분배해 주는 투자방법도 있다. 전자와 같은 방법을 '직접투자'라 하고, 후자와 같은 투자방식을 흔히 '간접투자'라고 부른다.

간접투자를 원하는 일반인들로부터 자금을 모아서 주식과 채권에 투자하는 금융업을 '증권투자신탁업'이라고 하고, 이런 투자신탁업을 하는 금융기관을 자산운용회사라고 부른다.

자산운용회사는 고객들의 돈을 적절히 배분해 주식이나 채권에 투자해 수익을 올리는 회사다. 일반인들에게도 널리 알려진 펀드매니저가 바로 이런 자산운용회사에서 일한다. 투자신탁 증권회사는 투자신탁 운용회사와는 달리 자체 영업망을 가지고 일반투자자들로부터 투자자금을 유치하는 일을 한다. 참고로 2005년 4월 현재 우리나라의 투자신탁 저축인구는 500만 명에 이르고, 저축고는 200조 원으로 성장하여 전체 금융저축에서 차지하는 비중이 20%에 이르고 있다.

수익증권과 뮤추얼펀드의 차이

앞으로 금융기관들은 뮤추얼펀드에 제한 없이 투자할 수 있게 된다. 금융감독위원회는 29일 금융기관의 뮤추얼펀드 투자제한을 완화해 금감위 승인 없이 뮤추얼펀드에도 수익증권처럼 자유롭게 투자할 수 있도록 했다.

이제까지 은행은 뮤추얼펀드 발행주식 총수의 15%, 보험·종금·금고는 10% 한도 내에서만 투자가 가능했다. 금감위는 또 금융기관이 공모 뮤추얼펀드 발행주식의 20% 이상을 소유할 경우 금감위의 사전 승인을 얻도록 한 규정도 '금감위의 승인을 얻은 것'으로 간주토록 고쳐 금감위 승인 없이 공모 뮤추얼펀드에 대한 투자가 가능하도록 했다.

— 동아일보, 2000년 9월 29일자

투자자들이 직접 주식이나 채권을 매매하지 않고 자산운용회사 같은 금융기관을 통해 간접적으로 투자할 수 있는 소위 '간접투자 상품'으로 수익증권과 뮤추얼펀드가 있다. 자산운용회사는 수익증권 (원금과 신탁재산의 운용에서 생긴 이익을 분배받을 수 있는 권리가 표시된 유가증권)이라는 이름의 금융상품을 발행하여 이를 고객에게 판매한다.

이와 같은 수익증권은 크게 고객 재산을 주로 주식으로 운용하는 '주식형' 수익증권과 채권을 중심으로 운용하는 '공사채형' 수익증권 등 두 가지로 나뉜다. 투자신탁 관련 기사에는 주식형 펀드 또는 채권형 펀드라는 용어가 가끔씩 등장하는데, 여기서 말하는 '펀드'란 고객들의 돈을 모아 둔 기금(基金), 즉 수익 증대를 목적으로 적립하거나 준비해 두는 자금을 의미하며 '펀드매니저'는 이 기금을 관리·운용하는 이들을 지칭한다.

투자신탁의 장점으로는 첫째, 비전문가들이나 소액투자자들도 쉽게 이용할 수 있으며, 둘째, 여러 종류의 주식과 채권에 분산해서 투

뮤추얼펀드 운용 구조

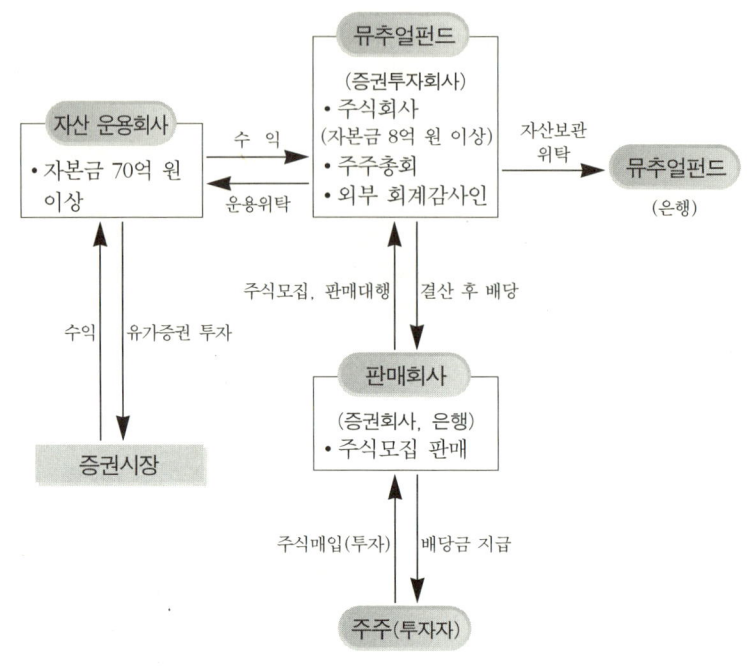

자하므로 위험회피가 가능하고, 셋째, 전문가가 대신 운용하므로 일
반투자자는 정보수집을 위한 시간과 비용을 절약할 수 있다는 점 등
을 꼽을 수 있다.

　수익증권은 투자자들이 1 대 1로 자산운용회사와 증권투자 신탁계
약을 체결하고 그 운용회사가 고객자산을 대신 운용하는 형태다. 뮤
추얼펀드는 간접투자 상품이란 데 공통점이 있지만 투자자들이 자금
을 모아 유가증권 투자를 위주로 하는 회사를 설립하고 투자자들이
주주로 참여하는 형태의 자산 운용방식이란 점에서 수익증권과 차이
가 있다.

　뮤추얼펀드는 주식회사라는 성격 때문에 감사 같은 내부감시 시스

템과 주주권리를 통한 감시와 견제 기능이 수익증권보다 강하다. 주주들이 운용사를 바꾸고 싶으면 최악의 경우 주주총회를 통해 변경할 수도 있다. 반면 수익증권 펀드는 감시와 견제 기능이 뒤지지만 법률관계가 간편하고 판매사가 환매요청에 대해 책임을 지는 등 거

미니경제상식) 기준가격 ────

자산운용회사와 거래를 하다 보면 '기준가격'이란 말을 자주 듣게 되는데, 쉽게 말하면 그 상품의 투자 성적표 정도로 생각할 수 있다. 자산운용회사가 고객과 수익증권을 사고 팔 때 기준이 되는 가격으로, 투자재산 가치의 오르고 내림을 나타내며, 1000좌를 기준으로 가격을 표시한다. 주가와 채권시세가 매일 오르고 내림에 따라 기준가격도 변한다.

이런 기준가격은 펀드의 운용실적에 따라 매일매일 달라진다. 기준가격이 오르면 그 자산운용회사 상품에 수익이 많이 났다는 것이고, 반대로 기준가격이 떨어지면 손해를 보고 있다는 뜻이다. 수익증권(뮤추얼펀드 포함)의 수익률은 해당 상품에 가입할 당시의 기준가격과 현재 기준가격을 비교하여 계산한다.

수익증권에 처음 가입한 시점에 기준가격이 5000원이었다가 1년 뒤 운용실적이 반영되면서 6000원으로 올랐다고 치면 이 펀드의 수익률은 연 20%가 되는 셈이다.

따라서 수익증권을 살 때는 기준가격이 얼마인지를 반드시 확인해 두는 것이 좋다. 기준가격이 1000원일 때 수익증권을 샀다가 900원에 팔면 100원의 손해를 보게 되므로 기준가격이 매입 당시보다 높을 때 파는 것이 최선의 방법이다.

채권형 상품의 경우 이런 수익률을 1년 단위로 다시 계산해 보면 은행이나 기타 금융기관의 상품과 금리를 비교할 수도 있다. 기준가격을 알아보는 것은 어렵지 않으며 해당 자산운용회사에 문의하면 언제든지 해당 펀드의 기준가격을 알려 준다. 또 자산운용협회에서 정기적으로 발행하는 주식형·채권형 상품 정보에도 펀드별로 기준가격이 수록되어 있다. 최근에는 각 자산운용회사 인터넷 홈페이지나 자산운용협회 홈페이지에서도 찾아볼 수 있다.

수익증권과 뮤추얼펀드 비교

구 분	수익증권	뮤추얼펀드
설립형태	신탁계약	펀드 자체가 주식회사
발행증권	수익증권	주식
투자자의 지위	수익자	주주
설립규제	사전인가 받은 투신사에 한함	설립이 자유로움(자본금 8억 원 이상)
통제제도	감독기관의 감독	주주에 의한 자율규제, 이사회 운영
중도환매 방법	중도환매 가능 (환매수수료 징구)	주식매각을 통해 현금화 가능
취급기관	투자신탁회사, 증권회사, 은행	증권회사, 은행

래의 편의성이 우수한 제도다. 또 수익증권의 투자자는 투자금액에 대한 이익금의 청구권을 갖는 수익자가 되지만 뮤추얼펀드는 펀드 자체가 하나의 회사기 때문에 투자자들은 주식을 나눠 갖는 주주로 참여한다. 수익증권은 가입금액에 제한이 없어 소액투자가 가능하다는 점에서도 뮤추얼펀드와 차이가 있다. 뮤추얼펀드는 100만~300만 원, 많게는 500만 원 정도로 최소 투자금액에 제한을 두는 경우가 많다.

은행과 증권사에서 판매하는 펀드 상품

• 머니마켓펀드

MMF(Money Market Fund)란 고객의 돈을 모아 CD, CP, 콜 등 단기금융 시장상품에 집중적으로 투자한 후 여기서 얻은 수익을 고객에게 되돌려 주는 고실적배당 저축상품이다. MMF는 그 만기가 3개월에서 6개월이고, 운용보수 및 판매수수료가 아주 낮아 안정성과 유동성, 수익성을 고루 갖추고 있다. 특히, CD·CP는 각각 500

만 원과 1000만 원 이상의 투자금액 제한이 있는 반면, MMF의 경우 최저 투자한도가 없기 때문에 시장정보가 상대적으로 부족한 일반 소액투자자에게 인기가 높다.

MMF의 투자 및 회수는 증권 액면금액 기준으로 매각과 환매의 형태로 이루어지며, 운용수익은 분배금 형태로 지급된다. 2005년 4월 말 현재 증권사들이 판매한 MMF 잔고는 약 68조 원에 이르고 있다.

• 적립식 펀드

은행 정기적금처럼 매달 일정액을 정립해 가는 펀드 상품이다. 적은 돈으로 적금을 붓듯이 꾸준히 주식이나 채권에 투자함으로써 목돈을 만들 수 있는 것이 장점이다. 한꺼번에 수백만, 수천만 원의 돈을 예치해야 하는 기존 주식형 펀드나 채권형 펀드와 달리 큰 부담 없이 가입이 가능하다. 증권사와 은행에 가면 누구나 손쉽게 가입할 수 있다.

적립형 펀드는 주가 수준에 따라 분산투자하는 효과가 있어 한꺼번에 목돈을 투자하는 것보다 위험을 줄일 수 있다. 즉 매달 일정액을 투자함으로써 주식이 비쌀 때는 적게 사고 쌀 때는 많이 사게 돼 장기적으로 주식 매입단가가 낮아지는 효과를 얻을 수 있다. 월급쟁이들이 이용하기 좋은 상품이나 주가가 하락하면 원금을 손해 볼 수 있다는 점에 주의해야 한다.

전문가들은 상품 선택에 앞서 재무 설계를 분명히 해두는 것이 좋다고 말한다. 투자 목적에 따라 상품 선택도 달리 해야 하기 때문이다. 예를 들어 노후자금 마련을 위해 10년 이상 장기 투자할 생각이라면 주식편입 비중이 높은 성장형 상품을 고르는 게 바람직하다. 이에 비해 주택자금이나 자녀 교육비 마련을 위해 3년 정도 투자할 생각이라면 채권에 주로 투자하는 안정형 상품을 고르는 게 좋다. 경우에 따라 원금 손실도 볼 수 있는 주식형 상품에 비해 채권형 상품은 매년 일정한 수익을 확실히 받을 수 있기 때문이다.

• 해외 주식 · 채권 펀드

해외의 주식이나 채권에 직접 투자하는 대신 전문가들이 운용하는 해외 펀드에 돈을 넣어 간접 투자하는 상품이다. 해외 펀드는 은행 · 증권 · 보험사 창구에서 가입할 수 있다. 역사가 길고 능력을 검증받은 해외 유명 자산운용사들이 운용하는 상품이 인기가 많다. 국내에는 피델리티 · 메릴린치 · 슈로더 · 씨티그룹 등 5개 회사의 상품이 많이 소개되어 있다.

주식형 펀드의 경우 전 세계에 고루 분산 투자하는 글로벌 펀드, 브릭스(브라질 · 러시아 · 인도네시아 · 중국)에 집중 투자하는 펀드, 특정 국가 하나에만 투자하는 펀드, 동남아 등 신흥시장(이머징마켓)에 투자하는 펀드 등 상품이 다양하다. 해외 채권펀드의 경우 국내 채권펀드와 달리 만기가 긴 채권에 많이 투자한다. 따라서 국제 금리가 상승할 경우 단기 수익률이 크게 떨어질 위험도 있다.

• 펀드오브펀드(fund of funds)

하나의 펀드가 아니라 국내외의 여러 펀드에 분산 투자하는 펀드다. 분산 투자하는 만큼 투자 위험을 줄이는 효과가 있다. 특히 국내에서 정보를 접하기 쉽지 않은 해외 투자에 적합하다. 그렇다고 투자자가 투자할 펀드들을 직접 고를 필요는 없다. 펀드 운용회사가 국내외 금융시장에서 판매되는 수만 종의 펀드 중에서 유망한

펀드들을 잘 골라 대신 투자해 주기 때문이다. 펀드 상품이라는 게 분산 투자를 주로 하는 것이지만, 펀드오브펀드는 그러한 펀드에 복수로 가입하므로 위험 분산 효과가 더욱 크다.

반면 펀드오브펀드는 가입 수수료가 이중으로 드는 단점이 있다. 예를 들어 투자자는 펀드오브펀드에 약 1~3%의 수수료를 내야 하고, 다시 개별 펀드에 1~2%의 수수료를 내야 한다. 또 해외 자산에 투자할 경우 해당 국가의 통화가치가 급락하면 수익률이 뚝 떨어질 수도 있다는 점에 주의해야 한다. 따라서 투자 자산을 달러·유로화·원화 등 다양한 통화로 분산시키는 것도 좋은 방법이다. 공모 펀드오브펀드의 경우 대부분 개방형이어서 자유롭게 가입과 중도 환매가 가능하다.

• 선박펀드와 부동산펀드

투자자에게서 돈을 모아 배를 산 뒤 선주(船主)에게 임대해 생긴 수익금을 투자자에게 되돌려 주는 금융상품이다. 선주가 대부분 현대상선이나 GS칼텍스 등 대기업이기 때문에 수입이 안정적이라는 장점이 있다. 배가 부서지는 돌발 사태만 없다면 연 5~6%의 비교적 높은 이자를 확정금리로 지급받을 수 있다. 선박펀드는 수익금에 대해 배당소득세(16.5%)가 면제되기 때문에 실제 배당수익률은 다른 금융상품보다 더 높다. 또 증권거래소에 상장되기 때문에 상장 후 주가차익도 노릴 수 있다.

반면 부동산펀드는 투자자들로부터 돈을 모아 부동산개발사업에 투자해 얻은 이익을 투자자들에게 나눠 주는 상품이다. 부동산사업 시행사나 시공사는 따로 있고, 펀드는 자금줄 역할을 한다. 은행이나 증권사에 가면 가입할 수 있다. 펀드의 수익성은 투자 부동산

물건의 사업성에 달려 있다. 주로 아파트를 지어 분양한 뒤 원금과 수익금을 챙기기 때문에 비교적 안정적이라고 할 수 있다.

• 금 · 환율 연계 펀드

금(金)과 외환에 투자하는 펀드다. 금펀드는 금값 변동에 따라, 환율펀드는 원 · 달러 환율 변동에 따라 수익을 올리거나 손실이 발생한다. 그러나 금 · 환율 펀드라고 해서 100% 금이나 환율(외환)에 투자하는 것이 아니다. 펀드의 95% 정도는 안정적인 채권이나 주식에 투자하고, 나머지 5%만 금 · 외환에 투자한다. 대부분 상품이 채권투자로 발생한 이자로 해외시장에서 금 · 달러 옵션거래를 통해 이익을 만들기 때문에 금값이나 환율이 폭락하더라도 원금은 대체로 보장된다. 금펀드의 경우 물가상승으로 인한 손실을 상쇄할 수 있다는 장점이 있다. 국제 금값이 오르고 미국 달러가 약세를 보이는 상황에서는 금펀드에 투자하는 것이 좋다고 전문가들은 말한다.

투자신탁 관련 용어

투자신탁과 관련하여 경제기사에서 많이 등장하는 금융용어들을 다음 몇 가지로 간단하게 설명해 보겠다.

• 수익자 · 위탁자 · 수탁자

'수익자' 란 자산운용회사에 자금을 예치한 일반고객들을 말하는데, 자금운용의 결과로 얻어진 수익을 분배받는 권리를 갖는다는 뜻에서 수익자라고 부른다. 반면, '위탁자' 는 신탁재산에 대한 운용과 수익증권의 발행 · 매각, 이익분배금 지급 등의 업무를 담당하는 곳을 말하는데, 자산운용회사가 바로 위탁자에 해당한다. '수탁자' 는 자산운용회사의 지시에 따라 신탁재산의 보관·관리는 물론 신탁금 납입 확인 등의 업무를 담당하는 기관을 의미하며, 일반적으로 각 은행들이 수탁업무를 맡고 있다.

• 역외펀드

'역외(域外)펀드'란 비거주자(외국인)를 대상으로 하는 증권 투자신탁을 말한다. 현재 역외펀드는 우리나라 자산운용회사가 비거주자를 대상으로 설정·판매하는 외국인 전용 수익증권(외수펀드)과, 외국의 펀드 운용회사가 국내의 증권사를 주간회사로 해서 별도의 관리회사를 설립하고 이 자금으로 국내 증권시장에 운용하는 펀드가 있다. 후자의 경우 주식은 외국의 증권거래소에 상장되는 것이 보통이다.

• 주식편입 비율

채권형 수익증권은 고객 돈을 모두 채권에 투자한다. 이에 비해 주식형 수익증권은 고객의 돈을 전부 주식에 투자하지 않고 일부는 주식에, 일부는 채권에 투자한다. 이때 고객 저축금 중 주식투자에 운용하고 있는 비율을 '주식편입 비율'이라 한다. 주식편입 비율이 80%라는 것은 전체 자금의 80%를 주식매입에 사용하고 있다는 뜻이다.

일반인을 위한 채권투자 방법

주식시장이 침체상태에 빠지면 어김없이 채권투자가 안전한 재(財)테크 수단으로 각광을 받게 마련이다. 채권투자에는 일반적으로 거액이 필요하고, 투자기간도 길기 때문에 일반인과는 다소 거리가 먼 것도 사실이다. 그렇지만 일반인도 요령만 잘 익히면 별다른 어려움 없이 채권투자에 나설 수 있다. 이제부터 채권투자를 하는 방법에 대해 구체적으로 알아보자.

채권 직접투자

채권매매는 증권사를 통해 주로 이루어지기 때문에 채권매매를 위해서는 증권회사를 찾아 채권담당 직원과 상담하면 된다. 일반 시중은행을 찾을 때와 마찬가지로 도장과 신분증을 지참하고 영업창구에 가서 계좌를 개설해 입금을 한 뒤 원하는 채권을 매입하면 된다. 그러나 채권은 실물로 직접 받는 것은 아니고 채권이 기입된 통장을 통해 확인할 수 있다. 채권이란 정부나 공공기관, 은행, 기업체들이 일반투자자들로부터 비교적 장기의 자금을 조달하기 위해 발행하는 일종의 차용증서로, 주식과는 달리 매입시 일정한 수익(표면금리)을 확실히 보장받기 때문에 투자수익이 안정적이라는 장점이 있다. 또 채권 유통시장의 수급상황에 따라 채권값이 수시로 변하기 때문에 금리예측을 잘하면 짭짤한 시세차익을 얻을 수도 있다. 채권투자는 유통금리가 높을 때(채권값이 쌀 때) 채권을 구입했다가 유통금리가 하락할 때(채권값이 비쌀 때) 파는 것이 요령이다.

세금우대 소액채권저축

증권사의 세금우대 소액채권저축을 이용해 보는 것도 바람직하다. 증권사를 찾아가 가입하고 싶다는 의사를 밝히면 증권사 직원들이 대신 처리해 준다. 이 상품의 장점은 투자채권을 1년 이상 보유할 경우 이자소득에 대해 10.5%의 우대세율이 적용돼 일반 채권상품(이자소득 세율 16.5%)보다 6%포인트의 절세효과를 얻을 수 있다는 점이다. 통장방식으로 거래되며 저축기간에 제한이 없고 입출금도 자유롭다. 그러나 저축한도가 1인당 4000만 원으로 제한되어 있어 투자금액이 이를 초과할 경우 가족 명의로 분산하는 것이 필요하다.

증권사 채권세일 활용

일부 증권사들은 보유채권 물량을 조절하기 위해 매월 말쯤 되면 부정기적으로 시가보다 싸게 '채권세일'을 실시하고 있다. 1억 원 미만의 자투리 채권을 실제수익률보다 0.5%포인트 정도 싼 가격에 일반투자자들에게 파는 경우가 있으니 증권사에 수시로 문의해 이 같은 채권을 매입하면 좀더 높은 투자수익률을 올릴 수 있다.

MMF 및 공사채형펀드 매입

자산운용회사의 공사채형펀드는 채권전문가들이 일반인들의 돈을 모아 채권투자를 대행해 주는 상품이다.

가장 대표적인 공사채형펀드 상품은 자산운용업계의 스테디셀러인 '장기우대 공사채' 및 '중기우대 공사채'로서 1년이나 6개월 정도의 중장기 투자에 유리하다. 그 전에 해약하면 환매수수료를 물어야 하기 때문이다. 가입금액이나 대상에 제한이 없으며 필요한 경우 매월 이자를 인출할 수도 있다. 수익률은 설정시점에 따라 다소 차이는 있지만 연 4~5% 정도다. 1~6개월 정도의 단기투자를 하고 싶으면 은행과 증권회사들이 판매하는 MMF에 가입하면 되는데, 3~6개월 정도 예치하면 연 3%대의 금리를 주고 있다.

5

생활 속의
환율

환율과 경제활동

주가상승에 따라 외국인 주식투자자금 유입이 크게 늘면서 원·달러 환율이 6일째 내림세를 나타냈고, 시중금리도 연중최저치 수준으로 떨어졌다. 7일 외환시장에서는 외국인 주식투자자금이 4000억 원 가까이 들어오면서 달러화 가치가 급락, 원·달러 환율이 전날보다 4.3원이나 떨어진 1113.1원으로 마감했다.

외환은행의 한 딜러는 "정부가 외평채 발행계획을 밝히고 대우 관련 외화부실채권을 원화로 바꿀 것을 독려했음에도 불구하고 달러 유입세를 꺾지 못했다"며 "금융 구조조정에 따른 금융시장 불안요인이 있지만 외환시장에 큰 영향을 미치지는 못할 것"이라고 말했다.

외환시장에서는 당분간 원·달러 환율 하락세가 이어지면서 1110원대 붕괴도 가능하다는 견해를 보이고 있다.

이날 자금시장에서는 회사채 거래가 거의 없는 가운데 안전한 국공채로 거래가 집중되면서 시중금리가 하락세를 지속했다. 3년만기 국고채 유통수익률은 전날보다 0.05%포인트 내린 8.69%, 회사채 유통수익률은 0.01%포인트 하락한 9.75%를 기록했다.

한화증권 임찬익 채권팀장은 "신용등급간 금리차가 급격히 벌어지는 양극화현상이 두드러지면서 금리가 떨어지고 있다"며 최근 금리인하추세는 금융시장 안정탓이 아니라고 설명했다.

— 조선일보, 2000년 6월 8일자

국내에서야 우리나라 돈으로 물선을 사고 팔 수 있지만 외국에서는 그 나라의 돈을 사용해야 한다는 것은 어린아이도 다 아는 상식이다. 따라서 우리는 해외에 나갈 일이 생기면 가장 먼저 은행에서 돈을 외화로 환전하게 된다.

외화와 원화는 상대적인 가치가 다르고 그 차이를 제대로 활용하면 적지 않은 이익을 얻을 수도 있다. 유학이나 외국여행 또는 이민

등을 위해 외화를 필요로 할 경우 반드시 알아두어야 할 사항이 환율이다.

외국 돈과 우리 돈을 바꿀 때 적용되는 교환비율이 환율이며 나라와 나라 사이에 결제할 일이 있을 때도 환율에 따라 이뤄진다.

흔히 은행을 통해 원화를 외화로 바꿀 경우 또는 그 반대의 경우에 "환율이 내려 받을 돈이 많아졌다"라든지 "환율이 올라 받을 돈이 적어졌다"는 말들을 듣게 되기도 한다. 대부분의 신문들도 경제면에 환율시세표를 매일 게재하여 환율변동에 관한 정보를 독자들에게 제공하고 있기 때문에 굳이 은행에 문의하지 않더라도 환율변동상황을 집에서 손쉽게 알 수 있다.

환율은 환전할 때만 필요한 것이 아니다. 환전은 개인적인 사항에 속할 때가 많으므로 그 비중이 매우 작지만 외국과의 무역에서 환율이 수행하는 역할은 의외로 중요하다.

신문 경제면에 무역수지 악화나 수출부진에 관한 기사가 실릴 때는 으레 "원화환율이 고평가되어 있어 수출이 잘 안 된다"는 수출업자의 코멘트가 뒤따른다. 또한 전국경제인연합회를 비롯한 경제단체들은 수시로 정부에 "환율을 절하시켜 수출경쟁력을 높여 달라"거나 "원화환율이 적정환율대로 되돌아오도록 해달라"는 건의문을 전달하기도 한다.

환율이 무역환경에서 차지하는 중요성을 감안해 정부도 앞에서 예로 든 기사처럼 수출이 부진할 때마다 환율대책을 마련한 후 이를 시행하고 있다.

환율의 경제적 기능을 이해하려면 우선 환율이 무엇인지를 정확히 알아둘 필요가 있다.

환율은 어떻게 결정되나

외국에서 물건을 구입하려면 원화를 미리 외화(예를 들어 달러 혹은 엔)로 바꿔야만 필요한 것을 살 수 있다.

우리나라의 한 기업이 미국에 상품을 수출하고 달러화를 받았다면 이를 다시 원화로 바꿔야만 하청업체에게 원자재 값을 지불하고 종업원들에게도 봉급을 줄 수 있을 것이다. 이렇듯 외국과 경제거래를 할 때는 항상 한국돈과 외국돈 간에 교환 문제가 발생한다. 이때 사용되는 것이 바로 '환율'이다.

환율은 쉽게 말해 한국돈과 외국돈 간의 교환비율로서, 외국돈과 비교한 한국돈의 값어치를 나타낸다. 예를 들어, 2005년 4월 현재 1달러는 원화로 약 990원에 해당하는 가치를 유지하고 있는데, 이를 '1달러=990원'이라고 표현하고, '원화의 대미(對美) 달러 환율' 또는 '달러화에 대한 원화환율'이라고 부른다.

환율은 기본적으로 외환시장에서 형성되는

외환(달러화·엔화·유로화) 등에 대한 '수요와 공급의 원칙'에 따라 결정된다. 물가상승률과 금리차·정치사회 분야의 안정 여부 등 복합적 요인에 따라서도 영향을 받는다. 예를 들어, 미 중앙은행의 금리인상 또는 인하정책에 따라 달러가치가 오르락내리락하고, 일본이나 영국의 경제가 나빠지면 엔화와 파운드화의 가치가 떨어지곤 한다.

다시 말해, 특정국가 화폐의 환율은 그 나라의 총체적인 정치·경제성적표라고 할 수 있다. 실제로 환율이 안정된 나라는 대부분 경제력과 국내정치가 매우 탄탄한 모습을 보이고 그렇지 못한 나라는 환율이 불안하다. 전자의 경우가 스위스·중국·일본 등이라면 후자의 예로는 러시아·폴란드 등 구(舊) 사회주의 국가들을 들 수 있다.

환율이 경제에 미치는 영향

환율 변동은 경제 전반에 큰 영향을 미친다. 가령 환율이 떨어져 원화가치가 절상되면 수출업자는 채산성 유지를 위해 보통 달러화로 표시한 수출상품의 가격을 올리게 된다. 이럴 경우 수입단가가 높아져 외국 바이어들은 상품주문량을 줄이거나 물건값이 더 싼 곳으로 수입선을 옮겨 갈 가능성이 높아진다.

또한 수출업자가 경쟁력 유지를 위해 수출가격을 올리지 않는다고 하더라도 원화절상폭이 클 경우에는 은행에서 달러를 원화로 바꿀 때 실제 손에 쥐게 되는 돈이 줄어들게 된다. 이는 수출기업의 수출채산성 악화를 초래하게 되어 수출업자는 결국 적자를 보지 않기 위해 해외 수출을 줄일 수밖에 없게 된다.

환율변동이 경제정책에서 차지하는 중요도가 높은 이유는 바로 여기에 있다.

원화가치 절상으로 수출이 줄어들면 그대로 경제성장의 둔화로 연결되고 그 결과 실업자가 늘어나게 되어 고용사정이 어렵게 된다. 수출이 줄어들면 상품교역의 대외성적표인 무역수지는 적자를 기록하게 될 것이다.

그렇다고 원화절상의 효과가 꼭 부정적인 것만은 아니다. 환율이 내려가면 수입상품의 가격이 하락할 뿐만 아니라 외국으로부터 원료를 수입하여 생산하는 상품의 제조원가를 하락시키게 되므로 결과적으로 국내물가가 내려가는 긍정적인 측면도 있다.

우리나라의 경우 제조업 부문은 원유 · 철강재 · 비철금속 등 수입 원자재의 투입비율이 크기 때문에 환율이 물가에 미치는 영향은 매우 크다. 또한 우리나라는 경제개발계획을 추진하는 과정에서 많은 자본을 외국으로부터 빌려 왔는데, 환율이 내리면 외국에 빚을 지고 있는 기업에게는 그만큼 원리금상환 부담이 줄어드는 효과를 가져온다.

이처럼 원화가치가 상승하면 일반적으로 수출은 줄어들고 수입은 늘어나는 경향이 발생해 경상수지가 나빠지게 된다. 하지만 다른 한편으로는 수입물가의 하락을 통해 국내 물가안정을 기할 수 있고 국내기업의 외채상환 부담이 경감되는 등의 좋은 점도 발생한다. 반대로 환율이 올라 원화가치가 하락하면 우리나라 수출업체의 채산성이 좋아져 수출은 잘되고 수입상품 가격은 상대적으로 비싸진다. 그 결과 수입은 줄어드는 것이 일반적이며 이에 따라 경상수지의 개선을 기대할 수 있다.

하지만 원화가치가 하락하더라도 우리나라와 경쟁관계에 있는 통화(예를 들어 엔화)의 가치가 더 많이 떨어지면 원화절하의 효과는

환율 변동의 효과

	환율하락(원화절상)	환율상승(원화절하)
수 출	수출채산성 악화(수출감소)	수출채산성 호전(수출증가)
수 입	수입상품 가격 하락(수입증가)	수입상품 가격 상승(수입감소)
국 내 물 가	수입원자재 가격 하락(물가안정)	수입원자재 가격 상승(물가상승)
외자도입 기업	원화환산 외채 감소 (원리금상환 부담 경감)	원화환산 외채 증가 (원리금상환 부담 증가)

별로 나타나지 않게 된다. 우리나라 상품의 수출채산성보다 경쟁국 (일본) 상품의 수출채산성이 훨씬 좋아지는 결과가 나타나기 때문이다.

우리나라와 일본은 주력 수출상품이 서로 겹치는 경우(예를 들어, 자동차·반도체·조선)가 많아 엔화가치의 변동도 우리나라 수출전선에 큰 영향을 미치고 있다. 또한 원화가치의 하락(환율상승)은 수입원자재 가격의 상승현상을 유발해 국내물가를 끌어올리는 요인으로 작용하고, 외국에 빚을 지고 있는 기업들에게는 원금상환 부담을 가중시키는 결과도 가져온다.

환율과 주가

최근 우리나라의 환율과 주가는 상당히 밀접한 관계를 보이고 있다. 우선 주가가 환율에 미치는 영향을 살펴보면 외국인 투자자가 우리나라의 경제상황을 긍정적으로 인식하여 주식투자를 통해 높은 수익을 올릴 수 있다고 판단하면 우리나라 주식에 대한 투자를 늘리려고 할 것이다.

이 경우 외국인 투자가들은 우선 외환을 국내로 가져와 원화로 환전해야 하므로 국내 외환시장의 달러 공급이 늘어나고 그 결과 원·

달러 환율은 하락하게 된다. 또한 외국인들이 원화자금을 이용하여 주식의 매입에 나서게 되므로 주가도 상승하게 된다.

그러나 반대로 국내 주식시장이 침체로 돌아서면 외국인들이 주식을 팔고 외환을 환전해 한국에서 빠져 나갈 수도 있는데 이 경우 원·달러 환율은 상승하게 된다. 예를 들어 2000년 여름을 전후해 국내 주가가 폭락하자 외국인들이 주식투자자금을 회수해가는 바람에 원화가치가 떨어지면서 원화환율이 오르는 현상이 나타났다. 이는 서울 외환시장의 외환거래량이 하루 평균 20억 달러 정도밖에 되지 않아 외국인들이 몇 천억 원의 주식투자자금을 움직일 경우 외환시장이 크게 출렁일 수밖에 없기 때문이다.

한편 환율이 주가에 미치는 영향도 생각해 볼 수 있다. 예를 들어 환율의 하락세가 계속될 것으로 예상되면 외국인들은 달러 투자액만큼 환차익을 기대할 수 있기 때문에 주식투자를 적극 늘리려고 할 것이다. 이에 따라 외국 주식투자자금이 늘어나면 주가가 상승하고 환율의 하락은 더욱 가속화한다.

반면 향후 환율이 상승할 것으로 예상되면 우리나라 주식에 투자할 경우 환차손을 입게 되므로 기존의 투자자금 회수는 물론 신규 투자자금의 유입이 크게 위축되어 서울 외환시장에서 외환공급 축소에 따른 환율상승이 초래되는 것이다. 결국 환율이 주가에 미치는 영향은 현재의 환율이 아니라 앞으로의 환율 움직임에 대한 예상에 크게 좌우된다고 할 수 있다.

환율의 종류－대고객 매매율, 전신환 매매율, 현찰 매매율

환율은 외환거래의 종류에 따라 적용되는 비율이 각기 다르다. 우리는 해외여행뿐 아니라 상품을 수출하거나 수입하는 등 외국과 여러 가지 형태의 거래를 하고 있다. 이처럼 외국과 거래를 할 때는 반드시 결제수단으로 외국돈이 필요하게 된다.

외국돈은 은행을 통해 사고 팔게 되는데, 이 경우 은행이 고객과 거래를 할 때 적용하는 환율을 '대고객 매매율'이라고 한다. 대고객 매매율은 돈을 주고받는 방법에 따라 '전신환 매매율', '일람출급환어음 매입률', '수입어음 결제율', '기한부환어음 매입률' 및 '현찰 매매율' 등으로 나뉜다.

대고객 매매율은 일정한 기준환율을 가감하여 시중은행들이 결정하는데, 그 기준이 되는 환율을 '매매기준율'이라고 부른다. 매매기준율은 서울 외환시장에서 형성되는 원화와 달러화의 거래 시세를 감안하여 외국환 중개회사가 매일 산출하여 발표한다. 은행과

미니경제상식) J커브 효과 ─────────

'J커브 효과'는 환율의 변동과 무역수지의 관계를 나타내는 것으로, 무역수지 개선을 위해 환율상승(원화절하)을 유도하더라도 그 초기에는 무역수지가 오히려 악화되다가 상당 기간이 경과한 후에야 개선되는 현상을 말한다.

이러한 현상이 발생하는 이유는 기본적으로 환율변동에 따른 수출입가격의 변동과 이에 따른 수출입물량 조정간에 시차가 존재하기 때문이다.

즉 환율상승 초기에는 수출입물량에 큰 변동이 없는 반면 수출품 가격은 하락하고 수입품 가격은 상승함으로써 무역수지가 악화되며, 어느 정도 기간이 경과한 후에야 수출입상품의 가격경쟁력 변화에 맞춰 물량조정이 일어남으로써 무역수지가 개선된다는 것이다.

이와 같이 환율변동 후 시간이 경과함에 따라 무역수지가 변동되는 모습이 마치 영문자 J 모양과 유사하다 하여 J커브 효과라고 부르고 있다.

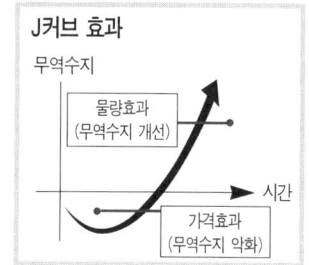

생활 속의 환율 **201**

외국환은행의 대고객 매매율의 예(₩/US$)

은행간거래환율 (A)	₩ 1,161.47
수입어음결제율	₩ 1,155.08
전신환매도율	₩ 1,152.60
매매기준율	₩ 1,141.50
전신환매입률	₩ 1,130.40
일람출급환어음매입률	₩ 1,127.92
기한부(60일)환어음매입률	₩ 1,127.58
현찰매입률	₩ 1,121.53

＊○○은행, 2002년 6월 30일 현재

고객 간의 외환거래는 이러한 매매기준율을 중심으로 이루어지는데, 은행들은 외환을 사고 팔 때 일정률의 마진을 붙여 거래하게 된다.

일반적으로 은행이 고객에게 외국돈을 팔 때 적용하는 '매도율'은 외국돈을 살 때 적용하는 '매입률' 보다 높다.

전신환 매매율이란 전신에 의해 1일 이내에 자금이 결제될 때 적용되는 환율로서, 은행의 자금부담 비용이 포함되지 않는 순수한 의미의 환율이며 다른 대고객 매매율의 기준이 된다.

수출입거래 등에 따라 대금을 주고받을 때 적용되는 일람출급환어음 매입률과 기한부환어음 매매율 등은 전신환 매매율에 은행의 자금부담 비용, 즉 환어음의 결제 또는 자금화에 소요되는 기간에 해당하는 금리만큼을 빼거나 더하여 결정된다.

현찰 매매율은 일반인들과 가장 관계가 깊은 환율로서, 해외여행자들이 은행에서 외화를 사고 팔 때 적용받는 환율이다.

명목환율, 실질환율, 실효환율은 어떻게 다른가

어느 나라건 그 나라 통화의 대외가치를 측정할 때 평가기준이나 이용목적에 따라 '명목환율'과 '실질환율', '실효환율', '구매력 평가환율' 등 서로 다른 환율개념을 사용하고 있다.

명목환율은 외환시장에서 그날그날 고시되는 통화간의 환율이다. 예컨대 US1$=₩1125.20, US1$=¥115.13 등으로 표현된다. 그러나 명목환율은 두 나라간의 물가차이를 반영하지 못하는 문제점이 있으며, 이를 감안해 구매력의 변동을 반영하도록 한 환율이 실질환율이다.

실효환율은 두 나라의 통화를 확대해 자국통화와 모든 교역상대국 통화와의 종합적인 관계를 나타내는 환율이다. 이는 주요 교역상대국의 명목환율을 교역량 등으로 가중평균한 '명목 실효환율'과 여기에 다시 교역상대국의 물가지수 변동까지 감안한 '실질 실효환율'로 나뉜다.

구매력 평가환율은 한 나라 통화의 구매력과 다른 나라 통화들 간의 구매력이 균형을 이루도록 국내물가와 외국물가의 수준을 환율에

(미니경제상식) **빅맥지수** ────────

영국의 시사경제지 『이코노미스트』가 맥도널드의 빅맥 햄버거를 전 세계에서 판매되는 동질적인 상품으로 선정하고, 그 가격이 모든 나라에서 동일 가격으로 거래되었을 것으로 가정해 매년 발표하는 환율이다. 빅맥지수 또는 빅맥환율이라고 부른다.

예컨대 미국에서 3달러인 햄버거가 우리나라에서 3600원에 판매된다면 이론상 균형환율은 US$=₩1200이어야 한다. 이 경우 실제 명목환율이 US$=₩1100이라면 우리나라에서는 햄버거가 미국보다 비싸게 판매되고 있음을 보여 주는 것이다. 즉 우리나라 돈의 가치가 상대적으로 저평가되었다고 볼 수 있다.

반영한 것이다. 물가변동의 차이로 인한 구매력 차이를 감안한 점에서 실질환율과 비슷하다고 볼 수 있다. 다만 실질환율이 현재의 명목환율 변동을 한 나라와 외국 간의 물가변동 차이로 조정한 환율로서 한 나라 상품의 가격경쟁력을 비교하는 데 주로 사용하는 것에 반해, 구매력 평가환율은 먼저 기준이 되는 특정시점을 선정하고 기준시점의 명목환율을 구매력 평가지수(기준시점 이후 현재까지의 한 나라와 외국 간의 상대적인 물가수준 변동)로 조정한 환율로서 상품시장의 균형을 반영하는 이론적인 장기평균환율 성격을 띠고 있는 점에서 차이가 있다. 다만 실질환율과 실효환율, 구매력 평가환율은 기준시점의 선정, 교역상품과 비(非)교역상품 간의 가격차이를 감안한 물가지수 선택, 가중치 산정 방법 등에 따라 달라질 수 있기 때문에 의미해석에 차이가 있을 수 있다.

외환시장은 어떻게 움직이는가

환율은 물건값과 마찬가지로 외국돈의 수요와 공급에 따라 결정된다. 외국돈에 대한 수요는 외국으로부터 상품이나 용역 등을 수입하고자 하는 경우에 일어나며, 외국돈의 공급은 상품의 수출 등에 따라 외환수입이 있으면 발생한다. 따라서 환율은 국제수지의 흐름과 밀접한 관계를 가지고 있다고 할 수 있다.

미국으로의 수출이 늘어나 달러화가 국내로 쏟아져 들어오면 원화의 가치가 올라가고 이에 비해 달러값은 떨어진다. 달러가 우리나라의 증권시장으로 유입될 때도 이와 마찬가지의 현상이 벌어진다. 그러나 일본상품을 수입하기 위한 우리나라 기업들의 엔화 수요가 늘어나면 원화는 엔화에 대해 그 가치가 떨어진다 (이때 엔화는 우리나라 돈에 비해 가치가 올라간다고 표현한다). 이처럼 환율은 상대적인 개념으로, 같은 우리나라 돈이라도 미국돈에 대한 환율, 일본돈에 대한 환율, 독일돈에 대한 환율이 각각 다르다.

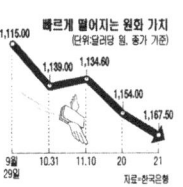

원貨가치 연중 최저

1弗=1,167원까지 하락
정부 긴급 대책회의

원화 가치가 이틀 연속 연중 최저치로 밀리면서 주가가 떨어지고 금리는 오르는 등 금융시장이 크게 흔들리고 있다.

21일 서울 외환시장에서 미 달러화에 대한 원화 가치는 전날보다 13.5원이나 떨어진 1천1백67.5원을 기록, 전날에 이어 다시 연중 최저치를 경신했다. <관계기사 5, 34.35면>

원화 가치 하락 소식은 주식시장에도 악영향을 끼쳐 종합주가지수가 오전 한때 20포인트 이상 폭락하기도 했다. 종합지수는 전날보다 5.95포인트 떨어진 531.45로 마감했고, 코스닥지수도 78.7로 1.47포인트 하락했다.

원화가치 하락(환율 상승)은 또 물가를 자극할 것이란 우려로 이어지면서 금리가 올라 이날 국고채 3년물 수익률이 7.32%로 전날보다 0.07% 포인트 상승했다.

한국은행 이창복 외환시장팀장은 "수급만 보면 오히려 달러 공급이 많지만 심리적인 불안감 때문에 원화 가치가 떨어지고 있다"며 "여기에는 구조조정 부진이라는 국내 요인과 동남아 국가들의 통화가치 하락이라는 대외 요인이 함께 작용하고 있다"고 분석했다.

전광우 국제금융센터 소장은 "올들어 한국은 상대적인 투자 안전지대로 인식돼 아시아에서 유일하게 통화 가치가 상승했었다. 그러나 최근 국회 공전으로 공적자금 투입이 늦어지고 노조가 강경투쟁에 나서면서 한국 경제를 보는 외국인 투자자들의 시각이 다소 비관적인 것 같다"고 말했다.

한편 정부는 이날 오후 재정경제부 김용덕 국제금융국장 주재로 한은·금감원·증권거래소·시중은행 외환딜러들이 참석한 가운데 환율 안정 대책회의를 열고 ▶은행들의 역외 거래 내역을 금감원과 한은에 일일 보고토록 하고▶자산관리공사·공기업 등의 열달 원화 환전 수요를 앞당기며▶수출 기업들이 은행에서 수출환어음을 원화로 바꾸는 데 어려움이 없도록 점검하기로 했다. 김광기·신예리 기자
<kikwk@joongang.co.kr>

빠르게 떨어지는 원화 가치
(단위:달러당 원, 종가 기준)

1,115.00 (9월 29일) → 1,139.00 (10.31) → 1,134.60 (11.10) → 1,154.00 (20) → 1,167.50 (21)

자료=한국은행

만약 외환시장에서 원화의 대 달러환율이 '1달러=1130원'에서 '1달러=1120원'으로 움직였다면 '환율이 내려갔다(환율하락)' 또는 '원화가치가 올라갔다(平價切上)'고 표현한다.

또 원화의 대 달러환율이 '1달러=1120원'에서 '1달러=1130원'으로 움직였다면 '환율이 올라갔다(환율상승)' 또는 '원화가치가 떨어졌다(平價切下)'고 말한다. 이와 같은 외환거래가 이루어지는 곳을 '외환시장'이라고 부른다. 그렇다고 외환시장이 남대문시장이나 동대문시장처럼 구체적인 장소가 있는 것이 아니라, 컴퓨터와 전화로 그 거래가 이루어지는 추상적인 개념의 시장이다.

현재 우리나라 외환시장의 참가자는 크게 외국환은행, 고객, 중앙은행 및 브로커(broker) 등으로 구분할 수 있다. 이 중에서 주요

주요국 통화에 대한 원화환율의 변동 추이

(원)

미달러화(1달러)

일본엔화(100엔)

80 81 82 83 84 85 86 87 88 89 90 91 92 93 94 95 96 97 98 99 00 01 02 03 04

(연도)

참가자인 외국환은행은 국내 예금은행·외국은행의 국내지점·종합
금융회사 등이며, 고객으로는 민간과 기업들이 외국환은행을 통해
간접적으로 시장에 참여하고 있다.

한편, 중간에서 외환거래를 하는 브로커로는 서울자금중개회사와
한국자금중개회사 2개사가 있다. 외환시장에서 외환을 사고 파는
사람들을 '외환딜러'라고 부르며, 원화와 달러화를 전문적으로 사
고 파는 딜러, 달러화와 엔화를 사고 파는 딜러 등으로 전문 분야
가 각기 다르다. 은행에서 근무하는 외환딜러들은 보통 개인이나
기업들이 은행에 판 외환을 모아서 대량으로 거래한다.

고정환율제와 변동환율제의 차이

환율을 결정하는 방식에는 크게 '고정환율제'와 '변동환율제' 두
가지가 있다. 먼저, 고정환율제도는 자국 통화의 가치를 금 또는
국제 강세통화(달러 등)에 연동시키는 제도다. 예를 들어, '1달러

시장 평균환율 산출방법(예)

은행간거래환율(A)	거래액(B)	거래금액(C=A×B)
₩ 1,180.20 : US$1	US$10,000	₩ 11,802,000
₩ 1,181.20 : US$1	US$10,000	₩ 11,812,000
₩ 1,182.20 : US$1	US$20,000	₩ 23,644,000
합 계	US$40,000(D)	₩ 47,258,000(E)
시장평균환율	E/D=47,258,000/40,000=1,181.45 → ₩1,181.50 *	

＊반올림에 의하여 10전 단위로 계산

=1130원'과 같은 방식으로 환율을 고정하는 것이다. 고정 환율제도
는 환율변동의 위험을 줄이고 환율의 불균형을 이용한 국제간의 핫
머니(hot money, 단기투기자금) 이동의 폐해를 방지할 수 있는 장점
이 있다. 그러나 고정 환율제도는 자국 통화의 과대 또는 과소 평
가를 통해 자원배분을 왜곡할 가능성이 크다는 약점도 있다. 변동
환율제도는 환율이 외환시장에서 외환의 수요공급에 따라 결정되는
제도다.

예를 들어, 시장상황에 따라 아침에 '1달러=1145원'이 되었다가
저녁에는 '1달러=1255원'도 될 수 있는 것이다. 변동 환율제도는
환율이 시장의 가격 메커니즘에 따라 자유롭게 변동할 수 있는 정
도에 따라 '자유변동 환율제도'와 '관리변동 환율제도'로 나뉜다.

자유변동 환율제도란 환율이 전적으로 외환시장의 수급사정에 따
라 결정되는 제도를 말한다. 관리변동 환율제도는 기조적으로 변동
환율제도를 유지하되 환율을 적절한 수준에서 안정시키기 위해 환
율이 일정 수준 이상으로 변동할 경우 정책당국(일반적으로 중앙은행
이 이 기능을 수행한다)이 개입하는 제도다.

우리나라는 일정한 한도 내에서 외환시장의 외환 수급과 공급에
따라 환율이 결정되도록 시장평균 환율제도를 1990년 3월 2일부터

도입했다. 시장평균 환율은 외국환중개회사를 경유하여 외국환은행 간에 거래된 원화의 대미 달러화 현물환율과 거래액을 가중평균해서 산출한다.

이처럼 산출된 시장평균 환율은 미 달러화에 대한 원화의 기준환율이 되며, 달러화 이외의 외국통화에 대한 원화의 환율(예를 들어, 대 엔화 환율, 대 파운드 환율 등)은 국제 금융시장에서 형성된 달러화와 여타 통화와의 환율을 재정(裁定)하여 산출한다. 원화와 일본 엔화 간의 환율을 산출하는 방법(재정환율)은 옆면에 그림으로 소개되어 있다.

그러나 우리나라는 1997년 하반기의 외환위기 발생 이후 외환시장의 수요와 공급 변화에 따른 환율 절상 · 절하 압력이 단기간에 반영될 수 있도록 일중 환율변동폭 제한을 완전히 폐지해 1997년

미니경제상식 **오버슈팅** ─────────────────

오버슈팅(overshooting)이란 경제 분야에 어떤 충격이 가해졌을 때 변수가 장기적인 균형수준에서 크게 벗어난 뒤 시간이 지나면서 다시 장기 균형수준으로 수렴해 가는 현상을 말한다. 환율 · 주가 · 금리 등의 가격변수가 일시적으로 급등 또는 급락할 때 오버슈팅이란 표현을 한다.

정부가 정책적으로 통화를 팽창시키면 자국의 통화가치가 하락하는데, 환율의 오버슈팅 현상이란 처음에는 균형수준 이하로 하락하였다가 차츰 통화가치가 상승하여 새로운 균형수준에 이르게 되는 상태를 말한다. 즉 예기치 못한 통화적 교란이 발생할 때 환율이 새로운 균형으로 이행되기까지는 장기적 균형경로로부터 벗어나 단기적으로는 더 큰 폭으로 변동한다는 것이다. 이는 통화변동에 따른 금융 · 외환 시장에서의 반응이 상품시장보다 빠르게 나타나기 때문이다.

통화량이 팽창되면 금융시장에서의 금리하락과 자본의 해외유출이 일어나면서 외환시장에서 국내 통화가치는 하락하는 반면 물가는 상승하면서 국내 통화가치가 반등하여 서서히 상승한다.

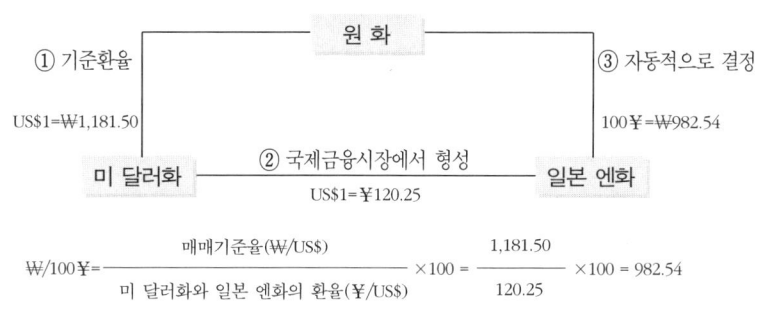

재정된 매매기준율 산출(예)

원 화

① 기준환율   ③ 자동적으로 결정

US$1=₩1,181.50   100¥=₩982.54

미 달러화   ② 국제금융시장에서 형성   일본 엔화
US$1=¥120.25

$$₩/100¥ = \frac{매매기준율(₩/US\$)}{미\ 달러화와\ 일본\ 엔화의\ 환율(¥/US\$)} \times 100 = \frac{1,181.50}{120.25} \times 100 = 982.54$$

12월 16일 자유변동 환율제로 전환했다. 국내 외환시장에서의 외환수급에 의해 자유롭게 환율이 변동되도록 한 것이다.

원·달러 환율은 어떻게 변해 왔나

우리나라의 환율은 국내 외환시장에서의 외환수급에 의해 매일 변동되고 있다.

원화의 대미 달러환율은 1980년 말 달러당 659.90원이던 것이 1985년 말에는 890.20원으로 올라 1980년대 전반에는 현저한 상승세를 보였다. 그러나 1980년대 중반 이후 우리나라의 국제수지가 흑자로 전환되고 미국이 무역수지 적자 축소를 위해 독일이나 일본 등 주요 선진국은 물론 대만과 우리나라에도 환율절상 압력을 가해옴에 따라 1989년 월말에는 666.30원까지 떨어졌다. 하지만 1989년 중반 이후 우리나라의 국제수지 흑자규모가 축소되면서 환율이 다시 달러당 800원대로 상승했다. 그러다가 증시가 개방되어 외국자본의 유입이 증가하였던 1993년 말을 전후해서 완만한 하락세로 돌아서 1994년 말에는 달러당 788.70원을 기록했다.

1995년은 미국의 무역 및 재정 적자의 확대와 멕시코의 금융위기, 베어링 은행 파산 등 국제 금융시장의 불안으로 달러화가치가 급락하고 엔화가 강세를 나타냈다. 당시 엔화는 한때 달러당 80엔까지 급등했는데, 외환전문가들은 이를 '슈퍼엔고'라는 이름으로 불렀다.

국제시장에서의 달러화 약세의 영향을 받아 원화도 달러화에 대해 강세를 계속 나타내어 1995년 가을에는 원화환율이 달러당 750원대까지 떨어졌다. 한국경제가 이 같은 원 고(高)현상을 감당하기에는 체력이 너무 약했고, 이는 결국 국제수지 적자 확대와 함께 경제불황을 촉발시키는 원인이 되었다.

1997년 말 우리나라가 외환위기를 맞이하면서 원화환율이 한때 달러당 1900원대까지 치솟았으나 IMF의 자금지원 등에 힘입어 1999년부터 안정을 되찾았다. 그리고 수출이 호조를 보이고 국내 금융시장의 불안현상이 해소되면서 원화는 다시 강세로 돌아서 2005년 4월 현재 980~1030원대에서 움직이고 있다.

미니경제상식 **특별인출권(SDR)** ─────────────

국제통화기금(IMF)이 만든 국제통화이며, IMF는 국가간의 거래과정에서 달러나 금이 부족한 회원국에 대해 필요한 자금을 공급하는 목적으로 설립된 국제기구다.

IMF는 1960년대 이후 미국의 대규모 국제수지 적자 등에 따른 국제 유동성(流動性·자금흐름) 위기를 맞이하면서 지난 1969년 워싱턴 총회에서 SDR을 만들기로 결의한 뒤 1970년에 처음으로 배분했다. SDR의 가치는 당초 미화 1달러, 순금 0.88867g과 같은 값으로 매겨졌다. 그러다가 국제 환율체제가 변동환율제로 전환하면서 1974년 7월 이후 매일매일의 거래가치를 달러로 바꾸어 표시하고 있다.

선물환율

　신문마다 경제면 한쪽에 게재하고 있는 외국환율 고시표를 들여다보면 선물(先物)환율이란 코너를 볼 수 있다. 외환거래에 관심이 많은 사람이라도 선뜻 파악이 안 되는 용어다.

　현물환(現物換) 시장에서는 현재의 환율에 따라 외환을 거래한다면 선물환(先物換)시장에서는 미리 결정한 외환가격으로 장래의 특정일자에 매매하고자 하는 '약속'을 거래한다. 이처럼 선물환시장에서 거래되는 약속을 '선물환'이라고 하며 미리 결정한 가격은 '선물환율'이 된다.

　선물환은 당연히 현재의 외환시장, 즉 현물환시장과 밀접한 관계를 갖고 있는데 우리가 일반적으로 말하는 외환시장은 현물환시장이라고 이해하면 된다. 선물환시장이 형성되는 이유는 크게 두 가지로 나뉠 수 있다.

　첫째는 향후 환율변동이 클 것으로 예상될 경우, 사업상 예측을 미리 하고 계획을 수립하기 어렵기 때문에 장래에 거래될 환율을 확실히 결정해 두기 위함이다. 예컨대 6개월 뒤에

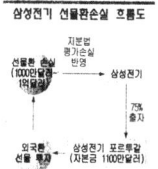

삼성전기 포르투갈 현지법인

선물환서 대규모 손실

위정환·장성욱 기자

　삼성전기 포르투갈 현지법인이 외환 거래과정에서 대규모 선물환 손실을 입은 것으로 밝혀졌다. 이에 따라 대주주인 삼성전기는 상당 규모의 평가손을 입게 될 것으로 분석된다.

　삼성전기 관계자는 6일 "포르투갈 법인이 선물환 거래과정에서 상당 규모의 손실을 입었으며 정확한 손실규모를 파악 중이다"고 밝혔다. 이 관계자는 "일부에서는 손실규모가 1억달러(약 1100억원) 이상 되는 것으로 알려지고 있으나 삼성전기 본사가 염려할 수준은 아니라고 교통했다"고 전했다.

　그러나 현지 은행들이 파악하는 손실 규모는 최대 1억달러에 달하고 있으며 삼성전기 본사와 현지 은행들이 선물환 거래로 인한 손실 규모 분담을 놓고 협의하고 있는 것으로 알려졌다.

　삼성전기 포르투갈 법인은 자본금 1100만달러와 올 예상 매출액 2억달러 규모로 삼성전기는 이 회사 지분 75%를 보유하고 있다.

삼성전기 선물환손실 흐름도

지분율 평가손실 반영 → 삼성전기

선물환 손실 (1000만달러) + 1억달러 ↔ 삼성전기

75% 출자

외국환 선물 투자 ↔ 삼성전기 포르투갈 (자본금 1100만달러)

　이에 대해 대우증권은 삼성전기 포르투갈 법인의 선물환 손실 규모가 정확하게 파악되지 않고 있지만 최대 5000만달러로 가정할 때 삼성전기는 430억원에 달하는 지분평가 손실을 입게 된다고 분석했다.

　삼성전기 포르투갈의 선물환 손실은 지난달 30일 외국계 언론에 보도되고 뒤늦게 이를 접한 일부 기관투자가들이 삼성전기 주식을 처분하면서 일반에 공개됐다.

　삼성전기 현지법인의 선물환 손

실 소식을 접한 일부 기관들이 발빠르게 주식을 매도했지만 이 같은 사실을 알지 못한 일반투자자들은 주식을 매수해 자칫 피해를 볼 수 있게 됐다.

　이에 따라 삼성전기가 이 같은 사실을 사전에 일반투자자들에게 공개했더라면 정보를 알지 못하고 주식을 사거나 대처하지 못한 많은 투자자들의 피해는 없었을 것이라는 주장이 제기되고 있다.

　한 기업분석가는 "이번 사고 규모가 공시 대상에 포함되는 지 여부와 관계없이 회사측이 일반에게 신속하게 공개하는 것이 공평했다"며 6일에야 공시한 회사측의 자세를 지적했다.

　회사측 관계자는 "현지법인의 선물환 손실 규모를 파악하지 못해 일반투자자들에게 알리지 못했다"며 "사고를 의도적으로 은폐한 것은 아니다"고 해명했다.

　삼성전기는 증권시장에서 현지법인 선물환 손실 소식과 일부 기관 등의 매도공세로 지난보다 3800원(9.6%) 하락한 3만5800원을 기록했다.

엔화 환율을 달러당 100엔으로 하여 선물거래를 했다면 6개월 후의 환율이 어떻게 변하든 거래는 1달러당 100엔의 환율로 하게 된다. 선물거래를 한 당사자는 향후 환율변동을 염려할 필요 없이 미래 사업의 수익을 예측하고 계획을 수립할 수 있는 셈이다.

선물환시장에 참여하는 둘째 이유로 투기적 목적을 들 수 있다. 최근에는 이런 이유로 선물환시장에 참여하는 경우가 늘고 있는데, 엔화의 3개월 선물환율이 100엔인 거래를 한 경우 실제 3개월 후의 현물환율이 103엔이라면 100엔을 1달러와 교환하기로 계약했던 선물거래자는 100엔을 1달러로 교환한 다음 다시 현물시장에서 엔화와 바꾸어 103엔을 받음으로써 1달러당 3엔의 이득을 챙길 수 있는 것이다. 이처럼 투기의 목적을 가지고 선물환율 거래에 참여하는 이들을 가리켜 '환(換)투기자'라고 부른다. 그러나 선물환율을 잘못 예측하면 엄청난 손해를 보기도 한다. 지난 1997년 영국계 베어링은행이 파산한 것은 선물환거래를 잘못한 대표적인 사례다.

역외선물환(NDF)시장

우리나라 돈과 미국 달러 간의 거래는 일반적으로 서울 외환시장에서 이루어진다.

그러나 서울 외환시장이 아닌 곳에서 원화가 거래되기도 한다. 예컨대 홍콩이나 싱가포르, 뉴욕, 런던 등 서울 외환시장 밖(역외시장)에서 외국 금융기관간에 거래될 수 있다. 이를 NDF(Non-Deliverable Forward) 시장이라고 하며 우리말로는 '역외선물환' 시장이라고 한다.

우리가 은행에서 달러를 살 때 현금 원화를 주고 사는데, 이를 현물환(現物換)거래라고 부른다. 그러나 NDF 시장에서는 현찰 달러와 현찰 원화를 주고받지 않고 미래 일정시점을 정산일로 계약한

NDF 서울換市 '쥐락펴락'
< 역외선물환시장 >

헤지 달러수요 급증 원화값 출렁
서울시장 개장 기준가격 될 정도

윤재오 기자

뉴욕 역외선물환시장(NDF)이 서울 외환시장을 흔들고 있다.

최근 뉴욕 NDF시장에서 헤지펀드의 환위험 헤지용 달러수요가 급격히 늘어나 달러·달러 선물환 환율이 급등하자 현물시장인 서울 외환시장에서 원화값이 크게 출렁이고 있다.

○ 뉴욕 NDF시장 급부상=22일 한국은행과 금융계에 따르면 최근 들어 뉴욕 NDF시장의 전날 원·달러 환율이 서울 외환시장 원·달러 개장가격의 기준이 될 만큼 급부상하고 있다.

실제로 지난 20일(현지시간) 뉴욕 NDF시장의 원·달러 환율 최종호가가 1160.5~1161.5원에 이뤄지자 21일 서울 외환시장은 전날보다 1160.0원으로 개장했다.

외환딜러들이 전날 서울 외환시장 종가인 1154.0원이 아니라 뉴욕 NDF시장의 최종호가 환율을 기준으로 삼고 거래에 나선 셈이다.

○ 원·달러 선물환 왜 출렁이나=역외선물환시장인 뉴욕 NDF에서 원화값이 최근 급등한 것은 헤지펀드의 헤지용 달러수요가 급증하고 있는 데 공급이 따라잡지 못하고 있기 때문이다.

지난 9월 현대문제가 불거진 이후

일자	외환시장 시가	전날 뉴욕 NDF 최종호가	전날 국내 시장종가
11.22	1164.1	1165~1166	1167.5
21	1160.0	1160.5~1161.5	1154.0
20	1114.0	1115.5~1146.0	1141.8
17	1139.5	1139~1140.5	1138.3
16	1136	1135~1136	1135.7
15	1134	1136~1137	1136.3
14	1136	1137.5~1138.0	1138.0

서울 외환시장과 뉴욕 NDF시장의 원·달러 환율

원·달러 환율 변동에 불안감을 느낀 헤지펀드들이 급격히 한국투자펀드의 헤지지분으로 달러를 찾기 시작했다.

○ 헤지용 달러수요가 급증했으나 그 동안 외평양회와 한미은행의 외자유치와 무역수지 흑자 등으로 인해 달러공급이 수요를 못따라 원·달러 환율이 안정세를 유지해왔다.

외환딜러들은 원·달러 환율이 1150원대로 가면 헤지를 원하는 펀드들이 많아 원화값이 달러당 1160원 밑으로는 떨어지기 어려운 상황으로 보고 있다.

○ 역외선물환시장은 과거 홍콩·싱가포르에 형성되어 있었으나 지난해 4월 1차 외환거래자유화조치 이후 뉴욕·런던시장에서도 시장이 형성되기 시작했다.

하루 30억달러(10월 하루평균 27억달러) 수준인 서울 외환시장 거래규모에 비해 역외선물환시장 규모는 미미한 편이어서 환율이 안정되어 있을 때는 크게 주목받지 못한다.

[용어]역외선물환시장(NDF)이란 비거주자의 원·달러 거래를 위해 홍콩·싱가포르·뉴욕·런던 등지에 형성된 시장이다. 만기에 계약원금의 상호교환없이 계약된 선물환율과 지정환율의 차이만을 지정통화로 청산하기 때문에 자역결제선물환(Non-Deliverable Forward)시장이라고도 한다.

환율과 만기 때 실제 환율의 차이만을 계약 당시 지정한 통화로 정산한다.

NDF의 존재는 지난 1997년 말 외환위기 직전 국제 환투기(換投機) 세력들이 NDF 시장에서 원화를 집중적으로 팔고 달러를 계속 사가면서 국내에 알려지기 시작했다.

미니경제상식) 환차손·환차익

환율이 오르거나 내리면 항상 이익을 보는 쪽과 손해를 보는 쪽이 생기기 마련이다. 예를 들어, 해외에서 1억 달러를 빌린 기업이 있을 때 원화의 대미 달러환율이 1100원에서 1120원으로 오르는 경우를 가정해 보자. 이 기업의 외화표시 부채는 1억 달러 그대로나, 원화환율이 달러당 20원(1100원→1120원) 오름에 따라 원화로 계산한 부채액은 20억 원(20원×1억 달러)이 증가한다. 반대로 원화의 대미 달러환율이 1120원에서 1100원으로 하락하면 원화로 계산한 부채액은 20억 원이 감소하는 효과가 나타난다.

이처럼 환율변동으로 발생하는 부채액 증가나 감소, 그리고 자산평가액 증가나 감소현상을 '환차익(換差益)', '환차손(換差損)'이라고 부른다. 엔화표시 부채를 가지고 있는 기업의 경우 원화의 대 엔화환율이 오르거나 떨어지면 똑같은 상황이 발생한다.

평상시에는 하루 평균 13~18억 달러가 NDF 시장에서 거래되기 때문에 하루에 50억 달러(2004년 9월 하루 평균 48억 달러)가 거래되는 서울 외환시장에 큰 영향을 줄 수 있다. 따라서 외국 통화가치가 급등락하거나 환투기 세력의 공격을 받을 때에는 외환시장이 큰 타격을 받기도 한다.

외환보유액과 외환위기

달러에 대한 수요가 증가하면 그에 따라 달러시세가 올라가고 이에 반해 수요가 감소하면 달러시세가 내려간다. 가령 수입이 증가하여 달러수요가 늘어나면 달러값이 올라가고 수출이 증가해 기업들의 달러매각량이 늘어나면 달러값이 떨어진다. 자본거래를 통한 달러에 대한 수급도 환율에 많은 영향을 끼친다. 즉 자본수지가 흑자를 기록(달러유입 증가)하면 달러공급이 늘어나 그에 따라 달러값이 하락한다.

중앙은행의 외환시장 개입

환율이 경제적 수급요인에 의해서만 움직이는 것은 아니나. 경세적 수급요인이 아니더라도 투기적인 수요가 갑자기 늘어날 경우 환율이 급등하는 현상이 적지 않게 발생하고 있다. 주식시장에서도 흔히 투기가 이루어지듯이 외환시장에서도 투기가 얼마든지 이루어지고 있으며, 이를 적극적으로 이용하는 이들도 있다.

특정국가의 통화가 약세를 보이면 외환투기를 전문적인 직업으로 하는 헤지펀드들이 그 통화를 집중적으로 공격함으로써 이미 변하고 있는 환율을 더욱 부채질한다. 엔화의 강세가 뚜렷했던 1995년 가을경 세계적인 헤지펀드들이 엔화투기에 대거 진출하자 엔화의 대 달러환율이 달러당 100엔 대에서 80엔대로 급락(엔화가치는 급등)한 것이 대표적인 사례다.

이처럼 환율이 급격히 변화하면 국가경제에 좋지 않은 영향을 주기 때문에 통화가치 안정의 책임을 지고 있는 각국의 중앙은행은 외환시장에 개입하여 환율안정 작전을 펴게 된다. 1995년 가을, 엔화값이 급등하자 일본과 미국 중앙은행은 공동으로 외환시장에서 보유 엔화를 팔고 달러를 집중적으로 매입함으로써 달러화의 가치 하락을 저지했다.

이처럼 중앙은행들이 외환시장에 개입할 때는 공동으로 나서는 경우가 많은데, 이를 중앙은행의 '협조개입'이라고 부른다. 그러나 국제 외환시장에서 하루 동안 거래되는 외환물량은 약 1조 9000억(2004년 4월 BIS 통계) 달러에 달해 웬만한 중앙은행들의 외환시장 개입은 별다른 효력을 발휘하지 못하고 있는 실정이다. 달러화 · 엔화 등 외환이 특히 많이 거래되는 뉴욕 · 런던 · 도쿄 외환시장을 세계 3대 외환시장이라고 부르며, 이곳에서 전 세계 외환물량의 70%가 거래된다.

외환보유액

중앙은행이 외환시장의 급격한 불안을 막고 적절하게 외환을 관리하기 위해 보유하고 있는 외화자산을 외환보유액이라 한다. 중앙은행은 미국을 비롯한 선진국의 금융기관에 예금 형태로 맡기거나 외국국채를 사서 보유한다. 특히 중앙은행은 보유한 외화자산을 운

외환보유액 더 늘린다

9월말현재 925억弗 기록

정부는 9월 말 현재 925억3000만달러에 달하는 외환보유액을 더 확충할 방침이다. 재정경제부는 15일 국회 제출 국감자료에서 "지난 6월 말 현재 475억달러에 이르는 단기 외채 규모와 지난 7월 말 현재 648억달러의 외국인 증권투자잔액 등을 감안할 때 외환보유액을 당분간 더 확충할 필요가 있다"고 밝혔다.

재경부는 "과거에는 적정 외환보유액을 월간 수입액의 세 배 정도로 인식했으나 자본자유화가 급진전됨에 따라 단기자본 유출가능성을 추가로 감안해 충분한 외환보유액을 적립할 필요가 있기 때문"이라고 설명했다.

현재 3449억달러의 외환보유액을 갖고 있는 일본을 비롯해 중국(1586억달러), 대만(1135억달러), 홍콩(989억달러) 등 대부분의 동아시아 국가가 우리나라보다 더 많은 외환보유액을 유지하고 있다고 재경부는 밝혔다.

/宋義達기자 edsong@chosun.com

용할 때 수익성보다는 안전성을 중요시하기 때문에 단기간에 회수할 수 있는 미국의 국채 같은 채권에 투자해 둔다.

또한 중앙은행은 환율이 급격히 오르면 갖고 있는 외화를 시장에 내다팔아 원화가치의 하락을 막고 환율안정을 도모한다. 따라서 외환보유액은 핫머니 같은 국제 환투기꾼들로부터 자국통화를 방어하는 유일한 국가적 방어수단으로서의 기능도 한다.

수입대금이나 외채원리금 같은 갚아야 할 돈을 갚지 못하는 상황에 대해서는 마지막 보루처럼 정부가 나서서 막아야 하는 수단이 바로 외환보유액이다. 비상시에도 외환보유액이 넉넉하면 환율급등락을 막아 외환시장을 안정시킬 수 있지만, 반대로 외환보유액이 부족하면 급속한 위기국면을 맞을 수 있다. 우리나라가 1997년 말 외환위기에 빠진 것은 바로 외환보유액이 부족했기 때문이다.

국제통화기금(IMF)이 권고하는 적정수준의 외환보유액은 3개월치 수입액이다. 1997년 외환위기 직전 우리나라 월평균 수입액이 120억 달러임을 감안하면 당시 360억 달러의 외환보유액을 갖고 있어야 정상이었다. 그러나 환율하락을 막기 위해 정부가 외환보유액을 쏟아부으면서 12월 39억 달러 수준으로 급감해 사실상 국가가 부도상태에 빠진 셈이었다. 정부는 IMF에서 구제금융을 받으면서 외환보유액을 확충하는 데 주력해, 2003년 말에는 1550억 달러로, 2005

년 4월 현재 2000억 달러로 크게 늘려 놓았다.

외환보유액은 외채를 갚을 능력을 보여 주는 것이므로 국가의 대외신인도를 나타내는 대표적인 지표가 된다. 자원이 부족해 달러에 많이 의존해야 하는 우리나라 경제의 특성상 외환보유액은 '다다익선(多多益善)' 같은 중요한 개념이다.

가용외환보유액

외환보유액은 '총외환보유액'과 '가용(可用)외환보유액'의 두 가지 의미를 가지고 있다. 총외환보유액은 중앙은행이 갖고 있는 대외 지급자산의 총액이며 가용외환보유액은 총외환보유액 가운데 중앙은행이 국내은행의 해외지점에 맡긴 금액을 뺀 것이다. 따라서 가용외환보유액은 중앙은행이 위급한 상황에서 즉시 동원할 수 있는 '실질적인 외환보유액'으로 통한다. 그러나 외화자산이라도 국내에서 운용되는 것은 외환보유액의 개념에 포함되지 않는다. 따라서 한국은행이 국내 금융기관에 빌려 주거나 맡겨 둔 외화예탁금은 외환보유액으로 간주하지 않는다.

보험과 생활 설계

보험과 보험회사

우리나라 가구의 86%가 한개 이상의 생명보험에 가입해 있는 것으로 조사됐다. 또 가구당 평균 3.6개의 생명보험을 들어 연간 293만 원의 보험료를 내고 있는 것으로 나타났다. 생명보험협회는 이 같은 내용을 담은 '제9차 생명보험 성향조사 결과'를 7일 발표했다.

3년마다 실시되는 생명보험 성향조사는 전국 2000가구를 대상으로 개별면접 방식으로 이뤄진다. 조사결과에 따르면 우리나라의 생명보험 가입률은 86.2%(농수축협·우체국 보험 포함)로, 이미 선진국 수준(일본 93%, 미국의 76%)에 도달한 것으로 나타났다. 첫 조사가 실시된 1976년(가입률 20.8%)에 비해 4배 가량 성장했다.

생명보험 가입 가구의 평균 가입건수는 3.6건이며, 4건 이상 가입 가구가 49.4%나 됐고, 6건 이상 가입 가구도 22.0%에 달했다. 매년 지불하는 보험료는 연평균 293만 원으로 가구소득의 11.3% 수준. 조사대상자의 학력별 보험 가입률은 대졸 이상 86.6%, 고졸 83.8%, 중졸 78.1%, 국졸 이하 52.4% 등 학력순이었다.

— 조선일보, 2000년 9월 8일자

우리는 예측할 수 없는 여러 가지 사고의 위협 속에서 항상 불안을 안고 살아가는 셈인데, 문명이 발달하는 속도만큼 위험의 정도도 증가하고 있다. 공해로 인한 질병과 컴퓨터 등의 전자기기에 의한 질병, 자가운전 인구의 증가에 따른 교통사고의 급속한 증가는 물론 정신적인 스트레스와 업무의 압박에 의한 정신질환 등 문명의 발달은 예기치 못한 질병과 사고를 야기하고 있다. 따라서 이에 대한 적절한 대비 없이는 그 위험에 대처할 수 없을 정도다.

우리나라의 경우 주요 사망원인 중 1, 2위가 암과 내혈관질환에 의한 것으로 나타나고 있는데, 통계청에서 발표한 지난 2003년 사망원인 통계연보를 보면 전체 사망원인 중 암이 25.9%, 내혈관질환이 14.8%를 차지하는 것으로 나타났다. 또 지난 10년간 심장질환에 관련된 질환은 무려 81.1%나 증가한 것으로 밝혀졌다. 암 사망률도 1989년 이후 꾸준히 증가하는 것으로 나타나고 있다.

또 수많은 인명을 앗아가는 대형 재난사고도 거의 매년 발생하여 일반인들을 불안하게 하고 있다. 1995년 여름에 전 국민들을 놀라게 한 삼풍백화점 붕괴사고의 경우 500여 명의 사망자를 낳았고, 또 1997년 8월 KAL기 괌 추락사고에선 225명이 사망하는 참사가 일어났다. 위의 두 가지 경우는 매우 불행한 일이었지만, 언제 어디서 이와 같은 사고가 다시 발생하지 말라는 법은 없다. 이런 사고에 대비할 목적으로 개발된 금융상품이 바로 보험이다. 생명보험 · 자동차보험 · 암보험 등 보험가입의 필요성이 갈수록 높아지고 있으며, 신문 경제면에도 보험에 관한 기사가 최근 들어 많이 실리고 있는 상황이다.

실제로 사고나 질병에 노출됐을 경우 미리 보험에 가입해 둔 사람과 그렇지 않은 사람 간에 느끼는 위기의식에는 큰 차이가 있을 수밖에 없다. 특히, 자동차 사용인구의 증가에 따라 자동차사고 확률도 더불어 높아지고 있으므로 자동차보험의 중요성은 더 말할 나위도 없을 것이다.

자동차보험은 승용차를 운전하는 사람이면 누구나 가입하고 있는 보험상품이다. 이 때문에 자동차보험 제도의 개편이 있으면 신문들은 그 내용을 매우 상세하게 보도하고, 적절한 보험 가입요령도 함께 소개하고 있다. 그러나 보험용어 자체가 어렵기 때문에 아무리 신문을 열심히 읽어도 이해하기 힘든 경우가 적지 않다. 그렇다고 쉽게 간과할 수 없는 부분이 보험에 관한 사항이므로 조금이라도 세심한 주위를 기울인다면 보험을 이해하는 데는 물론 가입자 자신도 많은 도움을 받을 수 있을 것이다.

보험사의 계약자배당

○○생명은 2002 회계연도인 작년 4월부터 올해 3월까지 2조 682억 원의 이익(계약자 배당 및 법인세 차감 전)을 올려 3480억 원의 계약자 배당을 할 계획이라고 33일 밝혔다.

이는 ○○생명 창사 이래는 물론 생보업계에서 가장 큰 규모다.

○사장은 이날 기자간담회를 갖고 "계약자 배당액을 전년의 2665억 원보다 30.5% 늘린 것은 고객중심경영 차원에서 이익을 고객에게 돌려줘야 한다고 판단했기 때문"이라고 말했다.

그는 이어 앞으로 안정적인 계약자 배당을 위해 '계약자 배당 재원'을 전년에 비해 70% 증가한 8162억 원까지 적립했다고 덧붙였다. 이에 따라 건당 배당금 재원은 전년의 3만 8840원에서 5만 6430원으로 늘었다.

○사장은 올해 실적이 크게 호전된 이유로 △인력 및 조직 구조조정과 비용절감 노력 △종신보험 판매 호조 △주식 비중을 10%에서 5%로 낮추는 등 안정성 위주의 운용자산 개편 등을 꼽았다.

그러나 그는 최근 생보사 경영 여건에 대해 "종신보험은 계약 3~7년 뒤부터 적자로 돌아서는 특성을 갖고 있는데다 경기침체 장기화 등으로 보험수요가 급속히 감소하고 있어 생보업계가 상당히 힘든 상황"이라고 설명했다.

— 동아일보 2003년 5월 22일자

앞의 기사는 한 생명보험회사의 계약자 배당 실시와 관련한 안내 기사다. 기사 내용을 잘 들여다보면 보험회사는 결산월(3월 말)마다 계약자 배당액을 결정하여 일부는 장래의 계약자 배당재원으로 적립하고 일부는 그 해에 현금으로 해당 계약자들에게 배당금을 지급한다. 보험회사의 '배당금'이란 보험계약자로부터 납입된 보험료를 가지고 보험회사의 합리적인 경영을 수행한 결과 발생한 이익금을 보험계약자에게 지급하는 것을 말한다. 생명보험에 가입한 계약자가 보험회사에 납입하는 보험료는 예정위험률·예정이율·예정사업비율을 기초로 해서 산출된다. 그러나 이러한 예정률은 모두 예상치기 때문에 실제치와 반드시 일치하는 것이 아니다. 따라서 납입한 보험료가 지급할 보험금을 초과한 경우에는 이익금이 발생하게 된다. 이 이익금은 보험계약자 전체의 것이기 때문에 당연히 보험계약자에게 돌려주어야 한다. 보험회사는 이익금의 일정비율을 이익배당 준비금으로 적립하였다가 이를 재원으로 계약자배당을 하게 된다.

현재 우리나라의 계약자배당은 이익의 원천에 따라 사차배당(死差配當)·이차배당(利差配當)·비차배당(費差配當) 등을 실시하고 있다. '사차배당'은 예정 사망률과 실제 사망률의 차이에 따른 배당금이며, '이차배당'은 예정이율과 보험자산·실제 운용수익률과의 차이에 따른 배당금이다. 그리고 비차배당은 예정 사업비보다 실제 사업비를 적게 지출해 사업비 부문에서 흑자가 날 경우 이를 계약자에게 돌려주는 배당금이다. 사차배당의 경우 1995년 4월부터 각 보험사가 자율적으로 결정하는 사차배당자유화를 실시해 본격적인 배당금 차별화시대를 맞이하게 되었다.

책임준비금

보험사는 계약자가 낸 보험료 중 모집수당 등 사업을 꾸려 나가는 데 사업비를 쓰고 남은 돈은 내부에 적립한다. 만기나 만약의 사태에 대비해 계약자에게 보험금을 지급하기 위한 재원을 확보해 놓는 것이다. 이 재원을 '책임준비금'이라고 한다.

책임준비금은 그 성격상 은행의 지급준비금과 비슷하지만 구체적으로 비교하면 다른 점이 많다.

은행의 지급준비금은 중앙은행에 예금의 일정 비율을 맡기되 은행이 자율적으로 사용할 수 없게 되어 있다. 이에 반해 보험사는 책임준비금을 사내에 유치하면서 '자산운용 준칙'이라는 법적 규정 내에서는 어느 정도 자유롭게 사용할 수 있다. 하지만 고객보호차원에서 마련된 책임준비금은 보험사들이 고무줄처럼 마음대로 늘렸다 줄였다 할 수 있는 것이 아니다. 보험업법 시행령은 보험회사의 책임준비금 적립방식을 순보험료식, 질메르(Zillmer)식, 초년도 정기식, 충족 보험료식 등 몇 가지 방식으로 규정하고 있다. 이 중 대표적인 방식이 '순보험료식'과 '질메르식'이다.

순보험료식은 말 그대로 계약자가 낸 보험료에서 사업비(직원의 봉급과 보험모집인의 수당·보험관리비 등)를 제외한 보험료를 모두 준비금으로 사내에 적립하는 것을 말한다.

예를 들어, 계약자가 낸 1만 원의 보험료가 있으면 이 중에서 예정사업비 1000원만 경비로 지출하고 나머지 9000원은 고스란히 준비금으로 유보시킨다.

순보험료식은 이해하기도 쉽고 준비금을 확실히 쌓는다는 점에서 바람직하지만 현실과 동떨어진 면이 없지 않다. 즉 보험료에서 매달 일정비율만큼 사업비로 쓴다는 전제 아래 보험료를 책정·산출

미니경제상식) 저축성 보험과 보장성 보험

보험은 위험만을 철저히 보장하는 데 중점을 둔 보장성 보험과 위험보장에다 은행상품처럼 이자를 붙여 주는 저축성 보험, 두 가지로 나뉜다.
종전에는 각종 질병위험에 대한 부담을 느끼지 않아 대부분 이자를 덧붙여 받는 저축성 보험을 선호했지만 최근에는 일반인들의 인식이 바뀌면서 보장성 보험의 가입비율이 늘고 있다. 보험회사에 저축해서 많은 이자와 목돈을 손에 쥐었다는 사람을 기억하는 이는 없을 것이다.

한다. 그러나 실제 계약초기에 많은 돈(사업비)이 들어가기 마련으로, 계약을 유치하려면 사업비는 예정치보다 더 들어가는 데 반해 부채계정인 준비금은 자꾸 쌓여 가므로 보험사의 적자폭은 오히려 늘어가는 모순이 생긴다.

이와 같은 모순에 착안해 독일의 질메르라는 사람이 책임준비금 중 계약 초기에 많이 들어가는 사업비를 앞당겨 쓰고 부족해진 금액은 계약 만기시까지 점차 채우도록 하는 준비금 적립방식을 만들었다. 이 방식은 순보험료식보다 초기 적립금액이 적지만 중도해약자에게 지급하는 해약환급금과 만기보험금, 사고보험금 등을 지급하는 데에는 차이가 없다.

요즘 생명보험업계 일부에서는 국내의 책임준비금 제도를 현실적으로 보완해야 한다는 주장이 제기되고 있다. 이는 책임준비금제도가 생명보험회사의 지급여력 확보기준과 불가분의 관계에 있기 때문이다. 세계적인 추세를 살펴볼 때도 책임준비금 제도에는 어느 일정한 기준이 있는 것이 아니라, 그 나라 실정에 따라 상당한 융통성이 발휘되고 있다.

지급여력

요즘 생보사들의 지급여력(支給餘力)이 정부 가이드 라인에 미달하여 재무구조 개선을 요구받고 있다는 기사가 신문에 자주 실리고 있다. 지급여력이란 쉽게 말해 보험사가 파산할 경우 계약자 전원에게 일시에 보험금을 지급할 수 있는 능력을 말한다. 대개 비율로 표시하는데, 지급여력 비율이 높을수록 보험사의 재무구조가 탄탄하다는 것을 뜻한다.

지급여력 비율이 100% 미만인 보험사에 대해서는 금융감독원이 적기 시정조치를 통해 이를 개선하도록 요구하고 있다. 생보사의 지급여력 비율은 순자산(자산−부채+내부 보유자산)을 책임준비금으로 나누어 구한다.

보험계약의 변경과 해약

보험을 가입해 놓고도 잘한 것인지 또는 가입한 보험의 보험료를 계속 내야 하는지에 대해 누구나 한번쯤은 고민한 적이 있을 것이다. 보험상품은 일반소비재와 달리 금방 효용을 느끼기 어렵다. 맛있는 음식을 먹으면 즐겁고 좋은 차를 구입하면 삶의 질이 높아지는 것을 쉽게 느끼지만, 보험은 사고가 발생하기 전에는 어떤 만족이나 효용을 느끼기가 쉽지 않다.

다달이 내는 보험료가 아깝고 억울한 생각마저 드는 것이 당연하다. 보험가입을 잘못했든, 아니면 가입당시에는 괜찮았으나 그후 생활에 변화가 생겨 그 보험의 효용이 떨어졌든 간에 현재의 불만족스런 보험을 치유하는 방법이 있다.

현재 가능한 방법으로는 '청약철회 제도', '품질보증 제도', '계약전환 제도', '해약' 등이 있다. 이 제도들은 대부분 가입 후 일정 기간만 이용이 가능하며, 그 기간이 길수록 손해를 보거나 이용조건이 까다롭게 돼 있다.

먼저 청약철회제도는 계약일로부터 15일 이내에 아무런 제약 없이 이용할 수 있다. 청약서 부본상의 청약철회청구서를 작성해 등기우편으로 보내거나 해당 보험사를 방문하면 납입보험료 전액을 돌려받을 수 있다.

둘째, 품질보증 제도는 대부분의 보험사들이 시행하는 제도로 계약일로부터 3개월 이내에 이용이 가능하다. (1) 청약서에 자필 서명을 하지 않은 경우 (2) 해당 상품의 약관이나 청약서 부본을 전달받지 못한 경우 (3) 약관의 중요한 내용을 설명받지 못한 경우에만 이용할 수 있다. 보험사에서는 계약자의 요구에 따라 다른 상품으로 교환해 주거나 납입 보험료를 전액 돌려준다.

셋째, 계약전환제도는 생명보험 표준사업방법서 제17조(보험종목의 변경)에서 1년 이상 경과된 유효한 계약에 대해 가능하도록 정해두고 있다. 기존 보험계약에 적립되어 있는 준비금으로 새로운 상품의 보험료를 충당하는 것이다. 이 제도를 이용하면 새로운 보장을 받기 위해 이미 가입한 보험상품을 해약하는 번거로움과 손실을 줄일 수 있다. 회사마다 이용기간이나 조건 등이 다르기 때문에 이 제도를 이용하려면 해당 보험사의 소비자상담실에 문의해 보는 것이 좋다. 이 외에도 1회 보험료만 내고 실효된 경우 보험료를 돌려준다든지, 판매한 설계사가 6개월 이내에 다른 상품으로 폭넓은 계약 전환을 허용해 주는 등의 '계약자 편의 제도'가 있다.

넷째, 보험해약이다. 먼저 보험해약에 대해서는 유연해야 한다. 한번 가입한 보험은 절대 해약하지 않는다든지, 새 상품이 나올 때마다 판매자의 말만 믿고 해약을 하는 것은 어리석은 일이다. 해약은 계약자의 현재 보험가입 상황, 필요한 보장수준, 해약시기 등 검토할 내용이 복잡하므로 잘 판단해야 한다.

보험금 감액완납제

보험에 가입했다가 갑작스러운 가정형편으로 매달 불입하는 보험료를 낼 수 없는 상황에 처한 경우 대부분의 보험가입자들은 해약할 생각부터 하는 게 보통이다. 그리고 우물쭈물하다 보험료를 두 달 이상 내지 못하면 계약효력이 상실되고, 2년이 지나면 보험부활 가능기간이 만료되어 결국 보험을 해지당하게 된다. 게다가 해약한 지 얼마 되지 않아 불의의 사고를 당해 보장받을 수 없는 상황이라면 이처럼 억울할 경우가 없을 것이다.

그러나 해약을 하지 않고도 계속 보장을 받을 수 있는 방법이 있다. 바로 '보험금 감액완납제'를 활용하면 된다. 이는 현재시점까지 낸 보험료만으로 만기까지 냈다고 가정해서 보장해 주는 것이다. 당초 보험계약을 만기보험금을 줄여서 모두 냈다고 간주한 것으로 전환해 보험을 계속 유지하는 제도다.

따라서 더 이상 보험료를 낼 필요가 없다. 물론 처음 가입 당시 보장금액이나 만기보험금의 예상금액은 줄어든다.

하지만 해약을 하면 사고를 당해도 아무 보장을 받지 못하는 반면, 이 제도를 활용하면 사고에 따른 보장을 만기 때까지 이어갈 수 있다는 장점이 있다.

이 제도를 원하는 고객은 계약내용 변경신청서와 보험증권 그리고 계약자 인감증명서와 인감도장을 갖추고 보험사를 방문해 재계약하면 된다. 다만 보험료를 3년 이상(월납기준으로는 36회 이상) 납입한 계약에 적용하며, 보험사고로 이미 보험금을 지급한 계약은 해당되지 않는다. 다만 보험사별로 이 제도를 채택하지 않는 곳이 있기 때문에 감액완납제를 적용하는지 여부를 보험상품에 가입하기 전에 확인하는 절차가 반드시 필요하다.

재보험-보험의 보험

'재보험(再保險)'은 말 그대로 '보험의 보험'이다. 일반 개인들은 자신이 낼 수 있는 보험료 부담 정도를 감안해 보험에 가입하듯이 보험사들도 자신이 안고 있는 위험에 대해 책임질 수 있는 능력범위

내에서 보험금을 보유하고 나머지 부분은 다른 보험회사에 다시 보험에 든다. 이를 가리켜 '재보험든다'라고 한다. 보험계약규모가 크고 위험도가 높을수록 이러한 현상이 더욱 두드러진다. 재보험을 보험사의 위험분산 전략의 산물이라고 하는 것도 바로 이 때문이다.

그러나 재보험은 단순히 여러 회사들이 대형위험의 부담을 나눠 갖는 차원을 넘어 다양한 기능을 가지고 있다.

미니경제상식) **제조물 배상책임** ─────────

물건을 만들거나 판 기업이 그 물건의 결함으로 말미암아 구입자나 이용자에게 신체상·재산상의 손해를 입혔을 경우 그 손해에 대한 보상을 하는 것을 '제조물 배상책임'이라고 한다. 제조물 배상책임 문제는 소비자보호 차원에서 권장할 만한 일로 인식되면서 날로 확산되고 있지만, 기업의 입장에서 볼 때 심한 경우 기업의 존립기반까지 흔들어 놓을 수 있는 중대한 사항으로 떠오르고 있다.

제조물 배상책임 문제는 1842년 영국에서 발생한 윈터바텀과 라이트 간의 법정시비로부터 파생되었다. 당시 라이트는 우편마차를 만들어 영국 우정성에 팔던 사람이었다.

그런데 윈터바텀이라는 사람이 그 우편마차를 타고 가다 마차가 부서지는 바람에 부상을 당했다. 그러자 윈터바텀은 마차를 만들어 판 라이트를 상대로 손해배상청구소송을 제기했으며, 법원은 제조업자가 피해자에게 손해배상을 할 책임이 있다고 판결했다.

이러한 과정을 거쳐 생긴 제조물 배상책임 소송은 최근 전 세계적으로 그 건수가 급증하는 추세를 보이고 있으며, 배상금액도 고액인 판결이 잇따르고 있다. 제조물 배상책임 문제에 대한 대응책으로는 보험사가 취급하는 배상책임보험에 들거나 기업 안에 준비금을 적립하는 방안, 같은 업계에서 공제제도를 만들어 운영하는 방안 등이 있다. 그러나 제조물 배상책임 보험에 드는 경우가 비용부담면에서 가장 저렴하고 보험사의 전문적인 노하우와 사고처리 서비스를 받을 수 있다는 점에서 가장 유리한 대책이라고 할 수 있다.

탄탄한 재보험 거래선을 확보한 보험사는 자신의 인수능력을 넘어서는 위험도 적극 인수(언더라이팅)할 수 있기 때문에 치열한 고객확보 경쟁에서 우위를 확보할 수 있게 된다. 재보험거래를 통해 보험사의 자산·부채 간 비율을 조정함으로써 재무구조를 건실하게 할 수도 있음은 물론이다.

우리나라의 경우 대기업이 전체 경제에서 차지하는 비중이 유달리 큰 탓으로 보험 가입금액이 1조 원 이상인 대형물건이 많고, 이러한 까닭에 재보험의 역할은 더욱 중요해지고 있다. 지난 1993년 영국 로이드 시장에서 국내 석유화학업계의 위험도가 높아 재보험 거래를 전면 중단하겠다고 통보함으로써 국내 보험업계뿐 아니라 관련업계에 초비상이 걸린 적이 있었다. 또한 1995년 여름, 발사중 기체 내에 문제가 생겨 수명이 절반 이상 줄어든 무궁화 1호위성에 대한 보험금도 외국 재보험사들이 거의 부담해 보험처리가 순조롭게 되었다. 물론 그 후에 쏘아 올린 무궁화 2호 위성의 재보험료는 1호 위성에 비해 엄청나게 올라갔음은 말할 것도 없다.

국내 보험사는 국내기업들로부터 일단 보험을 가입받더라도 그 위험 중 일부만 자신들이 부담하고 나머지 대부분을 로이드 시장 등 해외보험사에 재보험을 들고 있는 것이 관례화되어 있다. 예를 들어, 대한항공과 아시아나항공이 보유한 항공기에 대한 보험도 대부문 영국 로이드 시장에서 재보험을 들고 있으며, 삼성전자·하이닉스·포스코 등 국내 주요기업의 생산시설도 해외보험사에 재보험이 들어 있는 실정이다.

관심을 가질 만한 보험상품

비과세 · 소득공제 혜택이 따르는 보험상품들

보험은 국가가 관리책임을 진 사회보장제도의 부족한 부분을 개인의 힘으로 보완하는 금융상품이다. 안락한 노후생활을 지원하기 위한 연금보험 상품, 암보험 등 의료보험을 보완하는 건강보험 상품들이 그 대표적인 것들이다.

따라서 국가에서는 보험상품의 보급을 장려하고 있으며, 이를 위해 보험상품 가입자에게 여러 가지 세제상의 혜택을 부여하고 있다. 예를 들어, 10년 이상 장기보험 상품은 보험차익(이자)에 세금이 전혀 붙지 않는, 이른바 비과세 금융상품이다. 따라서 거액을 가진 재산가의 경우 보험사에서 취급하는 만기 10년 이상 장기저축성 상품에 가입하면 위험보장 혜택과 함께 종합과세에서 벗어날 수 있는 장점이 있다.

'비과세 보험'에 뭉칫돈 몰린다

5년이상 저축성보험 매달1조 일시납으로 대형社에 자금집중…중소社는 증가 미미

보험회사의 일시납 보험상품에 매달 1조원 가량의 뭉칫돈이 유입되고 있다.

금융소득 종합과세를 회피하려는 사람들이 비과세 혜택을 받을 수 있는 만기 5년 이상 저축성보험에 일시납으로 목돈을 맡기고 있는 데 따른 것이다.

17일 보험업계에 따르면 2000 회계연도(2000년4월~2001년3월) 1분기인 지난 4월부터 6월까지 석달동안

생보사들은 일시납 방식으로만 2조8천8백5억원의 보험료를 거둬들인 것으로 나타났다.

이는 이 기간에 생보사들의 전체 수입보험료 11조2천9백90억원의 25.2%에 해당하는 규모다. 작년 4~6월에는 일시납 상품에 1조5천9백99억원의 자금이 유입됐다.

생보사 중에서도 대형회사로의 자금집중 현상이 두드러지고 있다. 삼성생명의 경우 올들어 1조7천1백93

억원이 일시납 상품에 들어왔다. 작년(4천5백6억원)에 비해선 1조원 이상 많아진 것이다.

교보생명도 2천6백47억원에서 4천63억원으로 늘었다. 대한생명 또한 3천29억원에서 4천5백4억원으로 증가했다.

그러나 중소형사들의 증가규모는 미미했다. 일부 생보사의 경우 오히려 일시납 상품에 유입된 보험료가 줄어들기도 했다.

삼성생명 관계자는 "금융구조조정이 지속되는 가운데 주가·금리하락으로 재테크 수단이 마땅치 않자 오갈데 없는 자금들이 비과세혜택이 있는 5년 이상 장기보험을 선호하는 것

같다"고 설명했다. 그는 또 내년부터는 비과세혜택을 받을 수 있는 요건이 만기 7년 이상으로 강화되기 때문에 올 연말로 갈수록 장기보험에 대한 수요가 늘어날 것이라고 예상했다.

이상태 기자
steel@hankyung.com

생보사 일시납 보험료 현황

생보사	2000.4~6	1999.4~6
삼성	17,193	4,506
대한	4,504	3,029
교보	4,063	2,647
금호	283	117
ING	213	61
기타	2,549	5,639
생보전체	28,805	15,999

(단위 : 억원) (자료 : 생보협회)

또 근로소득자가 자신이나 배우자, 기타 가족을 피보험자로 하는 보장성보험에 가입하거나 연금보험에 가입하면 연말정산시 소득공제 혜택을 받을 수 있다. 아울러 보험가입자의 사망에 따라 피상속인이 지급받는 보험금을 상속세에서 감면해 주는 상속세 공제혜택도 있다.

비과세·소득공제 혜택이 따르는 보험상품들을 살펴보자.

• 장기보험 이자소득 비과세 : 10년 이상 장기보험에 가입할 경우 여기서 발생하는 보험차익에 대해 면세혜택을 부여한다.

• 보장성보험료 소득공제 : 근로소득자가 보장성보험에 가입할 경우 연간 납입보험료 중 100만 원까지 소득공제 혜택을 부여한다.

• 연금저축보험 소득공제 : 2000년 말까지 가입했다면 연간 납입보험료의 40%, 최고 72만 원까지, 2001년 이후 가입했다면 연간 납입보험료의 100%, 최고 240만 원까지 소득공제를 받을 수 있다.

• 상속세 공제혜택 : 보험가입자가 사망할 경우 피상속인이 지급받는 보험금은 상속되는 다른 금융재산과 합산한 금액에서 금융부채를 차감한 '순금융재산의 20%(2억 원 한도)'를 상속공제해 준다.

일반인을 위한 보험상품 베스트 5선

보험상품은 그 종류도 무척 다양할 뿐만 아니라 매달 수십 개씩의 새상품이 쏟아져 나와 소비자들을 당혹스럽게 하기 일쑤다. 물론 보험상품들마다 각각의 특징이 있으나 최근 개발된 신상품이 기존 보험상품보다 보장범위도 넓고 가격도 대체로 싼 편이다. 따라서 보험상품에 가입할 때는 가급적 신상품에 드는 것이 유리하다. 아울러 자신에게 별 필요도 없는 보험상품을 친지나 주변 사람들의 부탁으로 가입할 경우 적지 않은 돈만 낭비하게 되므로, 보험상품에 가입할 때는 자신에게 꼭 필요한 상품인가를 반드시 확인하고 상품의 특성과 보장 내용을 꼼꼼히 확인하는 자세가 필요하다.

소비자의 이해를 돕기 위해 요즘 가장 많이 팔리고 있는 인기 보험상품 다섯 가지를 간단히 소개하겠다.

• 변액보험

보험계약자가 납입하는 보험료 중 저축보험료를 따로 분리하여 주식이나 채권에 투자해 그 투자수익을 보험계약자의 환급금에 반영하는 보험상품이다. 주식과 채권 가격이 오르면 돌려받는 보험금이 늘어난다. 그러나 경제가 나빠져 주가와 채권 가격이 떨어지면 돌려받는 보험금이 원금보다 적어질 수 있다.

• 연금보험

특별한 노후대책이 없는 보통사람들을 위해 보험사들이 취급하고 있는 노후생활 설계상품이다. 정부가 운영하는 국민연금은 국민들에게 최소한의 노후생활을 보장해 주기 위해 만들어진 제도다. 이 때문에 국민연금은 노후생활비의 일부분밖에 지급하지 못하며, 나머지 노후생활자금은 개인 각자가 스스로 마련할 수밖에 없다. 따라서 국민연금에 가입한 사람이더라도 보다 여유 있는 노후생활을 보내고 싶은 사람들은 민간금융기관들이 취급하고 있는 연금상품에 가입해 두는 것이 좋다. 금융기관 연금상품에는 보험사에서 취급하는 연금보험 이외에 연금신탁(은행이나 우체국), 연금 투자신탁(투자신탁 운용회사) 등이 있다.

보험사의 연금보험은 은행 및 투신사의 연금상품이 일정 기간(5, 10, 15, 20년) 동안만 연금을 지급하는 데 비해 가입자가 사망할 때까지 종신지급하는 것이 특징이다. 또 암·재해·장해 등 사고를 당하거나 치명적인 질병에 걸렸을 때 입원비와 치료비를 지급하고 장기입원시 상실소득 보장과 유족의 생활자금도 일부 보장해 준다.

• 상해보험(안전보장보험)

재해사고 발생시, 특히 교통사고시 고액의 보험금을 지급하여 불의의 사고를 당해도 안정된 생활보장을 할 수 있도록 지원하는 보험상품이다. 생명보험회사와 손해보험회사가 모두 취급하고 있으나 손해보험회사 상품(상해보험)의 재해사고 보장폭이 생명보험회사 상품보다 다소 큰 편이다. 상해보험상품은 그 종류가 매우 다양하고 특성도 다르므로 상품을 고를 때 잘 살펴보고 가입해야 한다.

• 암보험

우리나라의 전체 암환자는 35만여 명으로 추정되고 있으며 또한 매년 10~11만 명이 새롭게 발생하고, 이 중에서 6만 명이 암으로 사망하고 있다. 이 정도로 암은 현대 사회의 치명적인 질병이다. 물론 암치료 기술은 끊임없이 발전하고 있으나 아직 암치료에 대한 가장 획기적인 치료법이 발견된 것도 아니다. 더욱이 치료기술이 발달할수록 치료비도 그에 따라 매년 크게 늘어나고 있는 것도 사실이다. 생명보험사와 손해보험사들이 판매하는 암보험은 암 발병 후 각 치료 단계별로 적절한 보장금을 지급함으로써 환자들이 재정적 부담없이 암투병 생활을 할 수 있도록 지원하는 보험상품이다.

• 운전자보험

자가용 운전자들은 흔히 자동차종합보험에만 가입하면 모든 교통사고 피해에 대해 완벽하게 보상받을 수 있을 것이라고 생각하는 경향이 있는데 사실은 그렇지 않다. 자동차종합보험은 가입자가 사고를 낼 경우 피해자의 신체적 부상과 사망, 차량파손에 대해 충분한 배상을 해줄 수 있도록 설계되어 있다. 그러나 교통사고로 인해 정작 본인이 사망하거나 병원에 입원할 정도로 크게 다쳤을 경우 만족할 만한 보상(2004년 말 현재 보통 최고 1500만 원)을 받을 수는 없다. 따라서 자동차 사고로 종합보험 가입자가 다쳤다면 치료비용은 거의 자신이 부담할 수밖에 없다. 손해보험회사들이 판매중인 운전자보험은 운전중 발생할 수 있는 거의 모든 교통사고의 위험을 보상해 주는 보험상품이다. 따라서 자동차종합보험에 가입한 운전자라도 이 상품에 함께 가입해 두는 것이 안전하다.

미니경제상식　CI보험(Critical Illness Insurance)

건강보험과 종신보험의 성격을 동시에 가지고 있는 보험이다. 보험 가입자가 암·뇌졸중·심근경색증 등 치명적인 질병이나 갑작스런 사고를 당했을 때 보험금의 일부를 미리 지급함으로써 피보험자나 가족의 정신적·경제적 부담을 줄일 수 있도록 했다.
중대 질병이나 치명적인 질병에는 암·심근경색증·뇌졸중·말기신부전 등의 질병 외에 심장·간장·폐·신장·췌장(이자)의 5대 장기 이식수술, 관상동맥우회로이식술, 화상 등이 포함된다.

종신보험 선택 요령

최근 들어 외국 보험사와 국내 보험사 간에 치열한 판매경쟁이 붙은 분야가 바로 종신보험 시장이다. 종신보험이란 사망의 시기 및 원인을 따지지 않고 무조건 사망보험금을 지급하는 선진국형 보험상품이다.

최근 보험에 대한 인식이 바뀌면서 여러 종류의 보험상품에 가입하는 사람들이 늘어나고는 있지만, 대부분의 경우 보험기간 내에 그 상품이 보장하는 특정사고를 당한 사람만이 보험혜택을 받을 수 있다. 그러나 종신보험은 누구나 맞이하는 죽음이라는 위험에 대해 예외 없이 보장을 해주는 것으로 다른 생명보험상품과 크게 다르다.

종신보험은 죽을 때까지 죽음에 대해 철저히 보장해 주는 만큼 보험료도 다른 보험상품보다 훨씬 비싸다. 특정기간과 특정질병 또는 사고 발생시에만 보장해 주는 다른 보험상품을 떠올린다면 종신보험의 보험료가 상대적으로 더 비싸다고 느껴질 만도 하다. 그렇다면 종신보험도 알뜰하고 현명하게 선택하는 방법이 있다.

먼저, 가격이다. 그동안 외국사에서 주도해 왔던 종신보험 시장에 국내사들이 속속 참여하면서 활발한 가격경쟁이 벌어지고 있다. 국내사와 외국사를 비교하면 대체적으로 국내사의 보험료가 5~10% 정도 싸다. 국내사들도 회사마다 차이가 있기 때문에 여러 회사의 보험료를 비교해 보는 것이 중요하나. 또 내부분의 회사에서 담배를 안 피우는 사람에게는 보험료를 10~20% 정도 할인해 주는 제도를 운용하고 있으므로 이 점도 잘 살펴야 한다.

둘째, 특약이다. 종신보험은 주계약과 선택이 가능한 여러 가지 특약으로 구성돼 있다. 주계약이란 종신토록 사망보험금 지급을 보장하는 것으로 종신보험 가입자라면 누구든지 보험금을 수령할 수 있는 계약이다. 특약은 가입자 개개인의 필요에 따라 추가적인 보장을 설계할 수 있는 계약으로 성인병보장특약, 재해치료보장특약, 암특약, 종신입원보장특약 등이 있다.

특약의 보험기간은 대개 종신이 아니고 일정기간으로 한정되어 있으므로 특약구성을 잘 하는 것이 매우 중요하다. 상해보험·건강보험·암보험 등 기존의 보험이 충분하다면 주계약만 가입하는 것도 무방하다. 하지만 그렇지 않다면 전문가의 조언을 참조하는 게 바람직하다. 다양한 특약이 준비돼 있는 회사의 종신보험을 선택하되, 배우자 보장특약은 보험료 할인효과를 볼 수 있기 때문에 선택하는 것이 유리하다.

셋째, 보상이다. 보험사고가 발생하면 신속한 보험금 지급이 이루어져야 한다. 이를 위해 전국적인 보상망은 잘 갖춰져 있는지, 보상서비스가 신속하고 정확하게 이루어지는 회사인지를 알아보는 것이 중요한 요소다. 보험금 지급여력이 취약한 회사를 피해야 하는 것은 두말할 나위도 없다.

사이버보험 어떻게 가입하나

최근 들어 보험사마다 경쟁적으로 인터넷상에 홈페이지를 개설하고 사이버 보험상품 시판에 나서고 있다. 전자상거래의 가장 큰 장점은 '저렴한 가격'에 있다. 해당 보험사는 물론 언론도 사이버 보험상품을 소개하면서 저렴한 가격대를 강조하고 있다. 그런데 과연 그럴까? 보험료는 3가지 예정률(예정이율, 예정위험률, 예정사업비율)에 의해 결정된다. 사이버 보험상품의 경우 예정이율과 예정위험률은 일반 보험상품과 동일하며 예정사업비율만 달리 사용하고 있다.

따라서 예정사업비율을 보면 보험료가 싼지 비싼지를 가늠할 수 있다. 여기서 보험료가 낮다는 것(低價)과 싸다는 것(廉價)을 구별할 필요가 있다. 예컨대 1000원에 10개인 빵을 500원을 주고 5개를 샀다면 싸게 산 것은 아닌 것과 같다.

현재 판매중인 사이버 보험상품을 판매경로에 따라 나누어 보면 인터넷으로만 판매되는 사이버 전용상품이 있고, 인터넷과 전화(TM)를 병행해서 판매하는 상품이 있다. 또한 똑같은 보험인데 인터넷과 전화는 물론이고 일반 설계사도 판매할 수 있는 무늬만 사이버 보험상품인 것도 있다.

사이버 보험의 내용과 가입시 유의할 점을 살펴보자.

첫째, 사이버 전용상품은 보험료가 1년에 몇천 원, 심지어 몇백 원 하는 초저가 상품이 대부분이다. 당연한 이치로 보장내용도 극히 제한적이다. 예컨대 대중교통 수단 이용중 사망시 또는 수상스키, 패러글라이딩, 스키 등 특정 레저 활동중 사망시에만 보장이 된다. 이들 상품은 보험료가 낮기는 하지만 원가 측면에서 보면 싼 것이 결코 아니다. 왜냐 하면 보험료 중에 보험사가 사용하는 경비(우편료, 인쇄비 등)가 절반 가까이 되기 때문이다. 한마디로 배보다 배꼽이 더 큰 보험상품이라고 할 수 있다. 그러나 제한적인 보장이지만 이런 위험에 자주 노출되는 사람이라면 들어 둘 만한 보험이다.

둘째, 설계사는 판매할 수 없고 인터넷이나 전화로만 판매하는 상품으로서 몇몇 보험사에서 신문에 지면광고를 하는 암보험, 상해보험, 건강보험이 여기에 해당된다.

원래 전화전용 상품으로 판매하던 것을 인터넷으로 판매할 수 있게 한 경우가 대부분이다. 이들 상품의 보험료에 대해서는 획일적으로 말하기가 어렵다. 보험사가 설계사의 눈치를 보느라 설계사가 판매하는 상품과 내용을 다르게 만들어 정확한 가격비교를 하는 것이 힘들기 때문이다. 하지만 암보험은 전화를 통한 가입률이 높아 낮은 예정사업비율을 사용하는 경우가 많다. 보장내용도 충실한 편이고 보험료도 10% 정도까지 저렴한 상품도 있다. 싼 암보험을 찾는다면 좋은 보험사의 전화상품에 관심을 가지면 된다.

셋째, 인터넷과 전화(TM) 그리고 설계사까지 판매할 수 있는 보험상품은 보장내용 등에서 아무런 차이점이 없다. 상품명을 달리하는 경우도 있지만 무늬만 사이버 상품인 셈이다.

사이버 보험상품이 잇따라 등장하고 있지만 아직은 전자인증 문제 · 기존 설계사와의 마찰 등으로 극히 초보적이고 제한적일 수밖에 없다. 그러나 향후 인터넷을 통한 보험가입자가 많아진다면 보험료도 10∼15% 정도 내려갈 것으로 예상된다.

방카슈랑스

방카슈랑스(bancassurance)는 최근 우리나라 금융가에 유행처럼 번지며 금융기관간의 치열한 경쟁을 불러일으킨 신(新)영업형태를 말한다. 프랑스어로 은행(banque ; 방크)과 보험(assurance ; 아슈랑스)의 합성어로, 기존 은행과 보험의 투자기관들이 서로 연결해 일반인에게 광역의 금융서비스를 제공하는 것을 뜻한다. 좁은 의미로는 은행과 보험사 간의 업무제휴 협정을 체결하거나 은행이 생명보험 자회사를 세워 저축 · 보험상품을 판매하는 것을 뜻하기도 한다.

대부분의 나라에선 은행의 보험사 인수를 법으로 금지하는 등 방카슈랑스의 도입이 허용되지 않고 있지만 유럽지역에는 독특하게 보편적으로 활성화되어 있다. 특히 프랑스는 생명보험과 연금보험 시장의 절반 이상을 방카슈랑스 형태의 금융기관이 점유할 정도로 활발하며 독일과 네덜란드 등도 금융보험 시장에 상당한 영향력을

방카슈랑스 선점 경쟁 치열

市銀 보험자회사 설립 검토·연수 확대

윤재오 기자

방카슈랑스시장이 내년부터 규제완화로 급팽창할 것에 대비해 각 은행이 시장선점을 위한 채비를 서두르고 있다.

15일 금융계에 따르면 시중은행들은 보험상품 직접판매 허용에 대비해 직원들에게 보험대리점 자격을 취득하도록 하는가 하면 전담팀을 발족하는 등 치열한 물밑경쟁을 벌이고 있다.

보험 판계사가 없는 일부 은행은 보험 자회사 설립과 기존 보험사에 대한 자본참여 등을 통한 전략적 제휴방안을 적극 검토하는 등 발빠른 행보를 하고 있다.

조흥은행은 수도권지점 고객상담관리사(CFP) 40명과 본점 직원 10명 등 50명을 선발해 21일부터 보험대리점 자격취득을 위한 보험연수를 실시키로 했다.

이들은 6주 동안 보험연수원 주관 보험대리점 자격취득과정을 이수한 후 자격시험을 치르도록 해

은행별 방카슈랑스 전략	
은행	방카슈랑스 전략
국 민	보험 자회사 설립 또는 제휴 검토
주 택	전담팀 발족, ING생명과 연계
조 흥	직원 보험대리점 자격 취득
신 한	방카슈랑스팀 7월 말 발족
하 나	직원 대상 보험상품과 업무 연수

*자료=각 은행

방카슈랑스 핵심인력으로 육성할 방침이다.

국민은행은 본격적인 금융겸업화에 대비해 보험 자회사 확보, 기존 보험사에 자본참여, 전략적 제휴 등 다각적인 방안을 검토하고 있다.

주택은행은 이달 초 투신업무와 방카슈랑스를 전담하는 특수업무팀을 새로 발족했다.

특수업무팀은 제휴사인 ING생명과 공동상품 개발작업에 나설 예정이다.

[용어] 방카슈랑스란 은행과 보험 간 업무영역이 철폐됨으로써 은행 창구에서 보험에 가입할 수 있고 보험사에서도 은행 예금에 가입할 수 있는 금융시스템을 말한다.

주고 있다.

방카슈랑스의 유형 중 은행과 보험사가 상호합병하는 것이 비교적 성공할 확률이 높다. 영국의 로이드은행과 애비라이프가 합쳐진 로이드 애비라이프나 네덜란드의 내셔널 네덜란덴(보험)과 NMB 포스트뱅크그룹(은행)의 합병으로 등장한 인터내셔널 네덜란덴 그룹(ING) 등은 성공작으로 평가받고 있다.

우리나라에서는 금융권간의 장벽이 높아 그동안 활성화되지 못했으나 2003년 처음으로 선보인 후 급속도로 확산되고 있다. 초기에는 보험회사가 은행지점을 보험상품의 판매대리점으로 이용, 보험설계사를 은행 지점에 파견해 직접 보험상품을 파는 형태가 도입됐다. 최근에는 은행이 보험회사를 인수, 자회사로 설립하는 사례가 크게 늘어나고 있다.

은행은 보험회사의 상품을 팔아 주는 내신 수수료를 받고 고객들은 은행에서 은행-보험 상품의 원스톱서비스를 받을 수 있다는 것이 최대 장점으로 꼽힌다.

자동차보험의 모든 것

자동차보험의 효용성은 자동차에서 연료의 역할에 견줄 만큼 중요하다. 휘발유로 달리는 승용차에 경유를 주입하면 달릴 수 없듯이 자동차의 용도와 차종에 따라 종합보험의 종류가 다르며 보험료에도 차이가 있다. 특히 2000년 8월부터 자동차보험 보험료의 자유화가 시행되어 정유회사별로 휘발유의 질에 차이가 있듯이 보험회사별로 보험료가 서로 다르고 무사고 운전자들에 대한 서비스 내용도 각각 달라졌다.

따라서 이제 운전자들은 보험가격이나 서비스 면에서 차이가 전혀 없던 과거와는 달리 보험회사별로 보험료와 서비스 등을 꼼꼼히체크하여 가장 저렴한 비용으로 자신에게 가장 유리한 회사를 선택하는 등 자동차보험을 최대한 활용하는 지혜가 필요하다.

자동차보험의 종류

자동차보험은 자동차손해배상보장법에 따라 자동차를 가지고 있는 소유자가 모두 의무적으로 가입해야 하는 '의무보험'과 차주나보험회사가 계약여부를 임의로 결정할 수 있는 '임의보험' 두 가지가 있다. 다시 말해, 의무보험은 운전자라면 누구나 들어야 하는강제가입 보험이고, 임의보험은 차주가 가입여부를 알아서 결정할수 있는 임의가입 보험이며, 의무보험과 임의보험을 합하여 자동차종합보험이라고 한다.

자동차사고가 났을 경우 타인의 신체에 대한 손해배상은 우선 의무보험 중「대인배상 I」에서 나오는 보험금으로 피해금액을 보상하고, 대인배상 I 지급액을 넘어서는 피해금액은 임의보험의「대인배상Ⅱ」에서 나오는 보험금으로 보상한다. 따라서 의무보험에만 가입한 차량으로부터 피해를 입었을 경우에는 제대로 피해보상을 받기 힘들다고 할 수 있다. 자동차보험에는 개인용 자동차보험(개인소유 자가용 승용차)과 업무용 자동차보험(개인소유 자가용 승용차 이외의 모든 자가용 차량), 영업용 자동차보험(모든 영업용 차량) 세 가지가 있다.

자동차보험의 구성

자동차보험은 대인배상Ⅰ, 대인배상Ⅱ, 대물배상, 자기신체사고, 무보험자동차에 의한 상해, 자기차량손해 여섯 가지 담보종목과 특별약관으로 구성되어 있다. 이 여섯 가지 담보종목 중 한 가지 이상을 선택하여 가입해야 한다. 다만, 자동차손해배상보장법에 따라 자동차 보유자는 의무적으로 대인배상Ⅰ(책임보험) 및 대물배상은 반드시 가입해야 한다.

- 대인배상Ⅰ : 자동차를 소유·사용·관리하는 동안에 남을 죽게 하거나 다치게 하여 법률상 손해배상책임을 짐으로써 입은 손해를 배상해 준다.

- 대인배상Ⅱ(타인신체 손해배상) : 피보험자가 자동차를 운행하던 중 자동차 사고로 남을 죽게 하거나 다치게 한 경우 배상하는 항목으로, 책임보험 초과손해를 배상한다.

- 대물배상(타인재물 손해배상) : 피보험자가 자동차를 운행하던 중 자동차 사고로 남의 재물을 멸실 또는 파손시킬 경우 배상하는 항

구 분	보험가입액(선택가입)
대인배상 Ⅱ	1인당 : 5000만 원/ 1억 원/ 2억 원/ 3억 원/ 무한
대물배상	1사고당 : 1000만 원/ 2000만 원/ 3000만 원/ 5000만 원/ 1억 원
자기신체 사고보상	1인당 : 사망 1500만 원/ 3000만 원/ 5000만 원/ 1억 원
	부상 1500만 원/ 1500만 원/ 1500만 원
	후유 장해 1500만 원/ 3000만 원/ 5000만 원/ 1억 원
자기차량 손해보상	보험금액(차량시가) 범위 내에서 차량수리비 실손 보상
무보험자동차 상해보상	최고 2억 원 한도 보상

목이다.

• 자기신체 사고 : 피보험자가 자동차를 운행하던 중 자동차 사고로 자신이 상해를 입었을 때 그로 인한 손해를 보험가입 금액 한도 내에서 보상하는 항목이다.

• 자기차량 손해 : 다른 차량 또는 물체와의 충돌·접촉·추락·전복·화재·폭발·낙뢰·날아온 물체·떨어지는 물체에 의한 손해와 자동차의 도난으로 인한 손해 등 피보험자동차에 직접적으로 생긴 손해에 대해 보상하는 항목이다.

• 무보험 자동차상해 : 종합보험에 가입하지 않은 자동차(무보험 자동차)에 의한 상해보상과 함께 타인의 자동차를 운전하다 일어난 사고를 보상해 주는 항목이다.

자동차보험료 할인·할증 체계

자동차종합보험료는 사고 유무에 따른 할인할증요율과, 보험가입

보험료 할인과 할증

• 보험료 할인

무사고기간	1년	2년	3년	4년	5년	6년	7년
할인율	10%	20%	30%	40%	50%	55%	60%

• 사고내용별 할증

구 분	사고내용		점 수
대인사고	사망사고		건당 4점
	부상사고	1급	
		2~7급	건당 3점
		8~12급	건당 2점
		13~14급	건당 1점
자기신체 사고 · 자동차 상해			건당 1점
물적사고	50만 원 초과 사고		건당 1점
	50만 원 이하 사고		건당 0.5점

*2005년 3월 말 현재

경력이나 교통법규 위반경력 등 운전자의 특성에 따른 가입자 특성
요율 등에 의해 계산된다. 무사고 기간에 따른 표준할인인 경우 자
신의 기본보험료의 최고 60%를 할인받을 수 있다.

무사고 운전자들은 할인을 받을 수 있지만 사고를 한 번이라도
낸 운전자들은 사고내용에 따라 보험료가 할증된다. 사고내용별로
1점당 10%씩 할증되며, 피해자가 사망하거나 척추골절로 식물인간
이 되는 등 1급 부상을 입은 경우에는 사고내용별 점수가 4점에 해
당되어 40% 할증된다. 이와 같은 할인 · 할증률은 거의 모든 손해
보험회사가 동일하게 적용하고 있다.

사고자에 대해서는 기본할증 이외에 특별할증을 부과하고 있는
데, 사고 내용 및 원인에 따라 최고 50%까지 보험료가 할증된다.

가입자 특성요율은 보험가입 경력에 따라 적용되며, 특히 음주 ·

과속·신호위반 등 중대 교통법규 위반경력에 따라 추가로 10%까지 할증 또는 할인된다.

새로운 자동차보험

자동차보험을 상품측면에서 구분해 보면, 일반 자동차보험 외에 크게 인터넷 자동차보험, 플러스 자동차보험, 고급형 자동차보험 등으로 나눌 수 있다.

• 인터넷 자동차보험 : 인터넷 자동차보험은 말 그대로 인터넷을 통해서만 가입할 수 있는 자동차보험 상품이다. 보험회사의 모집조직에 대해 지급하던 모집비용 부분이 배제됨으로써 기존의 일반 자동차보험에 비해 저렴한 보험료로도 똑같은 보장을 받을 수 있어 경제적으로 유리한 상품이다.

• 플러스 자동차보험 : 플러스 자동차보험은 일반 자동차보험에 비해 보험료는 약간 비싸지만 자기신체 사고와 자기차량 손해의 보상범위와 보상수준이 한층 강화된 자동차보험이다. 운전중 사고로 자기 자신이나 가족이 사망하거나 후유장해를 입었을 때 일반 자동차보험에서는 1인당 최고 1억 원까지 보상을 받을 수 있으나 플러스 자동차보험에서는 최고 2억 원까지 보상을 받을 수 있다. 부상의 경우에도 일반 자동차보험은 최고 1500만 원까지 보상받을 수 있으나 플러스 자동차보험의 경우에는 2000만 원까지 보상을 받을 수 있다.

• 고급형 자동차보험 : 고급형 자동차보험이 일반 자동차보험이나 플

러스 자동차보험과 다른 가장 큰 특징은 사고시 대물손해에 대한 보장범위를 무한으로 확대했다는 것이다. 이에 따라 고급형 자동차보험 가입자는 사고가 났을 경우 사고처리에 드는 비용 전액을 보험회사로부터 보상을 받을 수 있다. 예를 들면, 집과 멀리 떨어진 곳에서 사고가 났을 경우 임시 숙박할 수 있는 비용, 피해자에 대한 병문안 비용 및 본인이나 가족의 간병비용까지도 지급받을 수 있다. 그러나 이렇게 보상범위가 확대된 만큼 기존 자동차보험에 비해 보험료도 15~30% 정도 비싸다.

자동차보험 싸게 가입하는 법

자동차보험도 요령을 알면 알뜰하게 가입할 수 있다. 가령 운전자의 연령을 만 26세 이상으로 한정한 상품에 가입한다든지, 에어백을 장착한 차량을 구입하면 보험료가 싸진다. 특히, 자동차보험에 가입할 때는 현행 할인혜택을 반드시 확인해 최대한 보험료를 낮추는 지혜가 필요하다. 자동차보험은 자동차를 갖고 있으면 반드시 가입해야 하는 '의무보험'과 임의로 가입할 수 있는 '임의보험' 두 가지로 크게 나눌 수 있다.

의무보험은 다른 사람의 사망 또는 부상시 보상해 주는 대인배상 I과 다른 사람의 자동차 파손 등 물적인 피해를 보상하는 대물배상으로 구성된다. 자동차손해배상보상법에 따라 사망·후유장해시 최고 8000만 원, 부상시 최고 1500만 원을 지급하는 대인배상 I과 최저 1000만 원 이상 지급하는 대물배상에는 의무적으로 가입해야 한다.

임의보험은 대인배상 II, 자기신체사고, 무보험자동차에 의한 상해, 자기차량손해 중 필요에 따라 선택해서 가입할 수 있다. 가족

운전자 한정운전특약에 가입하면 가입자와 부모, 배우자, 자녀 등 가족 운전시에만 보상받을 수 있으나 보험료는 특약 미가입자보다 훨씬 저렴하다.

다음은 자가운전자가 값싸게 자동차보험에 가입할 수 있는 요령과 보험상식 8가지를 요약한 것이다.

• 자신에 맞는 운전자 범위를 선택하라 : 자동차보험은 운전자의 연령 및 범위를 제한하여 가입할 수 있다. 즉 만 21세 이상만 운전 가능한 상품이나 만 26세 이상만 운전 가능한 상품에 가입하면 전 연령이 운전할 수 있는 상품에 비해 보험료를 절약할 수 있다. 또한 본인, 부모, 배우자, 자녀 등만 운전할 수 있는 '가족운전자 한정특약'에 가입하면 누구나 운전할 수 있는 상품보다 보험료가 훨씬 저렴하다.

• 자동차 배기량이 작으면 보험료도 싸다 : 자동차 배기량에 따라 대인-대물-배상보험료가 차별적으로 적용된다. 즉 자동차 배기량이 작을수록 보험료가 내려가는 것이다.

• 에어백을 달면 자기차량 보험료가 할인된다 : 에어백 장착차량은 자손(자기신체 사고)보장에 가입할 경우 자손보험료를 할인해 준다.

• 군 운전경력 및 관공서나 법인체 운전경력도 인정받는다 : 자동차보험은 자동차보험 가입경력에 따라 보험료가 할인되며 군 운전경력, 관공서나 법인체에서 운전직으로 근무한 경력과 외국에서의 가입경력도 보험가입경력으로 인정한다. 따라서 군에서 운전병으로

근무한 기간이나 외국에서 자동차보험에 가입한 경력이 있는 경우, 또는 관공서나 법인체에서 운전직으로 근무한 경력이 있는 경우 자동차보험 가입시 사실을 증명하는 서류를 제출하면 해당 기간에 대한 경력을 인정받아 보험료를 절약할 수 있다.

• **자동차보험 계약을 계속 유지하면 보험료가 싸진다** : 자동차보험 가입 후 사고가 나지 않으면 보험료가 매년 10%씩 낮아져 최고 60%까지 할인을 받을 수 있다. 하지만 보험기간에 3년 이상 공백이 생기면 할인 혜택이 없어지므로 주의해야 한다.

• **교통법규를 잘 지키면 보험료가 할인된다** : 교통법규를 위반한 운전자는 현재 위반 내용에 따라 최고 10%까지 보험료가 할증되며, 반대로 교통법규를 잘 지킨 운전자는 보험료를 할인해 준다. 따라서 교통법규를 잘 지키는 것만으로도 보험료를 아낄 수 있다(향후 교통법규위반 운전자에게는 최고 30%까지 할증).

• **자기부담금제도를 잘 활용하라** : 자기부담금이란 자기 차량이 파손되었을 때 차량 수리비의 일부를 자기가 부담하는 제도로 5만 원, 10만 원, 20만 원, 30만 원, 50만 원 중 한 가지를 선택할 수 있다. 자기부담금이 많을수록 보험료가 서렴해진다.

• **분납기일이 지나도 한 달 동안은 보험보상이 된다** : 보험료 일시납부가 부담스런 사람은 보험료를 첫회 60%, 5개월 뒤에 40%씩 나눠 내는 분할납입을 이용하면 좋다. 그러나 두 번째 보험료의 납입기일을 한 달 이상 넘기면 보험혜택을 받지 못하는 점에 유의해야

한다.

• 사고를 당하면 '향후 치료비'도 청구하라 : 자동차 사고를 당한 환자 중 퇴원을 하더라도 지속적인 치료가 필요하거나 성형수술을 받아야 하는 경우가 많다. 가령 외상을 입어 성형수술을 받으려면 6개월 이상 기다려야 하는데 이 때문에 보험사는 장래의 성형수술비나 기타 치료비를 환자에게 향후 치료비 명목으로 미리 지급하고 있다.

세금과 경제생활

생활 속의 세금

내년부터 국민연금 등 각종 공적(公的)연금의 불입금도 소득공제를 받게 된다. 개인연금은 소득공제 한도가 연 72만 원에서 240만 원으로 확대되며, 한도액 내에선 전액 소득공제를 받는다.

또 현재 근로소득 공제혜택이 없는 연간 4500만 원 이상 소득에 대해서도 5%의 공제를 허용하며, 의료비 공제한도를 200만 원에서 300만 원으로 확대한다. 이와 함께 각종 지방세에 부가해 거두던 교육세를 내년부터 지방교육세로 전환하며, 담배소비세에 부가되는 교육세율을 인상, 담뱃값이 갑당 130원 정도 올라간다. 또 등유 특소세 등에 부가되는 일부 교육세의 적용시한을 올해 말에서 2005년까지 연장하기로 했다.

재정경제부는 4일 이 같은 내용을 골자로 하는 세제개편안을 발표하고, "당정협의를 거쳐 이달 말까지 관련 14개 법령 개정안을 정기국회에 제출하겠다"고 밝혔다. 재경부 김진표 세제실장은 "이번 세제개편을 통해 확보한 7조 5000억 원 규모의 재원을 서민층 소득공제와 기업 세부담 경감, 재정적자 감축 등에 투입하겠다"고 말했다. 그러나 이번 세제개편으로 국민들의 소득세 경감효과는 다소 있을지 모르나 에너지세와 교육세 등이 대폭 인상됨으로써 전체적인 세부담은 더욱 가중될 전망이다.

— 조선일보, 2000년 9월 5일자

세금에 관련된 기사를 읽다 보면 따분함을 많이 느끼게 마련이다. 앞에서 예문으로 든 기사처럼 기사 도중에 나오는 소득공제나 특소세 같은 세금 관련 용어는 물론이고 기사 내용도 전반적으로 딱딱한 것이 사실이다.

그러나 정부의 세금정책은 우리나라 모든 국민에게 직접적인 영향을 끼치므로 기사 내용을 제대로 파악하고 이를 활용하면 재테크에도 많은 도움이 된다는 이점이 있다. 지금부터는 세금의 경제적 의미와 우리나라의 세금제도에 대해 살펴보자.

세금은 왜 내야 하나

'세금'은 국가가 나라살림에 필요한 재원을 확보하기 위하여 국민들로부터 개별적인 대가 없이 강제적으로 거둬 들이는 수입을 말한다. 모든 국민은 경제생활을 통하여 피부로 느끼든 느끼지 못하든 간에 부대끼는 일상 속에서 직접 또는 간접으로 알게 모르게 세금을 내고 있다.

경제는 생산·유통·소비 및 재산의 보유과정을 거쳐 각 경제주체(개인과 기업, 정부)간을 순환한다. 세금은 재화 및 용역이 흐르는 거의 모든 과정에 관계되어 영향을 끼치고 있는데 우리가 볼펜 한자루나 자판기 커피 한 잔을 마셔도 그 값에는 반드시 세금이 포함되어 있게 마련이다.

버스나 지하철 등 대중교통 수단을 이용해도 그 안에는 반드시 세금이 붙어 있다. 직장에 다니거나 사업을 하여 소득을 얻으면 그에 상응하는 세금을 내며 부모로부터 재산을 물려받을 경우에도 상속세라는 명목으로 세금을 낸다.

이처럼 우리의 생활은 요람에서 무덤까지 세금과는 뗄래야 뗄 수없을 정도로 밀접한 관련을 맺고 있고, 무인도에서 혼자 살지 않는이상 세금은 당연한 의무로 받아들여야 할 정도다. 국민복지향상을위한 재정의 확대는 일반적으로 국민의 조세(세금) 부담을 증가시킨다. 조세부담률을 나라별로 살펴보면 선진국일수록 국민들의 세금부담비중이 더 무겁다.

이는 경제발전에 따른 국민들의 소득향상으로 그만큼 조세부담능력이 커지고 정부의 사회개발과 사회보장비 지출이 증가하기 때문이다. 우리나라의 조세부담률과 1인당 조세부담액도 경제발전과더불어 꾸준히 높아지고 있는 추세다. 2002년도 예산을 기준으로 살펴볼 때 우리나라 국민의 조세부담률은 22.1%며, 1인당 평균 조세부담액은 272만 원 정도다.

세율과 세금

소득이 일정하다고 가정할 경우 세금을 더 많이 거두기 위해서는 세율을 높여야 한다고 생각할 수 있다. 그러나 세율이 이미 높은 수준에 도달해 있을 경우 세율 인상은 오히려 역효과를 일으킬 수 있다. 이른바 납세자들의 조세저항이나 조세회피를 야기함으로써 조세수입을 오히려 감소시킬 수 있기 때문이다.

지난 1994년까지 60%의 특별소비세를 부과한 보석류의 경우 높은 세율 때문에 실제 세금이 부과된 건수는 많지 않았다. 당시 보석류는

미니경제상식) **사업자등록과 폐업신고**

사람이 태어나면 출생신고를 통해 주민등록을 하는 것처럼 사업을 하는 사람들이라면 관할 세무서에 사업자 등록을 해야 한다. 사업자등록은 사업장마다 반드시 해야 하는데, 사업을 시작한 날로부터 20일 내에 구비서류를 갖추어 사업장 소재지 세무서에 제출해야 한다. 이 경우 부가가치세가 과세되는 사업자의 매출액 규모에 따라 일반과세자로 신고할지 간이과세자로 신고할지 생각할 필요가 있다. 서로 다른 세율을 적용하기 때문이다.

그러나 사업자등록을 하지 않고 사업을 하면 사업개시일로부터 등록한 날이 속하는 예정신고 기간까지의 공급가액에 대해 개인은 100분의 1의 가산세를 물어야 한다. 또 구입한 상품에 대한 세금계산서를 교부받을 수 없어 물건을 사지 못하거나 구입시 부담한 세금을 공제받지 못하는 불이익을 받는다. 사업을 그만둘 때도 마찬가지로 폐업일이 속하는 과세기간 개시일 (1월 1일 또는 7월 1일)로부터 폐업일까지가 폐업하는 사업자의 부가가치세 확정신고 대상기간이다. 폐업일로부터 25일 이내에 기간중 영업실적에 대한 세금을 내면 되며, 이를 어길 경우 세금을 제때 내지 못할 때처럼 가산세는 물론 소유재산 압류 등의 강제집행까지 당할 수 있다.

교육세와 부가가치세를 합치면 세율이 무려 95.8%로, 보석을 사면 그만큼 세금을 물어야 했다. 이처럼 세율이 높은 상태에서 추가로 세율을 인상하려 들면 과세 대상이 되는 소득 그 자체를 은폐하려 하는 경우가 생기고 조세수입이 감소하는 현상이 빚어질 수 있다.

또 경제주체들의 근로의욕을 떨어뜨리고 조세저항에 따른 정책반감을 불러일으킬 수 있다. 따라서 세정당국은 대부분의 경우 세율을 높여 세금을 많이 거두기보다는 적정한 세율을 적용해 탈세나 조세저항을 최소화하고 조세수입을 극대화하는 방안에 초점을 맞춘다.

과세표준과 세율의 의미

'과세표준(課稅標準)'이란, 세액산출의 직접적인 기초가 되는 과세물건의 수량 또는 금액을 말한다. 소득세의 경우에는 소득액(총수입액-필요경비-소득공제), 부가가치세는 판매된 매출액, 주세는 출고량 또는 출고액이 과세표준이 된다. 과세표준을 줄여 '과표(課標)'라고도 하는데, 거의 모든 세금은 과세표준에 세율을 곱해 산출한다. 과세표준은 과세물건(소득 또는 재산)의 담세능력을 감안해 정부가 정하며, 국민생활에 큰 영향을 주기 때문에 중요한 변동사항이 있을 경우 신문을 비롯한 모든 대중매체들은 이를 자세하게 보도하고 있다.

근로소득의 경우 월급으로 생활을 영위하는 사람들의 경우 연봉에서 각종 공제를 제외한 금액이 과세표준이 된다. 여기에 소득세율을 곱하면 봉급생활자들이 내야 하는 세금 액수가 산출된다. 또 부동산을 매매할 때 발생하는 양도소득의 경우에는 기준시가나 실지 거래가액이 과세표준으로 이용된다.

즉 아파트 한 채를 팔 경우 판 가격에서 산 가격을 뺀 다음 양도

세율을 곱하는 경우도 있고, 아파트를 팔았을 때의 기준시가에서 샀을 때의 기준시가를 뺀 후 양도세율을 곱하는 경우도 있다. 그러나 부가가치세는 매출세액에서 매입세액을 공제하는 방식으로 부가가치세가 계산된다.

세금은 '과세표준×세율'의 산출방식으로 계산되므로 과세표준이 같을 경우에는 세율의 크기에 따라, 그리고 세율이 같을 경우에는 과세표준의 크기에 따라 산출세액이 달라진다. 세법규정의 대부분은 과세표준을 어떻게 계산하고, 세율을 어떻게 적용하는가에 관한 것이라 해도 과언이 아니다. 세율에는 과세표준의 크기에 관계 없이 동일하게 적용되는 '비례세율'(부가가치세 등), 과세표준이 커짐

미니경제상식 기준경비율 · 단순경비율 ─────────────

회계장부를 쓰지 않는 자영업자의 실제 소득이 얼마나 되는지 국세청으로서는 알 길이 없다. 따라서 국세청은 전문가들로 구성된 '기준경비율심의회'의 심의를 거쳐, 총 수입금액에서 각종 경비를 제외한 소득이 얼마인지를 계산하기 위해 경비비율을 정하게 된다. 종전에는 '표준소득률'이라고 해서 수입금액의 일정비율을 소득으로 간주해 소득세를 매겼으나 2002년 귀속부터는 기준경비율과 단순경비율 제도를 도입했다. 일정금액 이상의 수입을 올린 사업자는 기준경비율 적용대상자로 구분돼 수입금액에서 주요 경비인 매입비용과 임차료, 인건비를 뺀 다음, 나머지 비용은 수입금액에 기준경비율을 곱한 금액을 빼서 소득금액을 계산한다. 기준경비율 대상자보다 적은 수입을 올린 소규모 사업자나 신규사업자는 수입금액에 단순경비율을 곱한 금액을 수입금액에서 빼서 소득금액을 산출한다.

〈기준경비율 대상 사업자〉

소득금액 = 수입금액 - 주요경비(매입비용+임차료+인건비)-(수입금액×기준경비율)

〈단순경비율 대상 사업자〉

소득금액 = 수입금액 - (수입금액×단순경비율)

에 따라 높은 세율을 적용하는 '누진세율', 과세표준이 커짐에 따라 낮은 세율을 적용하는 '역진세율' 등이 있다.

세율 중에는 조세의 경기 조절기능을 원활히 하기 위해 세율의 상한과 하한을 정하고 그 범위 안에서 실제 적용할 세율을 정부가 신축적으로 결정하는 '탄력세율'이 있다. 탄력세율의 도입목적은 입법절차로 세율을 매번 새로 정하는 번거로움을 피하는 데 있다. 현재 탄력세율이 적용되는 대표적인 세금은 특별소비세며, 기본세율의 30% 범위 내에서 이를 조정해 적용하고 있다.

세금의 종류

세금의 구조를 이해하려면 각 종류별로 세금의 의미를 잘 알아두어야 한다. 세금은 여러 가지 기준에 따라 분류할 수 있으나, 그 중에서도 가장 중요한 세금의 종류와 그 특징을 살펴보자.

구 분		보 통 세	목 적 세
국세	내국세	소득세, 법인세, 부가가치세, 상속·증여세, 특별소비세, 주세, 인지세, 증권거래세, 부당이득세	교육세 교통세 농어촌특별세
	관세	관세(국경을 통과하여 수입되는 물품에 부과되는 세금)	
지방세		취득세, 등록세, 재산세, 종합토지세, 주민세, 자동차세, 면허세, 담배소비세, 레저세, 도축세, 농지세, 주행세	공동시설세 지역개발세 도시계획세 지방교육세 사업소세

국세 및 지방세의 내용

국세와 지방세·내국세와 관세

과세권을 행사하는 주체를 기준으로 한 세금 분류다. '국세'는 중앙정부에서 국가사업의 경비를 마련하기 위해 국민에게 부과하여 징수하는 세금이며, '지방세'는 시·도·군과 같은 지방 자치단체가 지역 살림을 꾸려 나가기 위해 필요한 경비를 지역 주민에게 부과해 징수하는 세금이다.

국세는 다시 '내국세'와 '관세'로 나눌 수 있는데 이것은 국경을 기준으로 하여 분류한 것으로, 내국세는 나라 안에서 이루어지는 거래에 부과하는 세금이며 관세는 수출입물품에 부과하는 세금이다.

직접세와 간접세

세금을 납부하는 자와 그 세금을 실제로 부담하는 자가 일치하는 세금을 '직접세'라고 하고, 일치하지 않는 경우를 '간접세'라고 한다. 소득세나 법인세와 같은 세금은 소득자가 직접 세금을 내므로 직접세에 속한다. 그러나 부가가치세나 특별소비세와 같은 세금은 물건값에 세금이 포함되어 있어 소비자가 물건을 구매하는 시점에 간접적으로 세금을 내므로 간접세라고 할 수 있다.

간접세의 경우 실제로 세금을 부담하는 사람은 물건을 사서 사용하는 소비자며, 물건값에 포함시켜 받은 세금을 모아서 정부에 납부하는 납세의무자는 물건을 제조·판매하는 사업자나. 이러한 간접세는 세금을 부담하고 있다는 의식이 비교적 적기 때문에 별다른 마찰 없이 필요한 세금을 쉽게 거둘 수 있는 장점이 있다. 그러나 소득의 많고 적음에 따른 차등 구분 없이 국민들 모두에게 똑같은 비율의 세금을 물린다는 점에서 조세부담의 공평성을 해친다는 지적을 받고 있다.

소득세·상속세 등 직접세는 조세부담 능력에 따라 공평하게 과세되므로 직접세를 정확히 받으면 빈부의 격차를 줄이는 정책상의 효과가 있다. 선진국은 직접세의 비중이 큰 반면 후진국은 간접세의 비중이 큰 편이다. 부가가치세나 특별소비세 등 간접세는 2001년 전체 내국세 수입 중 49.2%로 2000년의 47.0%보다 높아졌다.

보통세와 목적세

일반적인 국가경비에 충당하기 위해 국민이 부담하는 세금을 '보통세'라 하고, 특정한 목적의 용도에 충당하기 위해 국민이 부담하는 세금을 '목적세'라 한다. 이처럼 현재 우리나라 세금은 대부분 보통세에 속하지만, 국세 가운데서도 교육세·교통세·농어촌특별세, 지방세 가운데 공동시설세·도시계획세 등은 목적세다.

수득세·재산세·소비세·유통세

담세능력, 즉 세금을 부담할 수 있는 능력이 어디에 있는지를 기준으로 하는 분류다.

'수득세(收得稅)'는 소득세와 같이 수입에 대해 과세하는 것이며, '재산세'는 재산의 소유 사실에 담세능력을 인정하여 과세하는 것으로서, 지방세인 재산세와 종합토지세가 대표적이다. '소비세'는 재화의 구입이나 소비 사실에 과세하는 조세로서, 부가가치세·특별소비세·주세 등이 여기에 속한다. '유통세'는 권리 또는 재화의 이전 사실에 담세능력을 인정하여 과세하는 조세로서, 국세 중에서 인지세·증권거래세 등과 지방세 중에서도 등록세·면허세·취득세 등이 이에 속한다.

양도소득세와 과세체계

'양도소득세'는 토지나 건물 등과 같은 재산을 팔았을 때 양도가액에서 취득가액과 소개료 등 필요경비를 뺀 양도소득 금액에 대하여 과세하는 세금이다. 양도소득세는 연간 양도소득을 합하여 초과 누진세율로 과세한다.

양도소득세는 주소지 관할 세무서에 신고하여 납부하도록 되어 있는데, 잔금을 받은 날이 속하는 달의 말일로부터 2개월이 되는 날까지 하는 신고를 '예정신고'라 하고, 양도한 해의 다음 해 5월 중에 하는 신고를 '확정신고'라고 한다.

예정신고와 함께 자진 납부를 하는 때에는 세금의 10%를 공제받는 데 비해, 예정신고는 물론 확정신고도 하지 않을 경우 납부세금에 신고납부불성실가산세(신고 10%, 납부는 1일당 1만분의 3씩 추가)를 가산하여 추가징수한다.

양도소득세율

2년 이상 보유자산	누진공제
과세표준 1천만 원 이하 9%	-
과세표준 4천만 원 이하 18%	90만 원
과세표준 8천만 원 이하 27%	450만 원
과세표준 8천만 원 초과 36%	1,170만 원
2년 미만 보유자산	**세율**
1년 이상~2년 미만	과세표준의 40%
1년 미만	과세표준의 50%
미등기 양도	과세표준의 70%

양도소득세의 계산

양도소득세는 양도소득과세표준에 세율을 곱해 계산한다.

양도가액 - (취득가액 + 필요 경비) = 양도차익
양도차익 - (장기보유 특별공제 + 양도소득 기본공제 연간 250만원)
　　　 = 양도소득과세표준
양도소득과세표준 × 세율 = 양도소득세 산출세액

부동산 거래와 관련되는 세금

부동산을 사고 팔 때 먼저 세금문제를 염두에 두어야 나중에라도
세금 때문에 난처한 처지에 놓이지 않는다. 일반적으로 부동산을
팔 때는 국세인 양도소득세를 내며 부동산을 살 때는 지방세인 취
득세와 등록세를 낸다. 2005년 4월 현재 등록세는 교육세를 포함해
취득가액의 1.8%(법인은 2.4%)이며 취득세는 농어촌특별세를 포함
해 취득가액의 2.2%를 적용한다.

1세대 1주택을 3년 이상 보유한 뒤 팔게 되면 세금을 내지 않는
다. 이 경우 1세대 1주택이란 생계를 같이하는 한 세대가 국내에서
한 채의 집을 3년 이상(서울. 과천 등 5대 신도시 소재 주택은 2년 이
상 거주 포함) 가지고 있다가 양도하는 경우를 말한다. 8년 이상 자

부동산(주택 · 토지) 취득 · 등록세율

취득세	2%(2.2%)
등록세	개인 거래 : 1.5%(1.8%)
	법인 거래 : 2.0%(2.4%)
합계	개인 거래 : 3.5%(4.0%)
	법인 거래 : 4.0%(4.6%)

* ( ) 부분은 교육세, 농어촌 특별세를 포함한 세율임

경농지(거주하면서 직접 경작한 농지)를 양도하는 경우에도 1억 원까지는 세금이 붙지 않는다. 또 미성년자가 집을 사거나 성년이더라도 직업 또는 연령에 맞지 않게 큰 집을 사면 취득자금에 대한 자금출처 조사를 받는다는 점도 고려해야 한다.

법인세와 부가가치세

'법인세'는 법인의 소득에 대하여 부과하는 세금이다. 법인은 자연인인 개인과 달리 법률에 의하여 인격이 인정되는 단체를 말한다. 법인세는 법인의 본점 소재지를 납세지로 하며, 각 법인의 사업연도 종료일로부터 3월 이내에 과세표준 및 세액을 신고·납부해야 한다.

한편, '부가가치세'는 재화 또는 용역의 생산 및 유통 단계에서 창출된 부가가치를 과세대상으로 하는 조세다. 부가가치는 판매가액과 구입가액의 차액으로 알 수 있는데, 그 차액(부가가치)은 원료 등으로 구입한 재화나 용역의 경제적 가치를 높이기 위해 사업자가 부가하는 임대료·임금·이자·이윤 등으로 구성된다.

부가가치세는 비록 사업자가 납세의무자로 되어 있지만 실제로는 소비자가 세금을 부담하는 대표적인 간접세다. 다시 말해, 부가가치세는 소비자가 낸 세금을 사업자가 모아서 정부에 신고·납부하

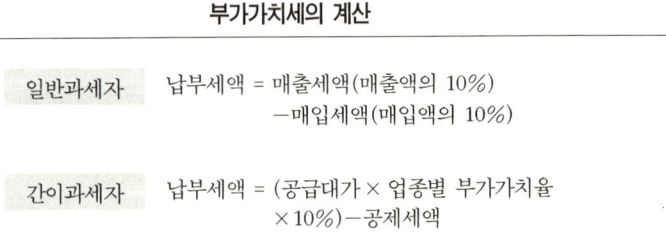

부가가치세의 계산

일반과세자	납부세액 = 매출세액(매출액의 10%) 　　　　　 −매입세액(매입액의 10%)
간이과세자	납부세액 = (공급대가 × 업종별 부가가치율 　　　　　 ×10%)−공제세액

일반·간이과세 선택 내달 15일까지

국세청, 신고서 제출기간 연장키로
간이세율 낮으나 세액 공제 안돼

서울에서 부동산 임대업을 하는 金모(45)씨는 최근 관할 세무서로부터 부가가치세 일반과세자에서 간이과세자로 바꿔었으니 그동안 공제받은 매입세액을 다시 반납해야 한다는 통보를 받았다.

세율이 10%인 일반과세자는 매입세액을 공제해 주지만 간이과세자(2~4%)는 상대적으로 세율이 낮아 이런 혜택이 없기 때문이다.

지난 7월에 부가세 과세특례제도가 폐지되면서 자신도 모르게 일반과세자에서 간이과세자로 변경된 사업자들의 매입세액 환급과 관련

한 민원이 잇따르고 있다. 과세기간이 개시되고 10일 전인 6월 20일까지 간이과세 포기 신고서를 내야 했는데 이를 제대로 몰랐던 것이다.

이에 따라 국세청은 일반과세자로 남기 원하는 사업자들을 위해 간이과세 포기 신고서 제출 기간을 다음달 15일까지 연장해 주기로 했다고 21일 밝혔다.

국세청 관계자는 "전년도 연간 매출액이 4천8백만원에 미달하는 일반사업자는 지난 7월부터 간이과세자로 바뀌었다"며 "그러나 일반과세 때 공제받은 매입세액을 환급하지 않으려면 간이과세 포기 신고서를 제출하면 된다"고 말했다.

단 간이과세 포기 신고서를 제출하면 그 날로부터 최소한 3년간은

일반과세자로 남아야 한다. 이 경우 세금은 10%의 높은 세율 적용을 감수해야 한다.

간이과세자를 택하면 세율은 낮아지지만, 취득한 지 5년 이내의 건물이나 2년 이내의 기계·차량은 일반과세 때 공제받은 매입세액을 물어내야 한다.

환급세액은 1억원인 임대용 건물을 취득해 1년이 지났으면 5백60만원, 2년은 4백20만원 등으로 1년에 20%씩의 감가상각률이 적용된다.

이계영 기자
<babybear@joongang.co.kr>

는 세금이다. 우리나라는 지난 1977년부터 종전의 여러 가지 간접세를 통합하여 이 제도를 시행해 오고 있다.

부가가치세의 납세의무자인 사업자는 일반과세자와 간이과세자로 구분된다. 개인사업자의 경우에는 연간 매출액을 기준으로 4800만 원 이상이면 일반과세자로 분류되고, 그 미만이면 간이과세자가 된다.

법인사업자는 모두 일반과세자로 과세되고 간이과세자는 그 규모가 영세하기 때문에 세율의 적용, 세금계산서의 수수·신고·납부 의무 등에서 일반과세자와는 다른 특례규정을 적용하는 사업자를 말한다.

상속세와 증여세

상속세와 증여세는 재산의 무상이전에 대하여 과세하는 조세다. 경제상의 거래는 개별적인 반대급부가 있는 것이 원칙이지만, 부모로부터 재산을 물려받거나 다른 사람으로부터 재산을 증여받는 경우에는 개별적인 대가 없이 소득을 얻는 셈이 된다. 이럴 때 과세

되는 세금이 '상속세'와 '증여세'로 서로 보완하는 관계에 있다.

상속세는 부모 또는 부모에 상응하는 친족의 사망을 원인으로 하고, 증여세는 생전의 증여행위를 원인으로 한다. 상속세와 증여세는 부모가 자식에게 재산을 물려주는 방법으로는 사망시의 유언에 의한 상속과 생전의 증여행위가 있는데, 사망시에는 상속세를 과세하고 증여시에는 그때마다 증여세를 과세하여 부의 세습을 방지하고 있다.

다만 자선·종교·학술·교육 사업 등 공익사업을 위해 재산을 무상으로 제공(출연이라 함)하는 경우에는 상속·증여세를 과세하지 않는다.

그러나 공익사업에 출연한 재산에서 생기는 이익을 상속인이나 그 친족 등에게 귀속시키면 상속세 과세가액에 포함시켜 상속세를 물린다. 또 재산을 기부받은 공익법인은 자산이 30억 원 이상이면 외부전문가(3인 이상 회계사)의 확인과 검사를 2년마다 한 번씩 받아야 하며 장부를 10년간 보존하는 의무규정을 두는 등 엄격한 사후관리를 받는다.

미니경제상식) **연부연납제도** ─────────────

상속세나 증여세 부담이 많은 경우 이를 나누어 내도록 하는 제도가 바로 '연부연납제도'다. 세액이 1000만 원을 넘는 경우에 그 세액의 25%를 내고 나머지 75%에 대해서는 세무서에 신청해 담보를 제공하고 3년 내에 나눠 낼 수 있도록 한 것이다.

연부연납을 하려면 자진신고서 또는 세금고지서의 납부기한 내에 관할세무서에 신청해야 한다.

또 부동산이나 유가증권으로도 낼 수 있는 '물납제도'가 있는데 상속·증여재산 중 부동산과 유가증권의 합계액이 절반을 넘고 세액이 1000만 원을 초과하면 관할세무서에 신청해 허가받으면 된다.

상속세 과세방법(2005년 5월 현재)

피상속인(사망자)가 갖고 있던 모든 재산에 과세되며 사망 전 10년 안에 상속인에게 증여한 재산과 5년 내에 상속인이 아닌 다른 사람에게 증여한 재산도 상속재산에 포함시켜 상속세를 물린다. 피상속인의 사망으로 지급받은 보험금과 신탁한 재산, 퇴직금도 역시 상속세 대상이다. 상속받은 재산가액은 상속 당시 시가로 평가해 계산한다.

반면, 피상속인에 귀속하는 조세공과금이나 장례비용(1000만 원 한도로 하며 500만 원에 미달하여도 500만 원을 공제)을 상속세에서 공제해 준다. 또 기초공제라 하여 2억 원을 빼주며 배우자의 경우 실제로 상속받은 가액을 전액 공제(30억 원 한도)해 준다.

자녀의 경우 1인당 3000만 원, 미성년자는 500만 원×20세까지의 연수(年數), 60세 이상 연로자에 대해 3000만 원, 장애자는 500만 원×75세까지의 연수를 각각 공제(인적 공제라 함)해 준다.

항목별로 공제받는 대신 일괄적으로 5억 원을 공제할 수도 있고(단, 배우자 단독상속의 경우 일괄공제를 적용하지 않음) 상속재산을 받은 사람이 피상속인의 사망일로부터 6개월 이내에 상속세를 신고하

상속세

상속세의 계산

상속세는 상속받은 재산의 가액에서 불산입재산 및 각 공제, 공과금 등을
제외한 나머지 상속재산(과세표준)에 세율을 곱해 계산한다

상속재산가액－공과금·장례비·채무－불산입재산＝과세표준
과세표준×세율＝산출세액

여 납부해야 하며, 이 경우 내야 할 세금의 10%를 공제해 준다. 그
러나 신고와 납부를 하지 않으면 내야 할 세금의 최고 40% 이상을
추가부담하는 불이익을 당한다.

증여세 과세방법(2005년 5월 현재)

다른 사람으로부터 무상으로 재산을 받은 경우에는 증여세를 내
야 한다. 그러나 증여가 이뤄진 후 당사자간의 합의에 따라 증여세
신고기간 내에 반환하면 증여가 없던 것으로 간주해 세금을 내지
않아도 된다.

증여일로부터 3개월 이후 6개월 이내에 반환 또는 재증여하는 경
우에는 증여세를 물리지 않는다(당초 증여분에 대해서는 과세함). 자
경농민이 자녀 가운데 영농에 종사하는 자녀(18세 이상)에게 증여하
면 증여세 면제혜택이 주어진다.

장애인이 친족(배우자 제외)으로부터 증여받은 금전이나 부동산,
유가증권을 증여세 신고기간 내에 신탁회사에 신탁해 그 신탁의 이
익 전부를 당해 장애인에게 증여할 경우에는 5억 원까지 증여세가
부과되지 않는다. 증여가 친족간에 이뤄진 경우에는 공제혜택이 주
어진다.

부모자식 간에 증여받을 때는 3000만 원(미성년자는 1500만 원),

증여세의 계산

증여세는 증여받은 재산의 가액에서 증여재산 공제를 하고,
나머지 금액(과세표준)에 세율을 곱하여 계산한다.

증여재산－증여재산 공제액＝과세표준
과세표준×세율＝산출세액

상속 · 증여세율

과세표준	세율	누진공제액
1억 원 이하	10%	-
5억 원 이하	20%	1,000만 원
10억 원 이하	30%	6,000만 원
30억 원 이하	40%	1억 6,000만 원
30억 원 초과	50%	4억 6,000만 원

＊2005년 4월 현재

배우자간의 증여는 3억 원, 기타 친족간의 증여는 500만 원이 각각
공제된다. 증여세는 증여를 받은 사람이 증여일로부터 3개월 이내
에 이를 납부하도록 되어 있다.

기타 세금

• 특별소비세와 주세

'특별소비세'는 사치성 물품이나 특정한 장소의 출입에 과세하는
조세며, '주세'는 주류에 대한 조세다. 특별소비세는 소비지출 능력
을 기준으로 하여 과세하는 것으로서, 소득의 불균형을 시정하는 기
능을 지닌다. 특별소비세의 과세품목에는 1호에서 4호까지가 있다. 1
호는 모터보트 · 요트와 오락 및 골프용품 등, 2호는 보석 등 귀금속

과 고급 사진기·시계·모피 등으로, 세율은 30%다. 3호는 승용차로 세율은 7~14%이며 4호는 등유·중유·가스 등(세율 1 *l* 당 3~82원) 이다. 또 특별소비세 과세장소는 경마장(1인 1회 500원)·골프장 (12,000원)·경륜(200원) 등이며, 특별소비세 과세 유흥장소는 유흥주 점·외국인 전용 유흥음식점 등이다.

• 교육세와 교통세

'교육세'는 학교시설 과 교원의 처우개선 등 교육기반의 확충에 소요 되는 재원을 확보하기 위해 1982년 1월 1일부 터 시행하고 있는 목적세 다. 교육세는 금융·보 험업의 수입금액과 일부 국세와 지방세의 세액을 대상으로 하여 과세하고 있다. 국세와 지방세에

교육세 15% 인상 백지화

장덕수 기자

교육세의 영구적인 부과와 15% 세율인상 방안이 백지화할 것으로 보인다.
민주당 정책위 고위관계자는 1일 "당초 올해 말 교육세 부과가 종료 되는 담배소비세 교통세 마권세 등 4개 분야를 포함해 교육세 부과를 영구화하려고 했으나 국민부담이 가중된다고 재정경제부가 반대함에 따라 일단 2005년까지 징수기간을 연장하기로 했다"고 말했다.
이 관계자는 "교육부는 교육여건 개선비용으로 1조6000억원이 필요 할 것으로 보고 교육세를 평균 15 % 정도 인상하는 방안도 적극 검 토했으나 세율인상에 따른 반발이 클 것으로 보여 추진하지 않기로 했다"면서 "재경부와 교육부는 에

너지가격 인상분을 교육비로 돌리 거나 지방교육교부금을 늘려주는 방식을 검토하고 있는 것으로 안 다"고 밝혔다.
이에 따라 교육세를 인상하는 방 안은 백지화할 것으로 보이지만 국 회 교육상임위 소속 의원들 사이에 서는 교육세의 영구화와 세율 인상 방안을 추진해야 한다는 의견도 많 아 앞으로 당정회의와 국회 법안처 리과정에서 상당한 난항을 겪을 것 으로 전망된다.
정부는 지난해 지방교육교부금을 13%로 인상한 바 있으며 민주당은 지난 5월 말 교육세법을 개정해 교 육특별세를 영구화하고 세율을 인 상하겠다고 밝힌 바 있다.

본면 의견·제보
economy@mk.co.kr

대한 교육세의 과세는 해당 세금을 거둘 때 그 세액을 기준으로 하 여 일성률을 부과하여 징수한다. '교통세'는 도로 등 교통시설의 확충에 소요되는 재원을 확보하기 위해 1994년 1월부터 시행하고 있는 목적세다. 교통세는 휘발유와 경유를 과세대상으로 하여 그 물품가격에 대해 1*l* 당 586원(휘발유)과 1*l* 당 232원(경유)의 세율로 과세한다.

• 관세와 관세환급 제도

'관세'는 국경을 통과하는 물품에 대하여 부과하는 세금이다. 국경을 통과하는 물품은 수입과 수출로 나뉘는데, 우리나라를 포함한 대부분의 나라들이 수입관세만을 부과하고 있다. 수입품에 세금을 부과하면 그만큼 가격이 높아지게 되므로 수입품에 대한 소비가 줄고, 따라서 국내산업의 보호와 국제수지를 개선하는 효과를 얻게 된다. 관세의 납세의무자는 물품을 수입하는 화주(貨主)가 된다. 관세와 관련한 것으로 '관세환급 제도'가 있다. 이는 상품을 외국에 수출하기 위해 원자재를 수입하면서 납부한 관세를 나중에 되돌려 주는 제도다. 관세환급 제도는 국내기업들의 수출지원을 목적으로 도입되었다. 우리나라는 1975년 6월까지 수출용 원자재를 들여올 때 처음부터 관세를 부과하지 않고 면세로 통관시키는 '사전면세제'를 실시해 왔으나, 1975년 7월부터 통관시 관세를 물렸다가 수출한 뒤 관세를 돌려 주는 환급제로 바꾸었다. 사전면세제에서 환급제로 바꾼 것은 원자재를 면세로 수입해서 내수용 상품을 만드는 데 사용하는 등 불법유용이 있었기 때문이다. 그러나 관세환급 제도를 운용한 지 20년 만인 1996년 7월부터 다시 사전면세제로 환원했다. 세금을 내고 나중에 돌려 받는 과정이 번거롭고 수입부품을 내수용으로 악용할 우려가 줄어든 점을 감안해 분기별로 정산토록 조치한 것이다.

지방세의 종류

전국의 지방자치단체가 잘못 부과했거나 지나치게 많이 물린 지방세를 내달중 일제히 되돌려 준다. 행정자치부는 내달 1일부터 한 달간을 '과·오납 지방세 일제정리 기간'으로 정하고 지난 1996년부터 5년간 잘못 납부된 지방세를 찾아내 납세자에게 모두 돌려줄 방침이라고 28일 밝혔다.

행자부는 이를 위해 내달부터 전국의 지방자치단체별로 과·오납 지방세 환불 전담반 및 실무반을 편성 운영할 계획이다. 과·오납 지방세는 지난 1998년에 1775억 원(전체 징수액의 1%), 1999년 1673억 원(0.9%)에 이르렀으며 올해 상반기에는 974억 원으로 집계됐다. 이 가운데 대부분은 납세자의 신고로 돌려 줬고 95억 원 가량은 아직 찾아 주지 못한 상태다. 지방세 과·오납은 납세자의 착오로 인한 것이 42.4%로 가장 많았다. 이와 함께 자치단체의 착오 부과가 18%, 법인세나 소득세 등의 세액변경에 따른 자동 과·오납 13.9%, 기타 25.7% 등으로 집계됐다. 세목별로는 취득세가 40.1%, 주민세 23.8%, 등록세 20.2%, 종합토지세 8.8% 등의 순으로 조사됐다.

— 한국경제신문, 2000년 9월 29일자

앞의 기사는 지방세에 관한 신문보도의 일부다. 지방세는 세금을 부과·징수하는 주체에 따라 특별시세와 도세, 시·군·구세로 구분하며, 세금의 용도에 따라 보통세와 목적세로 구분한다.

일상생활과 관계가 깊은 지방세 세목은 다음과 같다.

• 등록세 : 토지와 건물 등의 부동산이나 선박, 자동차와 같은 동산을 행정관청의 공부에 '등기·등록'할 때 과세하는 세금이다. 등록세는 정률세 또는 정액세로 과세하는데, 부동산 등기의 세율은 부동산의 종류와 등기내용에 따라 0.2~2%이다.

• 취득세 : 취득세는 토지·건물·자동차·선박·골프회원권 등 일정한 재산을 취득할 때 과세하는 조세다. 취득세는 취득한 재산의 가액에 대해 2%(중과대상은 6~10%)의 세율로 과세하며, 취득일로부터 30일 이내에 자진 신고·납부해야 한다.

• 자동차세 : 자동차에 대하여 과세하는 세금이다. 자동차세는 자동
  차의 종류나 크기 등에 따라 다르나 승용자동차는 배기량에 cc당
  세액을 곱해 계산하며, 6개월마다 이를 나누어 낸다. 자동차세는
  주민등록지를 기준으로 하여 세금을 부과한다.

• 재산세 : 건축물·토지·선박·항공기 등에 대해 과세하는 세금이
  다. 재산세는 매년 6월 1일을 기준으로 과세한다.
  재산세는 대부분 시장·군수가 평가한 재산가액인 '시가표준액'
  을 과표(과세표준)로 하여 과세한다.
  일반주택의 재산세율은 과세표준액의 4000만 원까지는 0.15%,
  4000만 원 초과~1억 원 이하 구간은 「6만 원+4000만 원 초과금
  액의 0.3%」, 1억 원 초과 구간은 「24만 원+1억 원 초과 금액의
  0.5%」의 세율을 각각 적용한다.

주택 재산세율

시가표준액	세율
4000만 원 이하	0.15%
4000만 원 초과 ~1억 원 이하	6만 원+4000만 원 초과 금액의 0.3%
1억원 초과	24만 원+1억 원 초과 금액의 0.5%

• 주민세 : 지방 자치단체의 구성원으로서 납부하는 회비적 성격의
  세금으로, 주민의 거주사실에 대하여 과세하는 것(균등할 주민세)
  과 주민의 소득을 기준으로 하여 부과하는 것(소득할 주민세)으로
  구분된다. 균등할 주민세는 개인의 경우 지역에 따라 다르지만
  연간 1만 원을 초과하지 못한다. 소득할 주민세는 소득세액 또는

내년 지방稅 부담
1人 평균 56만원

2001 서울시 예산안

'총예산은 줄어들었는데 시민부담액은 늘었다'. 내년도 서울시 예산안의 특징이다.

서울시는 9일 2001년도 예산안을 발표, "내년 서울시 예산이 올해보다 2.1% 줄어든 10조 3802억원으로 확정됐지만, 시민 1인당 지방세 부담액은 56만원으로 올해보다 3만 7000원이 증가할 것"이라고 밝혔다.

이는 지하철·도로 건설 등 특별회계 부분의 신규투자가 대폭 감소해 서울시 전체 예산규모가 외형적으로 감소하지만 주민세·지방주행세 등으로 시민들의 실질 부담이 오히려 늘어나기 때문인 것으로 분석됐다. 서울시에 따르면, 내년에 시민들이 부담하는 시세(市稅)는 올해보다 4173억원이 늘어나 5조3560억원에 이른다. 이와 관련, 서울시는 "올해의 경기상승기조가 반영된 주민세, 등록세 등에 대한 납부시기가 내년부터 시작, 시민들의 부담이 늘어나게 됐다"고 밝혔다.

한편, 이번 서울시 예산안의 특징은 ▲복지·문화관련 예산증액, ▲교통관련 예산감소, ▲지하철 감세(減稅) 특별대책 수립으로 나타났

다. 서울시에 따르면, 교통관련 예산은 올해보다 5575억원(22%)이 줄어든 1조9784억원이 책정된 반면, 복지관련 예산은 2655억원(34.7%)이 늘어난 1조414억원이 배정됐다. 문화·청소년 분야의 예산은 2991억원으로 전년 대비 348억원(13.2%)가 늘어난 데 비해 주택·도시관리분야의 예산은 1898억원(16.4%)이 감소했다. 서울시는 한편, 이번 예산안 편성방식과 관련, "예산과목별로 편성하는 종전과는 달리 사업단위 별로 예산을 배정하는 성과주의 편성방식을 처음으로 도입, 향후 시민들이 시행성과를 쉽게 검증할 수 있도록 했다"고 밝혔다.

／崔宰赫기자 jhchoi@chosun.com

법인세액의 10%이다.

• 기타 지방세 : 먼저 '면허세'는 행정기관에 의한 면허·허가 등의 행정행위에 대해 과세되는 수수료 성격의 세금이다. '도시계획세'는 도시계획 사업에 필요한 비용에 충당하기 위한 목적세로, 도시계획 구역 안에 있는 토지와 건축물에 과세하는 세금이다.

종합부동산세

종합부동산세(綜合不動産稅)는 땅 부자와 집 부자들에 대해 세금을 많이 부과하는 새 부동산세금 제도로 2005년부터 도입됐다.

서울 강남권을 중심으로 집값이 크게 오르자 정부가 일정규모 이상의 부동산 부자들에게 세금을 많이 물려 부동산 투기열풍을 잡기도 한 것이다. 종합부동산세는 전국의 주택이나 토지를 개인별로 합산해 국세로 과세한다. 종합부동산세는 주택과 나대지(빈 땅), 사업용 토지 3가지 종류로 나누어 부과한다. 구체적으로 △기준시가 9억 원 이상 주택 △공시지가 6억 원 이상 나대지(빈 땅) △공시지가 40억 원 이상 사업용 토지에 대해 지방세로 걷는 재산세와는 별도로 국세로 징수한다. 종합부동산세 과세대상은 매년 6월 1일 부

동산 보유기준에 따라 확정되며 과세대상자들은 12월 1일부터 15일까지 세금을 내야 한다.

종합부동산세 세율은 국세청 기준시가 9억 원 초과 주택에 대해서는 과표(기준시가×50%) 기준으로 4억 5000만~10억 원 1%, 10억 초과~50억 원 2%, 50억 원 초과 3%의 3단계로 물린다.

종합부동산세는 개인별로 부동산을 합산하는 것이지만 주택은 주택끼리, 나대지는 나대지끼리 합산해 과세한다. 주택과 나대지, 사업용 토지를 합쳐서 세금을 매기지 않는다는 뜻이다. 또 공장용지나 임야, 농지 등은 종합부동산세 과세대상에서 빠진다.

주택 종합부동산세율 1~3% 확정

보유세 최고 50% 늘어난다

과표따라 3단계로 누진세율 적용

기준시가 12억 주택 보유세 349만원

기준시가 8억5000만원짜리 서울 강남구 대치동 삼성아파트 40평형 집주인은 올해 재산세와 종합토지세를 합쳐 78만8000원을 냈지만 내년에는 이보다 50% 늘어난 118만2000원의 주택분 재산세를 7, 9월 2차례 나눠서 내면 된다.

보유세제 개편으로 바뀐 과표와 세율을 적용할 경우 재산세가 186만5000원으로 올해보다 136%나 늘어나지만 세금부담 상한선(전년 대비 50% 증가) 때문에 세금부담액이 68만3000원 줄어든다. ▶관련기사 A3·4·5면

내년부터 부동산 세금제도가 확 달라진다.

종합부동산세가 새로 도입돼 집부자나 땅부자의 보유세 부담이 최고 50% 늘어나는가 하면 아파트값에 비해 터무니없이 세금을 많이 내던 지방의 대형 아파트는 세부담이 훨씬 줄어든다.

종합부동산세를 내야 하는 집부자는 본인 명의로 갖고 있는 전국 집값 합계가 국세청 기준시가로 9억 원 이상이면 3만~3만5000명. 이들 내년부터 재산세는 별도로 9억원 초과금액에 대해 3단계로 나뉜 과표에 따라 1~3%의 높은 누진세율로 종합부동산세(주택분)를 내야 한다.

나대지는 공시지가 합계 6억원 이상, 사업용 토지는 공시지가 40억원 이상이면 '땅부자'로 분류돼 종합부동산세 부과대상이 된다. 집부자처럼 기준금액 초과분에 역시 3단계로 나눠진 과표에 따라 1~4%, 0.6~1.6%의 누진세율로 종합부동산세가 부과된다.

정부와 열린우리당은 11일 이 현재 부총리와 홍재형 정책위의장 등이 참석한 가운데 고위 당정회의를 열어 이런 내용의 부동산 보유세제 개편안을 확정했다.

바뀐 제도를 자세히 들여다보면 과표를 현실화시켜 비싼 아파트를 갖고 있으면 세금을 많이 내고 싼

아파트는 평형이 넓더라도 세금을 적게 내도록 했다.

다만 한꺼번에 급격하게 세금이 늘지 않도록 세금부담 상한선을 만들어 한 해 전보다 내야 할 세금이 50% 이상 늘지 않도록 했다.

개편안에 따르면 주택분 재산세는 국세청 기준시가의 50%인 과표를 기준으로 4000만원 이하 0.15%, 4000만원 초과~1억원 0.3%, 1억원 초과 0.5%의 세율을 적용해 부과한다.

토지의 경우 나대지 재산세는 공시지가의 50%인 과표기준으로 5000만원 이하 0.2%, 5000만원 초과~1억원 이하 0.3%, 1억원 초과 0.5%의 3단계로 부과된다.

사업용 토지는 공시지가 50%인 과표기준으로 2억원 이하는 0.

2%, 2억원 초과~10억원 미만 0.3%, 10억원 초과~20억원 미만 0.4%의 세율이 적용된다.

재정경제부는 내년 보유세액이 3조5000억원으로 올해 3조2000억원보다 10% 증가할 것으로 예상했다.

종합부동산세 도입으로 더 걷게 되는 세금은 6000억원으로 추산하고 있기 때문에 종합부동산세 대상이 아니면 보유세 부담이 줄어들 수도 있다.

서울 강남은 재산세 부담이 많이 늘어나는 반면 지방은 세부담이 줄어들 것으로 보인다.

수도권이나 강북은 지역별 집값 수준에 따라 세부담이 엇갈릴 전망이다.

윤재오·최용성·채수환기자

과표 3억원 (기준시가 6억원)		
과표	세율(%)	세금
0~4,000만원	0.15	6만원
4,000만~1억원	0.3	18만원
1억~3억원	0.5	100만원
합계		124만원

과표 6억원 (기준시가 12억원)		
과표	세율(%)	세금
0~4,000만원	0.15	6만원
4,000만~1억원	0.3	18만원
1억~4억5,000만원	0.5	175만원
4억5,000만~6억원	1	150만원*
합계		349만원

* '1'은 종합부동산세 적용.

종합부동산세 과세대상자 세율

재산	과세대상	과세표준	적용세율
주택	기준시가 9억 원 이상	4억 5000만 원 이상~10억 원 이하	1%
		10억 원 초과~50억 원 이하	2%
		50억 원 초과	3%
나대지 (빈 땅)	공시지가 6억 원 이상	3억 원 이상~10억 원 이하	1%
		10억 원 초과~50억 원 이하	2%
		50억 원 초과	4%
사업용 토지	공시지가 40억 원 이상	20억 원 이상~100억 원 이하	0.6%
		100억 원 초과~500억 원 이하	1.0%
		500억 원 초과	1.6%

＊과세표준은 기준시가(공시지가)의 50%임.

정부는 종합부동산세 도입으로 부동산 보유세금 부담이 크게 늘어남에 따라 부동산거래세는 낮췄다. 부동산 거래세(취득·등록세)는 2004년까지 5%(농어촌특별세·교육세 포함 5.8%)였으나 2005년부터 등록세를 3%에서 1.5%로 낮춰 거래세 부담을 3.5%(농특세·교육세 포함 4%)로 내렸다.

종합소득과 금융소득 종합과세

소득이 있으면 세금을 내는 것은 당연하다. 국세청은 개인이 벌어들인 수입을 '소득세'라는 항목으로 구분해 세금을 물린다. 세법에서 말하는 소득은 일정한 기간 중에 얻은 총 수입금액에서 수입을 얻기 위하여 사용한 비용(필요경비라고 한다)을 공제한 순이득을 말한다. 경제 활동이 복잡해지면서 소득이 발생하는 원천이 다양해

소득세 과세표준의 계산 구조

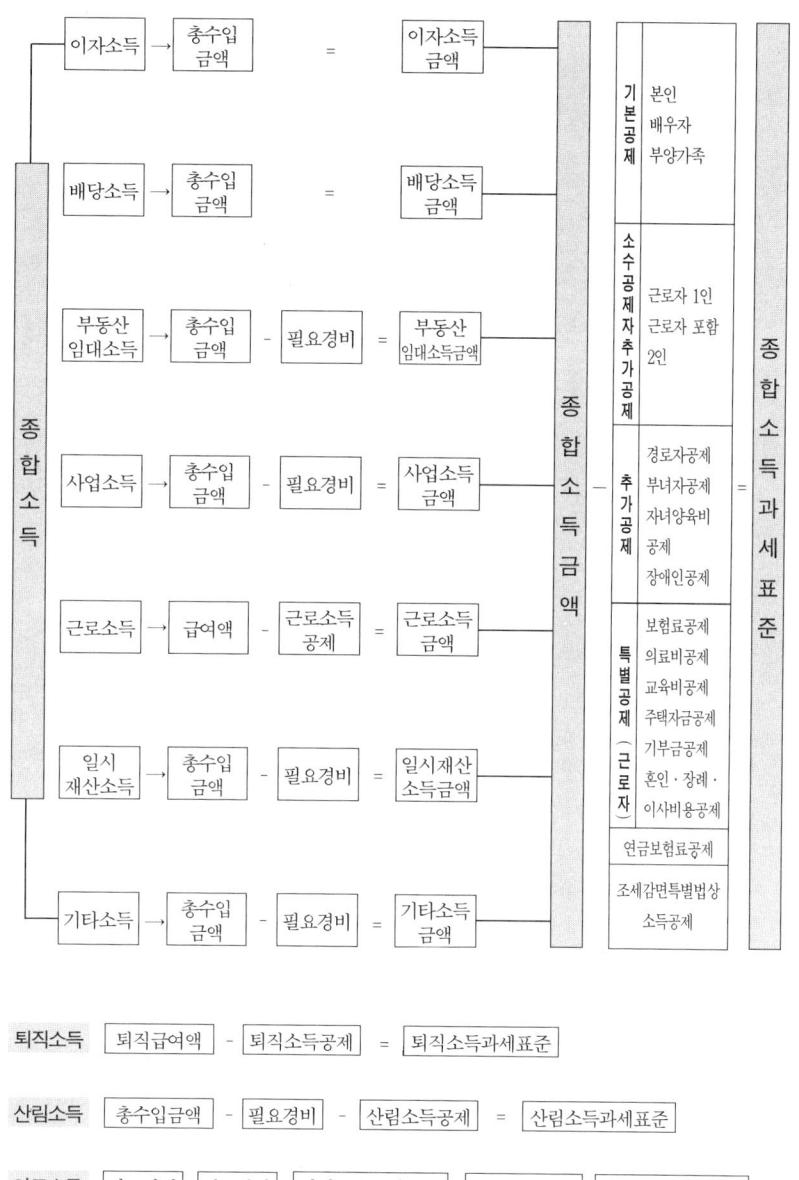

퇴직소득 퇴직급여액 - 퇴직소득공제 = 퇴직소득과세표준

산림소득 총수입금액 - 필요경비 - 산림소득공제 = 산림소득과세표준

양도소득 양도가액 - 필요경비 - 장기보유특별공제 - 양도소득공제 = 양도소득과세표준

짐에 따라 소득의 종류도 여러 가지로 구분되고 있다.

종합소득과 종합소득세

세법에 의해 소득세가 과세되는 소득을 '과세소득'이라고 하는데, 과세소득은 크게 종합소득·퇴직소득·양도소득·산림소득 등으로 구분한다. '종합소득'은 이자소득·연금소득·배당소득·부동산소득·사업소득·근로소득·일시 재산소득·기타소득 등을 합한 것으로, 납세자 개인별로 이를 합산하여 과세하기 때문에 종합소득이라고 한다. 이에 비해 '퇴직소득'과 '산림소득'은 장기간에 걸쳐 얻은 소득이고 한 해에 누진세율로 한꺼번에 과세할 경우 세부담이 과중해지므로 종합소득과 구분하여 과세한다. 또 자산소득인 '양도소득'도 장기간에 걸쳐 얻은 소득일 뿐만 아니라 물가상승에 따라 발생하는 것이므로 역시 분류과세한다. 소득세는 원칙적으로 매년 1월 1일부터 12월 31일까지를 과세기간으로 하여 과세하고, 주소지를 납세지로 한다. 소득세의 신고기간은 다음해 5월 1일부터 5월 31일까지 한 달 간이다.

금융소득 종합과세와 분리과세

금융소득 종합과세는 개인별 금융소득(이자 및 배당소득)이 연간 4000만 원을 넘을 경우 근로소득, 사업소득 등 다른 소득을 합해 누진세율을 적용하는 제도다. 2001년에 발생한 소득부터 적용되고 있다.

금융소득 종합과세는 금융실명제의 후속조치로 1996~1997년까지 2년간 실시되었다가 IMF쇼크 이후 경제안정을 도모한다는 취지로 일시 폐지되었다. 그러나 IMF쇼크가 진정되는 과정에서 빈부격

금융소득 종합과세 주요 내용

주요내용	비 고
2001. 1. 1 발생소득분부터 종합과세	- 2000. 12. 31 이전에 가입한 예금 또는 매입한 채권의 이자소득은 기간 안분하여 20% 분리과세
개인별 연간 금융소득이 4000만 원을 초과할 경우에만 종합과세	- 개인별 연간 금융소득을 합산하여 따지되 비과세 · 분리과세저축의 이자는 4000만 원 초과 여부를 따질 때 제외
장기저축 · 채권 이자분리과세 가능	- 만기 5년 이상 장기 저축 · 채권의 이자는 30%의 분리과세 선택 가능 - 이자 수령시마다 종합과세 · 분리과세 선택 가능
금융소득에 대한 세전 이자는 분리과세 가능	- 4000만 원 초과 여부를 따질 때 원천징수되기 전의 금액을 기준으로 함

차가 극심하게 벌어지자 고소득층의 불로소득(不勞所得)에 대해서는 중(重)과세를 해야 한다는 사회 여론이 높아져 2001년부터 다시 도입하여 시행하기로 했다. 새로 시행되는 금융소득 종합과세와 종전 금융소득 원천징수제와의 차이점은 다음과 같다.

(미니경제상식) 국세상식

- **농어촌특별세** : 1994년 7월부터 시행되고 있는 목적세로, 조세감면액 · 특별소비세액 등에 0.15~30%의 세율로 과세하며 농어업 경쟁력 강화 · 농어촌 생활환경 개선 등에 전액 사용된다.
- **부당이득세** : 물가안정을 위해 시행하고 있는 것으로서, 특정 재화의 거래가액이 국세청장이 정하는 기준가격을 초과할 때 그 초과금액에 대해 100%의 세율로 과세하는 세금이다.
- **인지세** : 재산권에 관한 문서 등을 작성할 때 과세되는 세금이다. 인지세는 문서의 종류에 따라 차등정액세 또는 단순정액세로 과세한다.
- **재평가세** : 기업의 사업용 자산을 물가상승 등의 이유로 그 가치를 재평가할 때, 재평가 차액에 대해 1% 또는 3%의 세율로 과세하는 세금이다.
- **증권거래세** : 주식매매에 대한 세금으로, 상장주식은 주식매매가액에 0.3%(농어촌특별세 별도)의 세율로, 비상장주식은 0.5%의 세율로 과세한다.

분리과세 상품에 거액 몰려

종합과세 앞두고 올 1조7993억 은행 유입

내년 금융소득 종합과세 제도 시행을 앞두고, 금융자산 노출을 회피하려는 거액의 자금들이 은행권 분리과세형 상품에 몰리고 있다.

5일 금융업계에 따르면, 올들어 국민·주택·신한 등 11개 은행의 분리과세 상품에 신규 유입된 돈은 모두 1조7993억원인 것으로 나타났다. 이들 분리과세 상품의 1계좌당

평균 금액은 2억3300만원에 달해 부유층의 여유자금이라는 사실을 뒷받침하고 있다.

분리과세 상품이란 만기 5년이상인 장기저축이나 장기채권 또는 그런 채권만으로 운용하도록 만들어진 금융상품. 소득자가 분리과세를 신청하면, 이 상품에서 발생한 이자소득은 종합과세 대상에서 제외하는 대신 고율의 세금(33%·주민세

포함)이 원천징수된다.

분리과세형 상품의 은행별 수신고는 하나은행이 5778억원으로 단연 많았고, 신한(2146억원)·국민(2098억원)·한미(2067억원)·서울(1793억원) 등의 순으로 나타났다. 하나은행측은 "은행권 최초로 분리과세 상품을 개발·판매한 노하우가 있는데다, 분리과세를 의식한 자금이 많다는 점을 감지하고 VIP급 고객을 대상으로 적극적인 유치전략을 세웠기 때문"이라고 밝혔다.

／金洪秀기자 hongsu@chosun.com

2000년까지는 은행예금에서 발생한 이자소득은 은행에서 곧바로 이자소득세(2001년부터 15%)를 징수하는 것으로 모든 납세절차가 끝났다. 다시 말해 이자소득을 올리는 사람이 국세청에 별도 신고를 할 필요가 없었다는 얘기다. 그러나 금융소득 종합과세 실시됨에 따라 4000만 원이 넘는 이자소득 등 금융소득은 종합소득에 포함시켜 신고하고 소득세를 내야 한다. 종합과세되는 금융소득이란 모든 금융기관으로부터 받은 예금 등의 이자, 국공채·금융채·회사채 등에서 발생한 이자소득, 상장·비상장 주식 및 출자금에서 발생한 배당소득을 통틀어 일컫는다.

그러나 만기 5년 이상의 상기채권 및 징기지축의 이자에 대해서는 30%의 '분리과세'를 선택할 수 있다. 분리과세란 납세자가 원할 경우 이자소득을 종합과세 대상 소득에 포함시키지 않고 금융기관에서 원천과세를 하는 것으로 과세절차를 끝내는 것을 말한다. 만기가 5년 이상인 장기저축상품이 대표적인 분리과세 상품이다. 따라서 거액재산가들은 종합과세를 피할 수 있는 분리과세상품에 가

입하는 게 절세를 하는 좋은 방법이다.

세금우대 금융상품

"소득 있는 곳에 세금 있다"는 말처럼 소득을 올리는 사람들은 모두 세금을 내야 한다. 은행에 저축해서 받은 이자, 주식투자를 해서 받은 배당소득에 대해서도 세금이 붙는다. 이자소득에 대해서는 15%의 세금이 붙는데 여기에 10%의 주민세가 추가로 붙어 총 16.5%의 세금을 물게 된다. 그러나 정부는 저축장려를 위해 특정 저축에 대해서는 세금을 감면하고 근로소득세를 계산할 때 일정액을 공제해 세부담을 완화해 주고 있다. 예컨대, 연간급여 3000만

세금우대금융상품

	저축상품	주요내용
비과세 저축상품	개인연금저축	2000년 12월까지 판매(소득공제 72만 원)
	연금저축	연금소득과세(소득공제 240만 원)
	장기주택마련저축	2006년 12월까지 판매
	고수익고위험신탁저축	2002년 12월까지 판매
	장기증권저축	2002년 3월까지 판매
	장기주식형저축	2005년까지 비과세
	근로자우대저축	2002년 12월까지 판매
	생계형저축	노인 · 장애인 · 독립유공자 · 국가유공상이자
	농어가목돈마련저축	2006년 12월까지 비과세
	조합등 예탁금	2006년까지 비과세(2007년 5%)
저율과세 저축상품 (10%)	세금우대종합저축	세금우대통합(저축 · 신탁 · 공제 · 보험 · 채권) 1인당 4000만 원까지 가입 가능
	조합등 예탁금	2008년부터 세금우대종합저축 간주
세금우대 배당	장기보유주식(1년 이상)	장기보유 상장 · 등록법인주식 5000만 원까지는 비과세, 3억원은 5%
	선박투자회사 주식	2008년도까지 보유주식 3억 원은 비과세, 3억 원 초과는 분리과세

원 이하인 근로소득자들이 가입할 수 있는 개인연금저축, 장기주택마련저축, 조합예탁금에는 세금을 전액 면제해 준다. 근로자장기저축과 소액가계저축, 노후생활연금신탁은 농특세 0.5%를 포함해서 10.5%의 낮은 세율을 매긴다. 이처럼 세율이 낮은 예금상품들을 '세금우대 상품'이라고 말한다. 주식투자 배당금에 대해서도 주민세를 포함해 16.5%의 세율로 세금을 내야 한다. 또 주식투자자들은 주식을 사고 팔 때 증권거래금액의 0.65%만큼 증권거래세와 농특세를 낸다.

근로소득세와 연말정산

근로소득세는 근로의 결과로 발생하는 소득에 대해 과세하는 세금이다. 근로소득은 세금을 낼 때 다른 소득들과 합쳐서 종합소득으로 개인별로 합산과세한다. 그러나 근로소득만 있는 대부분의 봉급생활자는 매달 원천징수의 방법으로 세금을 납부하고 연말에 이를 정산(精算)함으로써 납세 의무가 종결된다.

연말정산(年末精算)의 세금산출은 어떻게 이루어지는가? 우선 근로자가 받는 총급여(보너스 포함)에서 비과세소득(6세 이하 자녀의 출산·보육 수당 등)을 빼면 과세소득(총급여)이 나온다. 이 과세소득에서 근로소득공제·인적 공제·기부금 공제 등 각종 공제를 제하면 과세표준이 나온다. 이 과세표준에 세율을 곱하면 산출세액이 결정되는데, 이를 토대로 세금산출이 이루어진다. 근로소득세에는 갑종 근로소득세(보통 갑근세라고 부름)와 을종 근로소득세가 있다. '갑종

근로소득세의 계산

계산 절차

총급여액
(-)근로소득공제
근로소득금액
(-)각종 소득공제
과세표준
(×)세율
산출세액
(-)세액공제 및 감면
결정세액
(-)기납부세액
납부(환급)할 세액

근로소득공제

연간급여액	공제액
500만 원 이하	전액
500만 원 초과~1500만 원 이하	500만 원+500만 원 초과금액의 50%
1500만 원 초과~3000만 원 이하	1000만 원+1500만 원 초과금액의 15%
3000만 원 초과~4500만 원 이하	1225만 원+3000만 원 초과금액의 10%
4500만 원 초과	1375만 원+4500만 원 초과금액의 5%
일용근로자	1일당 8만 원

세율

과세표준	세율	누진공제액
1000만 원 이하	9%	-
1000만 원 초과~4000만 원 이하	18%	90만 원
4000만 원 초과~8000만 원 이하	27%	450만 원
8000만 원 초과	36%	1170만 원

근로소득세'는 임금과 상여금, 수당 등 근로소득에 과세하는 세금을 뜻한다. 이에 비해 '을종 근로소득세'는 외국기관이나 우리나라에 주둔하는 유엔군(미국군 제외)으로부터 받는 급여에 과세하는 세금이다.

갑근세는 소득세법 시행령에 규정된 월급여액별 간이세액표를 토대로 근로자가 속한 사업장에서 매달 원천징수한다. 간이세액표는 말 그대로 세금을 계산하기 쉽게 만든 표이기 때문에 개별근로자의 납세여건을 모두 반영하지는 못한다. 즉 소득이나 세액에서 빼는 부분(소득공제 · 세액공제)의 기본적인 사항만을 적용해 산출한다. 따라서 근로소득 이외에 다른 소득이 없는 경우 연말에 의료비 · 보험료 등 소득공제나 세액공제를 입증하는 자료를 제출하여 이 자료를 토대로 계산한 결과 세금을 더 냈다면 돌려받고 적게 냈다면 더 내도록 정산을 한다. 연말정산 후 확정된 세금이 최종 갑근세다.

봉급생활자와 원천징수

일반적으로 봉급에 대한 세금은 매월 월급을 지급할 때 그 소속기관이나 사업자(원천징수 의무자)가 간이세액표에 의하여 원천징수하고 다음해 1월분 월급을 줄 때 1년분의 정확한 세금을 연말정산하게 된다. 매년 1~2월 월급을 받을 때 연말정산 후 남은 돈이라 하여 회사에서 별도의 돈을 주는 경우, 매달 원천징수한 세금이 연말정산 결과 더 납부한 것으로 계산되어 돌려주는 돈이라고 생각하면

퇴직소득세의 계산

퇴직소득세는 퇴직급여액에서 퇴직소득 공제를 하고, 나머지 소득(과세표준)에 대해 소득세율과 근속연수를 적용하여 산출세액을 계산한다.

$$퇴직급여액 - 퇴직소득공제 = 과세표준$$

$$(과세표준 \times \frac{1}{근속연수}) \times 세율 \times 근속연수 = 산출세액$$

$$산출세액 - 퇴직소득세액공제 = 납부세액$$

[미니경제상식] **퇴직금과 세금** ────────────

퇴직금도 일종의 소득이므로 세금을 내는 것은 당연하다. 퇴직소득에 대해서는 소득세와 주민세를 과세하며 퇴직금을 지급할 때 그 소속기관이나 사업자가 이를 원천징수한다. 원천징수와 납부로 퇴직 근로자의 납세의무는 종결된다. 다만 같은 연도에 두 곳 이상에서 퇴직소득이 발생하는 경우에는 다음해 5월 중에 퇴직소득세 확정신고를 마쳐야 한다.

그러나 노동중 부상, 질병, 사망으로 인해 근로자나 유족이 받는 연금과 위자료 성격의 급여, 국민연금법에 의해 지급받는 노령연금과 장애연금, 유족연금과 반환일시금, 그리고 공무원연금법·군인연금법·사립학교 교원연금법·별정우체국법에 의해 퇴직자·퇴역자 또는 사망자의 유족이 받는 급여는 세금을 부과하지 않는다.

된다.

이처럼 원천징수제도는 봉급생활자 등 해당 납세자들이 세금을 개별적으로 직접 계산해 납부해야 하는 불편을 덜어 주기 위해 마련한 제도다. 다만 봉급 이외의 다른 소득이 없으면 연말정산으로 납세의무가 종결되지만, 다른 소득이 있으면 연말정산을 한 후 다른 소득과 봉급을 합산해 다음 해 5월에 종합소득세를 확정신고하고 세금을 납부해야 한다. 원천징수한 세금은 사업자가 다음 달 10일까지 은행 또는 우체국 등 가까운 금융기관에 납부해야 한다. 그러나 상시 고용인원이 10인 이하인 영세사업자(금융·보험업 제외)는 관할 세무서장의 승인을 받아 모든 원천징수세액을 반기별로 신고하여 납부할 수 있다.

꼭 알아두어야 할 연말정산

봉급생활자들은 매달 일정금액의 세금을 뗀 급여명세서를 받지만 이 세금은 확정된 것이 아니다. 다음 해 초 1년간의 총급여액에 대한 세금액과 매달 미리 납부한 세금총액을 비교, 정확한 근로소득세를 내게 된다. 이런 과정을 연말정산이라고 한다.

연말정산은 근로자가 1년 동안 지출한 여러 비용 등을 감안, 세금을 확정하는 절차인 만큼 영수증 등 관련서류를 챙겨 제출하면 짭짤한 금전적 혜택을 누릴 수 있다.

연말정산에 필요한 서류는 매년 말 회사에서 알려 주지만 평소 미리 챙겨 두면 연말에 서류를 챙기느라 허둥대지 않아도 된다. 또 연말에 국내외 장기출장을 갈 계획이면 관련서류를 미리 준비해 가족이 대신 제출하도록 해야 한다. 근로소득세는 우선 총급여에서 다시 근로소득 공제·인적공제·특별공제 등 각종 소득공제를 빼면 과세표준이 된다. 여기에 세율을 곱해 산출세액을 구하고 이어 산출세액에서 각종 세액공제액을 빼 결정세액을 산출한다. 만약 매달 미리 뗀 세금의 합계가 결정세액보다 많으면 차액을 다음 해 1, 2월에 납부할 세액에서 조정하여 돌려받으며, 적으면 더 내야 한다. 이런 복잡한 계산은 회사에서 알아서 하는 만큼 봉급생활자는 크게 걱정할 필요는 없다. 각종 공제액은 대개 해마다 바뀌며 다만 기본 골격이 크게 변하는 것이 아니므로 기본적인 연말정산 방법과 주요 공제항목을 숙지하면 된다.

다음은 2004년 귀속 연말정산에 대한 설명이다.

소득공제의 종류

소득공제란 근로소득 수입금액에서 소득세법 등 세법상 인정되는 각종 필요경비를 공제하는 것을 말한다. 여기에는 근로소득공제와 본인 · 배우자 · 부양가족 등에 대한 인적공제, 연금보험료 · 의료비 · 보험료 · 교육비 · 주택자금 등에 대한 특별공제와 신용카드 등에 대한 기타공제가 있다.

• 교육비 공제 : 자녀의 초 · 중 · 고 입학금 · 수업료 · 기타 공납금 등은 인원수에 관계없이 공제를 받는다. 자녀의 유치원(1인당 연 200만 원)과 초 · 중 · 고등학교(1인당 연 200만 원) · 대학(1인당 연 700만 원) 교육비도 공제받는다. 조부모가 키우는 손자도 이에 해당되며 장애인 특수교육비와 근로자 본인의 초 · 중 · 고 · 대학 및 대학원 교육비는 모두 공제받는다.

• 연금보험료 공제 : 본인의 국민연금, 공무원 · 군인 · 사립학교 교직원 · 별정직 우체국 연금에 의한 연금보험료는 전액 공제받는다.

• 보험료 공제 : 보험료는 건강보험료(전액)·고용보험료(전액)·기타 보험료(연 100만 원까지)·장애인 전용 보험료(연 100만 원까지) 등 의 합계액을 공제한다. 기타 보험은 생명보험·상해보험·자동차 보험 같은 가계손해보험과 농·수협에서 하는 생명공제 등 보장 성보험과 신용협동조합과 새마을금고 연합회의 공제상품 및 군인 공제회법 등의 공제도 포함된다.

• 의료비 공제 : 의료비가 연간급여의 3%를 초과할 때, 그 초과금액 을 500만 원 한도 내에서 공제한다. 다만, 본인·장애인 및 경로 우대자의 의료비는 공제한도를 적용하지 아니한다. 예를 들면, A 씨의 총급여가 3000만 원이고 경로우대자의 의료비 400만 원과 자녀의 의료비 200만 원을 지급한 경우 경로우대자의 의료비 전 액인 400만 원과 자녀의 의료비에서 총급여의 3%인 90만 원을 차감한 후의 금액 110만 원을 합한 금액으로 510만 원을 공제받 는다. 그러나 A씨의 본인의료비 300만 원만 있는 경우에는 총급 여의 3%를 초과하는 210만 원만 공제받는다. 본인과 배우자 및 부양가족의 진찰·진료·질병예방을 위하여 의료기관(한의원·조

의료비공제액의 계산

의료비 공제금액	㉮와 ㉯의 공제대상의료비를 합한 금액
㉮ 본인·장애인 및 경로우대자의 의료비	① 공제대상의료비 = 의료비지출액 ② 다만, ㉯의 의료비금액이 총급여액×3%에 미달하는 경 우 그 미달하는 금액을 차감
㉯ ㉮를 제외한 기본공제대상자의 의료비	① 공제대상의료비 = 의료비지출액−총급여액×3% ② 공제한도액 : 연 500만 원

산원 포함)에 지급한 비용과 의약품(한약 포함)의 구입대금이 대상이다. 그러나 미용·성형수술비 등 건강증진을 위한 약품(한약 포함)은 여기에서 제외된다.

• 결혼·이사·장례 비용 공제 : 본인 또는 기본공제 대상자의 결혼·이사·장례가 있는 경우 각 사유당 100만 원씩 공제받으며, 별도의 지급증빙은 필요없다. 이사의 경우 세대원 전체가 이사하는 경우에만 적용된다.

• 주택자금 공제 : 주택 관련 저축 주택차입금 상환 또는 장기주택저당 차입금 이자 상환액이 있는 경우 주택자금 공제를 받을 수 있다. 연간 최고 1000만 원까지 공제된다.

• 근로소득 공제 : 연간 총급여액 500만 원까지는 급여액 전액을 공제하고, 500만 원 초과 1500만 원까지는 50%, 1500만 원을 초과 3000만 원까지는 15%, 3000만 원 초과 4500만 원까지는 10%, 4500만 원 초과는 5%를 공제한다.

• 연금저축소득 공제 : 개인연금저축을 '소득자 본인명의'로 가입한 경우 저축불입액의 40%를 공제하는데 해외 거주자는 제외된다. 한도액은 72만 원으로, 연간불입액이 180만 원을 초과하더라도 72만 원까지만 공제받는다(2000년 12월 31일 이전 가입자에 한함). 연금저축 가입자는 저축불입액 전액을 공제받는데, 연간 240만 원을 한도로 공제한다.

- 인적 공제 : 기본공제와 추가공제로 나뉘는데 기본공제는 본인과 배우자, 부양가족 등으로 1인당 100만 원씩 공제한다. 단, 배우자는 연간소득금액이 100만 원을 넘으면 공제혜택을 받지 못한다. 추가 공제로는 장애인과 6세 이하 자녀가 있는 경우에 1인당 100만 원, 경로우대자의 경우 65~69세는 1인당 100만 원, 70세 이상은 1인당 150만 원, 배우자가 없는 여성근로자인 경우 50만 원씩을 공제한다.

- 기부금 특별 공제 : 기부금은 전액공제되는 기부금과 근로소득의 50%와 30%, 10% 한도에서 공제되는 지정기부금으로 나뉜다. 국가나 지방 자치단체에 내는 기부금인 국방헌금·수재의연금 등은 전액공제된다.

- 신용카드 등 사용금액 공제 : 1년간 사용한 신용카드·직불카드·기명식선불카드·학원비지로납부액에 대하여 총급여의 10%를 초과한 금액의 20%를 공제한다. 다만, 500만 원과 총급여의 20% 중 적은 금액을 한도로 공제한다. 신차 구입비나 각종 보험료, 교육비, 공과금 등을 위해 지출한 금액은 공제 대상이 아니다.

세액공제의 종류

세액공제란 근로소득 과세표준(근로소득 금액에서 각종 소득공제를 차감)에 세율을 적용하여 계산하는 산출세액에서 소득세법 등 세법상 인정되는 세액을 공제하는 것을 말한다.

세액공제에는 근로소득 세액공제와 외국납부 세액공제, 주택자금 이자 세액공제, 기부정치자금(10만 원까지 세액공제, 초과액은 전액 공

각종 공제요건과 제출서류

구분			공제요건	공제금액	준비서류
근로소득공제			① 500만 원 이하 ② 500만 원 초과 500만 원 이하 ③ 1500만 원 초과 3000만 원 이하 ④ 3000만 원 초과 4500만 원 이하 ⑤ 4500만 원 초과	① 총급여액 전액 ② 500만 원+500만 원 초과액의 50% ③ 1000만 원+1500만 원 초과액의 15% ④ 1225만 원+3000만 원 초과액의 10% ⑤ 1375만 원+4500만 원 초과액의 5%	
인적 공제	기본공제		-본인 -배우자 -부양가족:직계비속은 20세 이하, 직계존속은 60세(55세)이상. 계부·계모 포함	-1인당 100만 원:소득금액이 100만 원을 초과하는 배우자와 부양가족은 공제 대상에서 제외	-주민등록증 또는 호적등본 -상이증명서, 장애인 등록증(수첩) 사본, 장애인 증명서
	추가공제		① 기본공제대상자 중 장애인·경로우대자 ② 부녀자공제:부양가족이 있는 세대주인 독신여성 근로자·배우자가 있는 여성 근로자 ③ 자녀양육비공제:6세 이하 자녀	① 1인당 100만 (65~69세), 1인당 150만 원 (70세 이상) ② 1인당 50만원 ③ 1인당 100만원(교육비 공제와 중복 허용)	
	소수공제자추가공제		-직계비속 -기본공제자수가 2인 이하인 경우	-1인인 경우:100만 원 -2인인 경우:50만 원	
특별 공제	보험료공제		① 각종 연금보험료 -국민건강보험료 -고용보험료 ② 보장성 보험료 ③ 장애인 전용 보험료	① 전액 ② 100만 원 한도 ③ 100만 원 한도	-보험료납입증명서 또는 납입영수증 (①은 제외)
	의료비공제		① 연급여액의 3% 초과 의료비 ② 본인·장애인·경로우대자 의료비	① 500만 원 한도 ② 한도를 초과하더라도 공제	-의료비지급명세서, 의료비영수증

각종 공제요건과 제출서류

구분		공제요건	공제금액	준비서류
특별공제	교육비 공제	① 유치원·영유아·취학전 아동 및 초·중·고등학생 ② 대학생 ③ 근로자 본인	① 1인당 200만 원 한도 ② 1인당 700만 원 한도 ③ 전액(대학원까지)	-교육비·보육료·학원수강료 납입영수증
	주택 자금 공제	① 주택저축불입액 및 차입금 상환액의 40% ② 주택임차차입금 원리금 상환액 ③ 장기주택저당차입금 이자상환액	-연간 1000만 원 한도 -①+②의 한도 300만 원 -③의 한도 1000만 원	-주택마련저축납입 및 상환증명서 -주민등록등본 -제출 전 1개월 이내 발급된 직전 및 현 주민등록지의 건물등기부등본
	기부금	① 국가 무료·실비의 사회복지 시설 등 ② 특정단체(근특법 73조)기부금 ③ 우리사주조합 기부금 ④ 교육·종교 등을 위한 공익성기부금	① 전액 ② (종합소득금액-전액공제기부금)의 50% 한도 ③,④ (종합소득-전액공제기부금-50%한도적용기부금)×10~30% 한도	-기부금 납입증명서
	혼인·장례·이사비용 공제	혼인·장례·이사비용	각 사유당 100만원	혼인·사망한 자의 호적등본, 주민등록등본과 주택매매 (임대차)계약서 사본
기타 소득 공제	연금 저축	-소득자 본인 명의로 가입한 개인연금저축 -연금저축	-불입액의 40%(연간 72만원 한도) -불입액 전액(연간 240만원 한도)	-연금저축납입 증명서
	창업투자 조합출자 (투자)	-출자액·투자액의 15%	-소득금액의 50%한도	-투자조합출자(투자)확인서 -출자 등 소득공제신청서
	신용 카드 공제	-2003년12월1일~2004년11월30일까지 2004년 급여의 10%초과시 -초과금액의 20%공제	-총급여액의 20%(공제 한도 500만원)	-신용카드소득공제신청서 -신용카드 등 사용금액 확인서

각종 공제요건과 제출서류

구분		공제요건	공제금액	준비서류
	우리사주조합출연금	우리사주 취득을 위한 우리사주조합원의 출연분	-출연금액(연간 400만 원 한도)'	-우리사주조합 출연금액확인서
세액공제	근로소득	산출세액 -50만 원 이하 분: 55% -50만 원 초과 분: 30%	-공제한도 50만 원	
	외국납부세액	-국외근로소득합산시	-총근로소득 산출세액 $\times \dfrac{국외근로소득금액}{총근로소득금액}$	-외국납부세액공제신청서, 외국납부세액영수증

제 기부금으로 계산) 등이 있다.

소득공제 혜택이 따르는 신용카드 사용

국세청은 신용카드 사용을 장려함으로써 기업들이 과세자료를 투명하게 공개하도록 유도하고, 아울러 효율적인 징세업무와 신용사회 정착도 꾀하고 있다.

우리가 신용카드를 사용할 때마다 알게 모르게 세무행정을 돕고 있는 셈이다. 대신 국세청은 국민들이 연간 종합소득을 신고할 때 신용카드 사용액의 일정비율을 과세대상 소득에서 공제해 주고 신용카드 영수증에 대한 복권제를 실시해 당첨금을 주는 혜택을 부여하고 있다. 2004년 현재 신용카드 사용에 따른 소득공제 내역은 다음과 같다.

먼저 근로소득자는 신용카드 사용액이 연간 급여액의 10%를 초과할 때 초과금액의 20%를 공제하며 최고 500만 원의 신용카드 소득공제를 받을 수 있다.

다만, 국세청은 건당 5만 원을 초과하는 접대비와 건당 10만 원

이상인 경우에는 계산서, 세금계산서, 신용카드 영수증만 비용으로 인정한다.

소득공제 외에도 신용카드 영수증을 대상으로 매달 복권 추첨을 실시, 최고 1억 원의 상금을 주고 있다. 국세청은 매월 마지막주 토요일 오후 4시 KBS 1TV를 통해 생방송(쇼! 행운의 신용카드)으로 발표한다. 그러나 법인이나 개인 기업카드, 백화점카드, 위장가맹점 및 불법 대금업자와의 거래로 발생되는 카드거래는 추첨에서 제외하고 있다.

분실카드나 도난카드, 무효 또는 취소된 카드도 추첨 대상이 아니다. 보험료나 유치원·초·중·고·대학·대학원의 등록금, 수업료, 공과금 등의 납부도 신용카드 복권 추첨에서 제외된다.

8

다양해지는
부동산 시장

부동산과 경제

춘천·전주·제주·여수·통영·진주·청주 등 7개 중소도시권역의 그린벨트(개
발제한구역)가 내년 하반기쯤에나 완전 해제될 것으로 보인다. 이들 7곳은 '그린
벨트 전면해제대상'으로 공포된 곳으로 당초 올 연말 해제 예정이었다. 따라서 6
개월~1년 가량 해제작업이 연기되고 재산권 행사도 지연될 수밖에 없어 주민반
발이 예상된다.

또 '거주인구 1000명 또는 300가구 이상'의 대규모 취락(마을)과 그린벨트 경계선
관통취락 94곳 등 우선 해제 대상 지역도 당초 계획보다 6개월 늦은 올 11월부터
내년 3월까지 단계적으로 해제될 전망이다.

특히 수도권과 부산권 등 부분해제 대상인 7개 대도시권도 지역여건에 따라 최장
2년 후에나 풀릴 전망이다. 다만 경기도 성남 고등동·신촌동 등 2곳과 김해 불암
동·대동면 등 2곳 등 4곳은 연내 해제가 가능해 우선 해제대상 취락지 중 가장
먼저 풀릴 전망이다.

건설교통부는 7일 이 같은 내용의 그린벨트 조정현황과 향후 추진계획 자료를 공
개하고 "우선 전면해제 대상 중 제주시의 경우 중소도시권역 가운데 처음으로 그
린벨트 해제를 위한 도시기본계획 변경안을 마련, 이달 중 주민공청회를 개최하
겠다"고 밝혔다.

— 조선일보, 2000년 9월 8일자

경제기사 가운데 그런대로 일반인들이 친숙하게 느끼는 것 중 하
나가 부동산 관련기사가 아닐까 싶다. 기사 내용도 어렵지 않을 뿐
더러 내집 장만에 유달리 관심이 많은 우리나라 사람들에게는 항상
관심이 가는 분야기 때문이다.

대부분의 신문들은 매주 1~2회씩 부동산 특집면을 제작해 독자
들에게 관련정보를 제공하고 있다. 이런 부동산 면을 정기적으로
읽고 필요에 따라 스크랩도 해두면 아파트 신규분양 소식이나 신개
발지 등에 관한 정보를 쉽게 얻을 수 있다. 특히, 부동산 특집면을

계속 모아 두면 훌륭한 부동산 투자교범이 될 수도 있다.

그러나 "신문기사를 못 믿겠다"는 이야기를 하는 사람들도 간간이 있는데 대부분 부동산에 투자해 재미를 보지 못한 사람들이다. 투자자 입장에서는 신문도 선별해서 꼼꼼하게 읽어야 한다. 신문의 기본적인 기능 중 한 가지가 정보제공이지만 그 정보의 정확도와 질은 신문마다 차이가 나기 때문이다.

현장을 직접 뛰어야 하는 부동산 기사 작성은 더더욱 까다롭다. 봄이나 가을처럼 계절적인 성수기에 이런 기사를 쓰는 기자도 실제로 있었다. 'XX아파트 단지의 경우 최근 들어 하루에 1000만 원씩 뛰고 있다….' 하루에 1000만 원이면 한 달이면 3억 원이 뛴다는 얘기가 된다.

신문을 볼 때 가장 중요한 것은 부동산 관련 지표동향을 잘 체크해야 한다는 점이다. 예를 들어 주택건설 허가 실적이라든가, 지가동향, 주택가격동향, 건축허가실적 등 부동산지표를 잘 봐두는 것이 판단에 도움이 될 듯하다.

IMF 경제위기로 부동산가격이 전반적으로 급락하였다가 주택가격은 2001년 하반기부터 상승하여 경제위기 이전보다 높아졌다. 반면 토지가격은 회복속도가 매우 느려 상대적으로 낮은 수준에 머무르고 있다.

더욱이 최근 들어 부동산 시장의 구조와 흐름이 많이 바뀌고 있다. 이를 제대로 이해해야 부동산 시장 동향을 정확히 파악할 수 있으며, 개인적인 재테크에서도 성공할 수 있음은 물론이다.

먼저, 신문 경제면의 부동산 관련기사에 자주 등장하는 용어들을 소개해 가면서 최근의 부동산 시장 흐름과 적절한 공략방법 등을 전개해 보겠다.

사회간접자본과 인프라

경제기사에 자주 등장하는 '사회간접자본(SOC)'은 도로·항만·철도 등 어떤 제품을 생산하는 데 직접 사용되지는 않지만 생산활동에 간접적으로 도움을 주는 기반시설을 말한다. 최근 우리나라 기업들은 교통체증·항만적체 등 사회간접자본의 낙후성으로 인해 생산 및 수출에 애로를 겪고 있는데 이는 곧바로 국제경쟁력 약화를 초래한다.

따라서 정부는 유류 관련 특별소비세를 한시적으로 목적세인 교통세로 바꿔 사회간접자본 확충에 쓸 재원으로 활용하고 있지만 재정사정이 넉넉하지 못한 형편이다. 이에 따라 정부는 도로·철도·항만·공항·환경시설 등 광범위한 분야에 걸친 사회간접자본 확충에 민간자본을 유치하기 위해 '사회간접자본시설에대한민간투자법'을 제정하여 시행하고 있다. 사회간접자본에 투자하는 민간기업에 대해서는 공공부문의 출자, 재정지원, 차관도입 허용 등 원활한 자금조달을 위해 다각적으로 지원하고 있다. 경제면에는 도로 인프라·정보 인프라·항만 인프라 등 '인프라'라는 용어가 상당히 많이 쓰이고 있다.

인프라는 사회적 생산기반을 뜻하는 경제 용어로, 영어 단어인 인프라스트럭처(infrastructure)에서 따온 말이다. 인프라는 경제 활동의 기반을 형성하는 기초적인 시설을 뜻하며, 일반적으로 사회간접자본과 같은 개념으로 사용되고 있다.

국내 부동산 시장 규모

부동산이나 증권 등에 투자를 하거나 관심이 있는 사람도 그날그날의 핫 뉴스에만 신경을 쓰는 경우가 많다. 하지만 가끔은 한 걸음 물러서서 시장의 전체적인 규모를 살펴보는 것도 안목을 높이는 데 도움이 된다. 전국의 땅값 총액에 대해 분석한 자료들이 가끔 신문에 등장하는데 투자에 도움이 되는 수치라고 할 수 있다.

부동산 시장의 규모는 매우 크다. 건설교통부에 따르면 2004년 초를 기준으로 국공유지와 비과세 사유지를 제외한 전국의 과세대상 토지의 개별공시지가는 총 1829조 원으로, 1991년의 1079조 원에 비해 60% 증가했다. 한국감정원의 추계에 따르면 2003년 현재 우리나라 땅값의 총액은 2367조 원으로, 국내총생산(GDP)의 3.6배에 달하는 규모다. 여기에 아파트 등 주택, 상가나 빌딩 등을 모두 합치면 4000조 원이 넘는다는 게 부동산전문가들의 추산이다.

한 대학교수는 전체 부동산 규모를 최대 2500조 원으로 추정했는데 건물값을 500조 원으로 비교적 낮게 책정했기 때문이다. 국토연구원 정희남 박사는 지난 1995년도 전국의 부동산총액을 2621조 원으로 추산했는데, 기간을 감안하면 역시 국내 부동산 총액은 4000조

미니경제상식) **부동산실명제** ───────

부동산에 관한 물권(소유권, 전세권, 지상권 등)은 반드시 실제 권리자의 이름으로 등기하도록 한 제도다. 명의신탁을 이용한 부동산투기를 막고 세금탈루 및 각종 부정·부조리를 차단하기 위해 1995년 7월 1일 도입되었다. 이에 따라 종전에 판례로 인정되던 명의신탁은 무효화되었으며 명의신탁자의 재산권은 보호받기 어렵게 되었다. 그러나 채무변제를 담보하기 위한 가등기(假登記), 채권자가 부동산의 물권을 이전받는 양도담보(讓渡擔保), 신탁재산, 세금이나 강제집행 등의 회피목적이 아닌 종중 부동산 또는 부부간의 명의신탁 등은 예외가 인정된다. 부동산실명법은 명의신탁자에 대해 과징금·이행강제금·형사처벌 등을 부과하며 장기미등기(취득일로부터 3년내에 등기이전을 않는 경우)의 경우도 명의신탁으로 간주하고 있다.

원을 상회할 전망이다. 참고로 최근 우리나라의 주택수는 1100만 가구에 달하며 가구당 평균 5000만 원씩만 잡아도 550조 원이다.

여기에 빌딩이나 상가 등을 합치면 족히 1000조 원은 되고, 땅값을 합치면 4000조 원은 족히 넘을 것이라는 추산이 가능하다. 한때 "남한만 팔아도 미국 땅을 모두 살 수 있다"는 우스갯소리도 나돌았다. IMF 경제위기로 떨어진 땅값만 500조 원이 넘는다고 하니 실로 엄청난 시장이다.

개별 공시지가와 기준시가는 어떻게 다른가

전국의 과세대상 토지 2,718만 필지 중 66.1%(1,798만 필지)가 지난해보다 값이 오른 반면 떨어진 곳은 11.3%(306만 필지)에 그쳤다. 이는 전체 토지의 66%가 하락했던 지난해와 반대되는 현상으로 앞으로 국민들이 토지거래를 할 때 내는 세금이 크게 늘어날 것으로 보인다.

건설교통부는 2일 전국 2673만 필지의 개별 공시지가를 최종 확정 공시했다. 올해 공시지가 조사에선 중소도시가 대도시보다 상승한 곳이 상대적으로 많았다. 전국에서 땅값이 상승한 필지수의 비율이 가장 높은 지역은 전남 함평군으로 95.53%(14만 3834필지)가 올랐다.

인천국제공항이 있는 인천시 중구(95.03%)와 재개발·재건축이 활발한 인천시 동구(94.81%), 서울 송파구(94.04%), 동작구(91.08%), 강동구(90.73%) 등도 상승필지수가 90%를 넘었다. 반면 서울 구로구와 대구 중구는 전체 필지수의 55.07%와 52.43%가 각각 떨어진 것으로 나타났다.

국내에서 땅값이 가장 비싼 곳은 서울 중구 명동2가 33의 2 힌빛은행 명동지점 부지(평당 1억 1174만 원으로 평당 264만 원 상승)로 11년째 전국 최고를 지켰다. 가장 싼 지역은 경북 울진군 원남면 갈면리 산34 임야(평당 126원)로 조사됐다. 가장 비싼 주거지는 서울 강남구 삼성동 2번지 서광아파트 부지로 평당 972만 원이었고 가장 싼 곳은 전북 고창군 성송면 판정리 산12의 5 일대로 평당 4430원에 불과했다.

― 한국경제신문, 2000년 7월 3일자

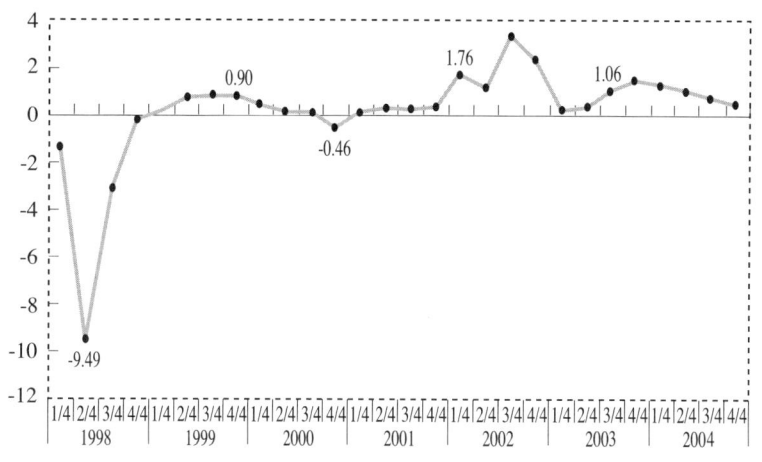

지가변동률추이(단위, %)

앞의 기사처럼 건설교통부는 매년 7월 초 공시지가를 발표하고 많은 부동산 관계자들은 이 기사를 1년간 오려 보관한다. 땅값의 기초자료가 되기 때문에 유난히 관심이 집중되는 것이다.

부동산을 거래할 때 매수자와 매도자는 양측의 합의에 따라 매매 가격을 얼마든지 자유롭게 결정할 수 있다. 예를 들어, 1억 원짜리 토지를 소유한 A는 친구인 B에게 1000만 원만 받고 이 땅을 팔 수 있다.

그러나 이처럼 땅값을 적게 받았다고 해서 실제 땅값이 떨어지는 것은 아니다. 일반적으로 부동산 시장에서 인정되는 실거래가격이 항상 존재하기 때문이다. 일반적으로 이와 같은 실거래가격으로 부동산을 매매하며, 이를 기준으로 양도소득세·취득세 등 각종 세금을 낸다.

이때 세금을 내는 기준가격으로 '개별공시지가(公示地價)'와 '기

전국 땅값 상승률 둔화

올 들어 지난 9월까지 전국 땅값은 1.14% 상승한 것으로 나타났다. 건설교통부 조사에 따르면, 전국 땅값은 지난 1분기 0.53% 상승한 데 이어, 2분기 0.37%, 3분기 0.23% 등으로 상승률이 점차 둔화되고 있는 것으로 나타났다. 땅값은 98년 13.6%나 급락했다가 99년 2.94% 상승으로 돌아섰다.

3분기(7~9월) 중 땅값 상승률이 높았던 지역은, 대전~통영 고속도로가 들어서는 전북 장수군 (1.73%)과 무안국제공항 예정지인 전남 무안군(1.60%), 경의선 복원 등의 영향을 받은 경기 연천군(1.47%), 카지노 휴양지인 강원 정선군(1.42%) 등이다.

반면 전남 목포(-0.56%), 대전 중구(-0.43%), 인천 남구(-0.21%) 등은 오히려 땅값이 하락한 것으로 나타났다.

건교부 토지국 이규식 과장은 "금융시장 불안과 난개발 방지를 위한 준농림지 건축규제 등으로 지가 오름세가 둔화되고 있다"고 말했다.
/車學峰기자

준시가(基準時價)'라는 것이 있다. 땅을 1000만 원에 사서 3000만 원에 팔았다면 구입가격 1000만 원과 매도가격 3000만 원을 '실거래가격'이라고 부른다. 그러나 보통 세무서에 세금을 낼 때 이와 같은 실거래가격으로 신고하지는 않는다.

세무서는 국가가 정한 개별공시지가로 구입가격과 판매가격을 결정하여 그 차액에 과세를 한다. 예컨대, A가 소유한 토지의 경우 1990년 매입할 때 실거래가격이 7000만 원이었지만 공시지가가 5000만 원이었다면 5000만 원에 매입한 것으로 국세청은 인정한다.

또 같은 땅을 A가 2002년에 1억 원에 팔았을 경우 개별공시지가가 8000만 원이라면 양도소득세는 개별공시지가 차액인 3000만 원(8000만 원~5000만 원)을 기준으로 과세하게 된다.

개별공시지가와 비슷한 것으로 기준시가가 있는데, 이는 아파트·빌라·연립주택·골프회원권·콘도회원권 등의 매매 및 증여·상속시 과세기준으로 활용된다. 반면 개별공시지가는 임야와 토지의 양도소득세나 상속·증여세를 과세할 경우 이용되는 과세기준이다. 국세청에서 매기는 기준시가는 '서울 ○○구 ○○동 ○○아파트는 얼마'라는 식으로 아파트 가격을 매기는 것이다. 국세청은 이런 기준시가를 가지고 보통 다음해 6월 말까지 1년간 일어나는 아파트 거래(양도 · 상속 · 증여)에서 발생하는 세금을 매긴다.

원칙적으로 정확한 거래가를 확인하여 세금을 부과해야 하지만 국세청 직원들이 현장에 나가 일일이 거래가액을 알아내기는 불가능하기 때문에 이렇게 한번 정한 기준시가를 가지고 대강 세금을 정한 것이다.

개별공시지가와 기준시가는 실제 매매가의 약 80% 수준이었지만 최근 들어 실거래가와 개별공시지가 및 기준시가 간에 차이가 줄어드는 추세를 보이고 있다. 그러나 토지나 아파트를 매매했을 때 개별공시지가나 기준시가가 실제 거래가격보다 높을 경우에는 반드시 관할 세무서에 실사신청을 해야 하는데, 이 경우 개별공시지가 대신 실거래가격에 따라 과세를 계산하므로 세금을 적게 낼 수 있다.

국세청은 아파트의 기준시가를 매년 7월 1일 전년의 가격변동을 감안하여 새로 고시하고 있다. 자신이 보유한 아파트의 기준시가를 알고 싶으면 국세청 홈페이지(www.nts.go.kr)에서 확인할 수 있으며, 개별공시지가는 해당 시 · 군 · 구청 홈페이지에서 확인할 수 있다.

단독주택, 다가구주택, 연립주택에 대해서도 건설교통부는 2005년부터 부동산 세금의 과세기준이 되는 공시가격을 조사 · 발표하고 있다.

부동산 자금출처 조사

특정지역에 부동산 투기바람이 일어나면 정부는 즉각 국세청 직원들로 구성된 부동산투기조사반을 투입하고, 투기혐의자에 대해서는 자금출처 조사를 벌인다.

투기지역이 아니더라도 정부는 소득원이 분명하지 않은 사람이

부동산 취득자금의 출처조사

- 자금출처 조사란 부동산을 취득한 경우 그 취득에 들어간 돈의 출처를 확인하는 조사를 말하며, 조사결과 타인으로부터 증여받은 것이 확인되면 증여세를 과세한다.
- 자금의 출처가 확인되지 아니한 때에는 그 자금을 다른 사람으로부터 증여받은 것으로 보아 증여세를 과세한다.

취득자금이 10억 원 미만인 경우

- 취득자금이 10억 원 미만인 경우에는 자금의 출처가 80% 이상 확인되면 나머지 부족분에 대하여는 문제삼지 않는다.

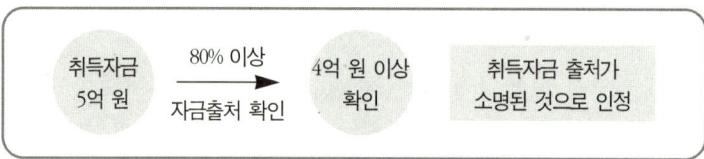

취득자금이 10억 원 이상인 경우

- 취득자금이 10억 원을 넘는 경우에는 자금의 출처를 제시하지 못한 금액이 2억 원보다 적을 때에만 취득자금 전체가 소명된 것으로 본다.

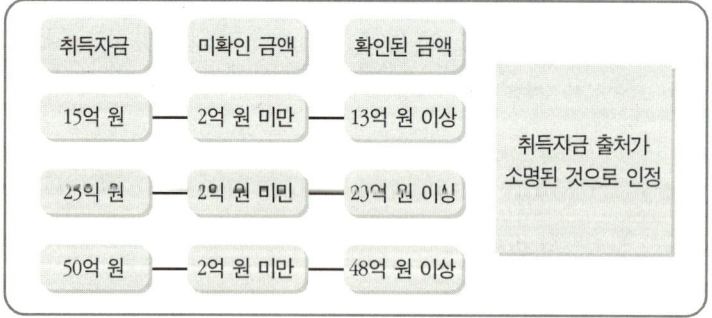

- 미성년자가 집을 사거나 성년자더라도 직업 또는 연령 등에 맞지 않는 큰 집을 사면 취득자금에 대한 자금출처 조사를 받는다.

거액의 부동산을 매입하는 경우에도 수시로 자금출처 조사를 벌이고 있다.

이때 각 언론매체들은 하나같이 '부동산투기 실태조사 착수' 등의 제목으로 집중보도하는데, 이럴 때면 약간의 부동산이라도 가지고 있는 사람들이라면 다소간 겁을 집어먹게 마련이다. 하지만 일반인들이 부동산 자금출처 조사에 대해 걱정할 필요는 없다.

자금출처 조사의 핵심은 본인 스스로 특정 부동산을 취득할 능력이 있는가 없는가를 살펴보는 데 있다. 다시 말해, 자금의 흐름을 조사하는 것이 아니라 취득재력, 즉 취득자의 경제적 능력을 조사하는 것이다. 그러므로 예금잔액 증명서 등은 자금의 출처로 인정해 주지 않는다.

부동산등기를 할 때 첨부하는 주민등록은 등기소를 통해 국세청 전산실에 통보되고 국세청은 부동산을 취득한 사람의 당해 연도와 직전 5년간의 소득상황과 자산의 양도·취득상황 등을 분석 검토한 후 증여혐의가 있는 자에 대해 소명자료의 제출을 요구한다. 그러나 부동산 취득가액이 일정 기준금액(해당 재산을 포함하여 10년간 취득한 재산가액 합계액을 기준으로 하며 세대주 여부, 연령, 주택 여부로 구분) 미만일 경우에는 자금출처 조사를 하지 않는다. 예컨대, 세대주로서 40세 이상인 사람이 취득한 4억 원 미만 주택, 세대주로서 30세 이상인 사람이 취득한 2억 원 미만 주택에 대해서는 소명자료 제출을 요구하지 않는다.

소명자료 제출요구서를 받으면 그 요구서에 표시된 취득재산의 자금출처를 기입하고, 소득이 있는 경우에는 소득세 납세증명 또는 납세영수증 사본, 융자나 남의 돈을 빌린 경우에는 부채증명서, 다른 재산을 처분한 경우에는 매매계약서·등기부 등본, 전세보증금이 있는 경우에는 전세계약서 등의 증빙서류와 함께 관할 세무서에 우편으로 보내면 된다.

부동산 개발과 주택

택지개발사업 · 토지구획정리사업

'택지개발사업'이란 도시지역의 주택난을 해소하기 위해 낙후된 미개발지역을 선정하여 개발함으로써 저렴한 주택지를 대량으로 조성 · 공급하고자 하는 사업을 말한다. 택지개발사업은 보통, 개발이익이 매우 크므로 사업의 공정성 및 개발이익의 환수를 위해 국가 · 지방자치단체 · 한국토지공사 · 대한주택공사 등이 시행하도록 규정되어 있다. '택지개발촉진법'에 의해 택지개발 예정지구로 지정된 지구를 '택지개발지구'라고 한다.

반면, '토지구획정리사업'이란 주서 · 상업 · 공업 지역 내에 기존건물이 산재해 있는 지역에서 적정규모의 공공시설과 택지조성비 확보를 위해 토지의 일정률을 감보하

"주택·상가 용도변경 러브호텔로 편법신축"

행자委 서울시 국감자료

러브호텔 신축이 인근 주민들의 반대로 어려워짐에 따라 기존 상가나 주택을 숙박시설로 용도변경하는 사례가 일부 있는 것으로 나타나나

2일 서울시가 국회 행정자치위 전갑길(全甲吉·민주당) 의원에게 제출한 국정감사 자료에 따르면 최근 3년간 서울에서 주택이나 근린생활시설로 분류된 상가가 숙박시설로 용도변경된 사례가 19건에 달했다.

연도별로는 주택으로 지정됐던 은평구 불광동 305-20 1·2층이 지난 98년 4월 숙박시설로 변경된 것을 비롯, 올해 6건, 99년 4건, 98년 6건, 97년 3건 등이다.

이에 대해 서울시는 "러브호텔이 사회적 문제로 대두되지 않았

던 지난해까지는 건물 전체를 숙박시설로 용도변경된 사례가 있었다고 인정하고 "하지만 올해부터는 건물내 일부 층에 있던 기존 숙박시설이 다른 층까지 확장된 것을 제외하고 건물전체가 용도변경된 사례는 없다"고 밝혔다.

함께 이날 서울시가 국회 행정자치위 이병석(李秉錫·한나라당) 의원에게 제출한 국정감사 자료에 따르면 시 산하 52개 위원회 중 지난 해 회의개최 실적이 한차례도 없는 8개 위원회에 올해 4500여만원의 예산이 배정된 것으로 드러났다.

이 의원은 "서울시가 불필요한 위원회를 양산, 예산을 낭비하고 있다"고 지적했으며 서울시는 이에 대해 "법률과 조례에 규정된 위원회를 제외한 나머지는 정리해 운영에 내실을 기하겠다"고 밝혔다. /鄭志弘기자 willy@chosun.com

여 토지구획을 정리한 후 지주들에게 일정 토지를 다시 환지하는 도시계획사업이다.

토지구획정리사업과 택지개발사업의 차이점 중에서 몇 가지만 살펴보자.

토지구획정리사업은 토지 주인에게 적정한 개발이익이 부여되므로 토지 주인이 자발적으로 참여하여 개발이 용이하다. 하지만 부동산투기를 유발하게 되므로 수도권을 비롯한 대도시 지역 내에서는 억제되고 있다.

이에 반해 택지개발사업은 지가가 저렴하고 기존의 건물이 적은 미개발지역을 전면 수용하여 공공시설을 충분히 확보한 후 주택건설용지 및 상업용지 등을 분양하며, 이때 발생하는 개발이익은 모두 공공 및 사회에 환원되는 점이 다르다.

연면적 · 용적률 · 건폐율

건축법상의 용어 중 하나인 '연면적'은 건축물의 각층 바닥면적의 합계를 말한다. 주의할 점은 용적률 산정에 있어 지하층 면적과 지상층의 주차용으로 사용되는 면적을 제외한다는 점이다. '용적률'은 건축물 연면적의 대지면적에 대한 비율을 말한다. '건폐율'은 대지면적에 대한 1층 바닥면적의 비율을 말하며, 대지면적에 대한 지상건축물의 연면적 비율인 용적률과는 구별된다. 또 대지에 2개 이상의 건축물이 있는 경우에는 이들 건축면적의 합계로 건폐율을 계산하게 된다.

따라서 용적률과 건폐율의 변동은 부동산가격에 상당한 영향을 미치기 때문에 관심도가 높다. 100평의 대지에 용적률 100%의 3층 건물을 짓는다고 가정하자. 그러면 1~3층의 바닥면적을 합친 건물 연

녹지지역 건폐율 20·용적률 100%로

건교부, 내년 3월부터

내년 3월부터 녹지에 걸쳐 있는 주거지역 등에 건물을 지을 경우 녹지에 대해서는 녹지수준의 건축기준 (건폐율 20%·용적률 1백%)이 적용된다. 현행 건축법은 녹지보다 다른 용도지역의 면적이 많으면 녹지에도 다른 용도 지역의 건축기준을 적용할 수 있도록 규정하고 있다.

건설교통부는 8일 토지의 편법 분할·합병을 통한 녹지훼손과 난개발을 막기위해 이런 내용의 건축법개정안을 마련, 국무회의 및 정기국회 상정을 거쳐 내년 3월부터 시행할 계획이라고 발표했다. 개정안은 또 도지사가 자연환경 및 경관보호가 필요한 지역으로 지정 고시하는 곳에 3층이상의 건물을 지을 경우, 시장 군수로부터 건축허가를 받기 전에 도지사의 사전승인을 얻도록 했다.

유대형 기자 yoodh@hankyung.com

면적은 100평까지로 제한된다. 만일 용적률이 200%라면 연면적을 200평까지 지을 수 있다.

또한 100평짜리 토지에 건폐율이 10%라면 건물 1층 바닥면적은 10평, 50%라면 50평이다. 용적률과 건폐율이 높을수록 같은 부지에 더 큰 건물을 지을 수 있는 것이다. 이 때문에 용적률이 높은 토지는 그만큼 값어치가 더 나간다.

건폐율과 용적률의 제한은 도시미관을 유지하면서 안락한 주거환경 조성과 토지의 효율적 이용을 목적으로 하고 있다. '국토의계획 및이용에관한법률'에서는 용도지역별로 건폐율 및 용적률의 최대한도를 규정해 놓고 동 범위내에서 해당 자치단체가 지역별 특성에 맞추어 건축조례로 정하도록 하고 있다. 최근 들어 쾌적한 생활환경에 대한 욕구가 높아지면서 정부와 자치단체들은 건폐율 및 용적률을 강화하는 방향으로 나아가고 있다.

준농림지

2002년 1월부터 준농림지가 보전·생산·계획 관리지역 등 3개 지역으로 세분화돼 개발 가능한 준농림지 면적이 현재의 절반 수준으로 축소된다. 또 시·군이 늦어도 오는 2005년까지 수립해야 하는 국토도시계획 시행 이전까지는 준농림지에 대해 용적률 80%, 건폐율 20%의 강도 높은 이용규제가 잠정 적용된다.

또 3개 관리지역 중 계획관리지역과 자연녹지에서는 기반시설 설치비용을 사업자가 부담하는 조건으로 개발을 허가하는 기반시설 연동제가 도입되고 일정규모 이상의 개발에 대해서도 체계적 개발을 위한 특별 지구단위계획제도가 시행된다.

건설교통부는 이런 내용을 담은 국토이용 및 도시계획에 관한 법률 제정안을 마련, 13일자로 입법예고한 뒤 2002년 1월 1일부터 시행에 들어갈 계획이라고 밝혔다. 제정안에 따르면 현행 도시, 준도시, 준농림, 농림, 자연환경보전지역 등 5개 용도지역은 △도시지역(주거·상업·공업·녹지지역) △관리지역(보전·생산·계획관리구역) △보전지역(농림지역·자연환경보전지역)으로 세분화된다.

도시지역 중 주거지역 용적률은 종전 700%에서 500%로 강화되고, 녹지지역도 200%에서 100%로 대폭 강화된다. 특히 난개발의 근거로 지목됐던 준농림지는 전면 폐지된다.

— 조선일보, 2000년 10월 13일자

종전에 신문지상에 자주 등장했던 부동산 용어 중 하나가 바로 '준농림지'다. 농림지나 농지에 준하는 말이라고 짐작은 할 수 있겠지만 용어의 뚜렷한 정의나 의미를 알고 있는 사람들은 거의 없다. 준농림지는 농사와 조림 목적으로 우선 이용하되 경우에 따라 주택용지나 공장용지 등으로 전용이 가능한 지역을 가리킨다.

준농림지가 발생한 배경은 정부의 신도시사업 중단 때문이다. 정부가 신도시개발을 갑자기 중단하자 집 지을 땅이 부족했고 공무원들은 어떤 식으로든 택지를 공급해야 했다. 택지를 공급하지 않으면 집값 폭등과 함께 경제의 주름살이 이래저래 깊어질 수밖에 없기 때문이었다.

그래서 도시주변의 농지를 '준도시지역'으로 용도변경해서 아파트 등을 지을 수 있도록 하는 방안이 수립됐고, 그것을 가능케 한 땅이 바로 준농림지다.

그러나 준농림지로 인한 난개발이 확산되는 등 문제점이 부각됨에 따라 정부는 국토의 난개발을 방지하고 국토이용체계를 환경친화적으로 개편하기 위해 기존의 국토이용관리법과 도시계획법을 통합한 '국토의계획및이용에관한법률'을 제정하여 2003년 1월 1일부터 시행하였다.

'국토의계획및이용에관한법률'은 용도지역을 도시지역(주거·상업·공업·녹지지역), 관리지역(보전·생산·계획관리지역), 농림지역, 자연환경보전지역으로 구분하고 있다. 이에 따라 건설교통부는 기존 준농림지에 대해 토지적성평가를 실시하여 5등급으로 분류하고 1~2등급은 보전 또는 생산관리지역으로, 4~5등급은 계획관리지역으로, 3등급은 지방자치단체의 사정에 따라 보전, 생산, 계획관리지역 중 하나로 지정토록 할 예정이다.

이와 같은 준농림지 개편작업은 수도권과 광역시, 그리고 광역시 인접 시·군은 2005년까지, 나머지 지역은 2007년까지 이루어질 전망이다. 건폐율 및 용적률을 보면 기존 준농림지가 각각 40% 및 80%이고 새로이 지정되는 보전·생산관리지역은 20% 및 80%, 계획관리지역은 40% 및 100%를 적용받게 된다.

종합부동산세와 통합재산세

현행 재산세(건물)와 종합토지세(대지)가 통합되어 내년부터 부과되는 '주택 재산세'에 0.15, 0.3, 0.5%의 3단계 세율을 적용하는 방안이 확정되었다. 또 한 채 이상 주택의 과표 합계가 4억 5000만 원(기준시가 9억 원)을 초과하는 주택 보유자들에게 부과하는 '주택 종합부동산세'(종부세) 세율은 과표 4억 5000만 ~10억 원 1.0%, 10억~50억 원 2.0%, 50억 원 초과분 3.0% 등으로 전해졌다. 종부세 대상자는 재산세와 종부세를 모두 납부한다.

정부와 여당은 11일 당정회의를 열고 이 같은 내용의 부동산 보유세제 개편안을 확정·발표했다. 개편안에 따르면 주택 재산세의 경우 과표(국세청 기준시가×0.5) 4000만 원 이하 0.15%, 4000만 원 초과~1억 원 이하 0.3%, 1억 원 초과 0.5%의 세율이 각각 적용된다. 납부세액은 이 같은 과표 구간별로 세율을 곱하여 산출한다. 또 나대지(개인 또는 법인의 유휴토지)의 재산세율은 과표 5000만 원 이하 0.2%, 5000만 원 초과~1억 원 0.3%, 1억 원 초과 0.5%로 정해져 올해보다 세부담이 적어졌다. 여러 필지의 과표 합계가 3억 원이 넘는 나대지를 대상으로 하는 종부세도 1.0, 2.0, 4.0%의 3단계 세율이 적용된다. 빌딩, 상가, 사무실 등의 사업용 토지는 과표 2억 원 이하 0.2%, 2억 원 초과~10억 원 0.3%, 10억 원 초과 0.4%의 재산세율이 매겨진다.

- 조선일보 2004년 11월 12일자

기존 부동산 관련 세금인 재산세와 종합토지세가 2005년부터 '재산세'로 통합되고 새로운 세금인 '종합부동산세'가 등장하는 등 새로운 세금 용어들이 불쑥 튀어나와 국민들을 헷갈리게 하고 있다.

종합부동산세는 개인별로 전국의 주택과 토지를 합산해 고가·과다 부동산 보유자들에 대해 높은 세율의 누진세율을 적용하는 제도다. 우선 각 지자체가 해당 지역의 토지와 건물에 대해 각각 재산세를 거둔 다음 일정액을 초과하는 토지와 주택에 대해 중앙정부가 또 한 번 누진세율을 적용해 국세로 과세하게 된다. 이에 따라 2005년부터 부동산 보유세 명칭은 지방자치단체가 징수하는 재산세(토지분+건물분)와 중앙정부가 징수하는 종합부동산세 두 가지로 나뉘었다. 종합부동산세 과세 대상은 국세청 기준시가로 9억 원(시가 10억 원 상당) 이상인 주택, 공시지가로 각각 6억 원, 40억 원 이상인 토지(나대지)와 사업용 토지 보유자다.

(통합)재산세는 기존 토지분 종합토지세와 건물분 재산세를 통합한 세금이다. 일상생활에서 하나의 단위로 거래되는 주택에 대해 과거 재산세(7월)와 종합토지세(10월) 두 가지 세금을 따로 부과하던 것을 개선해 앞으로 주택에 대해선 하나의 세금으로 과세하겠다는 취지다.

국민주택 · 민영주택 · 고가주택

'국민주택'이란 정부의 국민주택기금을 지원받아 건설되는 주택을 말한다. 국민주택은 대한주택공사나 자치단체 등에서 공급하는 경우에는 전용면적이 85㎡(25.7평) 이하고 민간건설업자가 공급하는 경우에는 전용면적이 60㎡(18평) 이하다. 하지만 국민주택기금을 지원받지 않은 경우에는 전용면적 60㎡ 이하 주택이라고 해도 국민주택이 아니다.

정부가 주택을 국민주택과 국민주택기금의 지원이 없는 '민영주택'으로 구분하는 것은 서민들의 주거생활 안정을 위해 서민용 주택건립을 촉진하기 위해서다. 국민주택을 취득할 경우 부가가치세가 면제되고, 취득세 · 등록세 등이 민영주택보다 저렴하다.

또 우리나라 '소득세법'에는 1세대 1주택 비과세 요건을 갖추어도 고가주택에 해당되면 양도소득세를 과세하도록 규정되어 있다. 이는 당초 고급주택에 거주하는 고액 소득자들에게 세금을 많이 부과하자는 취지에서 마련되었으며 2002년 이전에는 고급주택을 전용면적이 165㎡(50평) 이상이고 실거래가액이 6억 원을 초과하는 주택으로 규정하고 있었다. 그러나 최근 서울 강남지역을 중심으로 아파트 가격이 급등함에 따라 조세형평 및 부동산투기억제 차원에서 2003년부터는 주택형태별 면적요건 등이 없어지고 모든 주택 및 부수되는 토지의 실거래가액이 6억 원을 초과하는 경우 일률적으로 적용된다.

임대주택 지원제도 활용

요즘처럼 전월세 문제가 심각하게 느껴질 때는 전월세 지원대책을 남보다 빨리 세우는 전략도 도움이 된다. 그 중에서도 정부의 임대주택 지원제도 등은 빼놓을 수 없는 제도다.

2003년 말 현재 우리나라의 전체 공동주택 582만 가구 가운데 임대주택은 80만 가구로 13.7%를 차지하고 있으며, 그 비중이 점차 커지는 추세다.

이는 지난 1996년 이후 공공건설 임대주택의 물량과 재개발, 주거환경 개선사업에 의한 임대주택 물량이 대폭 늘어난데다 임대사업자 등록요건도 종전의 다섯 채에서 두 채로 대폭 완화된 데 따른 것으로 풀이된다.

미니경제상식) **재개발과 재건축은 다르다** ────────

서울지역에 아파트를 지을 만한 땅이 고갈됨에 따라 재개발과 재건축이 아파트공급의 마지막 보루 역할을 하고 있다.

재개발과 재건축은 둘다 도시 재정비를 위해 무질서하거나 오래된 주택건물을 헐고 아파트를 짓는다는 점에서 비슷하지만, 자세히 살펴보면 많은 차이가 있다.

'재개발'이란 흔히 달동네라고 불리는 저소득층 밀집지역의 불량주택을 헐고 아파트를 짓는 것인 반면, '재건축'은 주로 기존 아파트를 헐고 그 대지 위에 고층아파트를 신축하는 것을 의미한다. 재건축의 경우 안전진단을 통해 꼭 재건축이 필요하다는 결과가 나와야만 비로소 사업시행이 가능하다는 점도 특징이다.

재개발 절차는 크게 재개발 구역 지정→구역 지정 고시→사업계획 결정 고시→공람공고→사업시행 인가→이주비 지급→철거 및 착공→관리처분→완공 및 입주의 순서로 진행된다.

재건축은 재건축 결의→안전진단→주택조합 설립→사전결정→사업계획 승인→본계약체결 및 조합원 이주→착공 및 택지비 심의신청→조합원 분양 및 일반 분양→입주 및 사용검사→정산 및 조합 해산 등의 순서로 진행된다.

종로에 외국인 임대아파트

극동건설, 유럽 펀드에 낙원빌딩 매각

고기정 기자

종로 낙원상가 인근에 외국인 임대 전용 고급 아파트가 들어선다.

낙원상가 바로 옆에 지상 24층짜리 빌딩을 짓고 있는 극동건설은 이를 유럽계 펀드인 로담코에 매각한다고 밝혔다.

로담코는 이 빌딩을 중대형 주상복합아파트로 설계변경해 외국인을 대상으로 임대할 예정이다.

시공은 극동건설이 계속 수행한다. 매각 금액은 채무 정리와 시공계약 문제로 아직까지 협의하고 있다.

아직 공사를 하고 있어 200억~300억원에서 책정될 것으로 보인다.

극동건설측은 지난 7월 중순 가계약을 맺은 상태며 다음달 초로 담코가 제시한 이행조건을 완료하는 즉시 공식 발표할 예정이라고 밝혔다.

이 빌딩은 극동건설이 지난 96년 공평12지구 재개발사업의 일환으로 착공했다. 98년 극동건설이 법정관리에 들어가면서 공사가 중단됐다.

대지 995평에 용적률 884.53%를 적용해 지하 6층, 지상 24층으로 골조를 올렸다. 건평은 1만3790평이다. 현재 40% 정도 공사가 진행된 상태다.

당초 사업계획에는 오피스텔(76실)을 지상 15~23층까지 들이고 나머지 공간은 사무실과 상가로 사용할 계획이었다.

낙원동에 짓는 극동 빌딩.

로담코는 임대 아파트 수요가 클 것으로 보고 설계 변경을 통해 사무실을 없애는 대신 주상복합아파트 200~250가구를 들일 예정이다. 평형은 40~70평대를 검토하고 있다.

임대관리는 제3 업체가 담당하며 호텔식 서비스를 할 예정이다. 싱가포르 등지에 있는 도심 내 서비스드(Serviced) 아파트로 꾸민다는 계획이다.

상가는 지하 1층과 지상 1층에만 들인다.

극동건설 관계자는 "로담코는 지난해에도 국내 대형 빌딩을 인수한 적이 있어 우리나라 상황에 익숙하다"며 "종로에는 아직까지 외국인용 임대아파트가 없는 만큼 수요는 충분한 것으로 보고 있다"고 밝혔다.

각종 임대주택 지원제도를 신문을 통해 꾸준히 관심 있게 파악하고 활용하는 것도 필요한데, 우선 정부 돈(재정)을 지원받는 국민임대아파트에 대해 알아보자.

국민임대아파트는 1998년부터 대한주택공사가 건설하기 시작하여 2003년 말까지 13만 가구 정도를 건축하였으며 최근 들어 지자체들도 직접 사업에 나서고 있다. 국민임대아파트는 국민주택기금 외에 정부 재정이 투입된다는 점에서 기존의 공공임대주택과는 다르다. 사업비의 30%를 정부가, 국민주택기금에서 40%를, 대한주택공사가 10%를, 입주자가 20%를 분담하며 정부의 재정지원 등으로 인해 입주자가 부담하는 보증금과 월임대료가 매우 저렴하다. 임대기간 역시 10~30년으로 5년짜리 공공임대아파트보다 훨씬 긴데다 최근 들어서는 30년짜리가 주종을 이루고 있다. 청약자격은 무주택 세대주로 가구당 월평균 소득이 전년도 도시근로자 월평균소득의 70% 이하인 청약저축 가입자로서 청약저축 납입회수 또는 당해 지역 거주 여부를 기준으로 우선순위를 정한다.

부동산 투자상품과 아파트 청약

부동산 시장은 이제 안정기에 접어들어 옛날과 같이 높은 수익을 기대하기 어렵다고 말하는 사람들이 적지 않다.

그러나 부지런히 움직이고 아이디어를 생각해 낸 투자자들은 지금도 상당한 투자수익을 올리고 있다. 예를 들어, 최근 수년간 재건축이나 재개발 아파트 등에 투자한 사람들은 연간 15% 이상의 가격상승 이득을 챙겼으며, 전망 좋은 한강변에 다양한 규모의 빌라주택을 건설한 투자자들도 재미를 보고 있다.

부동산도 개발형 상품 시대

땅은 가만히 두면 그 효용가치가 떨어지게 마련이고, 그 땅에 집이나 빌딩 등 건축물이라도 올리면 그 가치는 올라가는 법이다. 예전에는 무엇이든 품에 안고 있는 것이 나중을 대비해서 좋은 방법이라고 믿어 왔다. 하지만 그것은 말 그대로 예전의 생각일 뿐이다.

현대는 누가 무엇을 갖고 있느냐보다 그것을 어떻게 활용하는가를 더 중요시하고 있다. 특히, 땅의 경우 활용할수록 그 가치가 더욱 높아지며 집도 마찬가지다. 허름한 단독주택을 그대로 갖고 있기보다는 새로운 형태의 원룸형 주택으로 개조하여 임대를 하거나,

산뜻한 상가점포 주택을 지으면 부동산 재테크로서도 큰 효과를 얻을 수 있다.

최근 부동산 시장의 가장 두드러진 구조변화는 전국적으로 땅값이 똑같이 오르거나 내리는 시대는 지나갔다는 점이다. 즉 부동산 시장은 이제 국지적으로 변화하고 있다. 어느 부동산상품은 지금도 가격이 계속 오르는 반면 어느 상품은 계속 내리는 상반되는 현상이 나타나고 있다.

부동산의 가격상승을 기대하기 위해서는 개발지 주변이 유리하다. 서해안과 아산만권·부산권 등 광역개발계획이 추진되거나 개발촉진 지구로 지정되어 개발이 유망한 곳, 고속도로가 뚫려 지역개발이 활성화될 곳 등 투자 유망지역은 의외로 많은 편이다. 최근 몇 년 동안 땅값이 가장 많이 오른 곳은 시·군 통합지역과 주요 개발지역들이었다.

부동산에 관심이 많은 사람들이라면 부동산 시장이 갈수록 양극화되고 있다는 현상에도 유의할 필요가 있다. 서울을 중심으로 한 수도권지역과 지방 간의 격차가 갈수록 커지고 있다는 의미로, 수

'노는 물이 다른' 개성파 주택 증가

2000 한국건축문화대상 수상작

주거공간도 자기만의 개성시대다. 주민들에게는 아늑함과 편리함을, 방문객들에게는 '톡' 쏘는 듯한 신선한 충격을 주는 개성파(派) 주거공간들이 늘고 있다.

경남 양산 주공아파트〈사진 왼쪽〉는 임대아파트로서 파격을 시도한 케이스. 광장을 한 복판에 놓고, 'X'축의 네 방향에 각각 들어선 아파트의 각각 모양새가 영 보던 것들과 딴판이다. 판상형과 유선형, 절곡형…. 성냥곽 모양을 거부하겠다는 설계자

〈최두오·토문엔지니어링〉의 강한 의지까 엿보인다.

'그림인가? 현실인가?' 경기 성남시 분당구 구미동에 위치한 분당 월드타운하우스〈사진 오른쪽〉. 2줄로 7채가 나란히 서 있고 모양도 비슷비슷한데도, 결코 지루하지 않다. 파스텔 톤의 고품격 색조도 인상적이다. '언덕배기 지형'이라는 화폭에 건축가〈최병천·한울국제건축사사무소〉의 그림솜씨가 절묘하게 맞아 떨어졌다. 이들 주거공간들은 건설교통부와 대한건축사협회가 공동주최한 '2000 한국건축문화대상'에서 입선한 수작(秀作)들이다.

도권시장의 투자가치는 올라가는 데 비해 지방의 경우는 정반대의 길을 향하고 있는 중이다.

이처럼 이제는 부동산이 전국적으로 동시에 움직이는 것을 기대하기는 어렵게 됐다.

부동산 틈새상품

요즘 부동산기사에 자주 등장하는 용어 가운데 하나가 바로 '틈새시장'이다. 틈새시장은 기존의 제도권 부동산 시장과는 다른 개념으로 기존 시장과 새로운 시장 간의 사각지대 이른바 틈새에 존재하는 시장이다.

예를 들어, 기존의 농촌주택과 도시의 단독주택 개념 사이에서 전원주택이 탄생했다. 또 조합주택과 연립주택 사이에서 동호인주택과 소규모 빌라주택의 개념이 생겨났다. 원룸주택이나 각종 도시형 주택들도 예전에는 없던 틈새시장의 신상품들이다. 주거형태는 국민들의 경제수준과 문화적인 질에 의해 많은 변화를 보이고 있는데, 현재 가장 각광받고 있는 주거형태를 살펴보면 이를 쉽게 짐작할 수 있다.

• 원룸주택

방이 하나(one room)인 주택을 말하며, 전국적으로 건축붐이 크게 일고 있다. 보통 지하철역 주변이나 상가 주변 등 자투리땅에 많이 짓고 있는 추세다. 원룸주택은 세 가지 형태가 있는데, 다세대·다가구 형태와 오피스텔, 아파트 등이 그것이다. 이 중 다세대·다가구 형태의 원룸주택이 공급 면에서 가장 활발하게 이루어지고 있으며, 최근 인기를 모으고 있는 원룸주택은 오피스텔이 대표적이다.

오피스텔의 경우, 관계법규 개정으로 온돌 설치가 허용되는 등 주거 기능이 강화된데다가 대부분 도심에 위치하여 입지여건이 양호하기 때문이다.

• 테마상가

특정한 주제를 갖춘 테마개념의 전문상가를 말한다. 의류전문상가를 비롯해 아동용

품·음식·병원·자동차 전문상가 등 독특한 형태의 상가는 찾아보면 수없이 많다. 테마상가의 발전은 부동산 수요자들의 욕구가 이제 양 위주에서 점차 양과 질 두 가지를 모두 추구하는 것으로 바뀌고 있음을 보여 주고 있다.

전문상가의 성공 관건은 마케팅과 기획력이다. 따라서 상가 투자를 원하는 수요자들은 테마상가의 기획의도가 무엇인지를 정확하게 파악해야 한다. 예를 들어, 학교 앞의 학생 백화점이나 예식장 주변의 혼례용품 전문점처럼 입지와 업종이 잘 부합하는가를 잘 살펴

야 한다.

• 전원주택

최근 경제수준의 향상에 따라 여유시간이 점점 늘어가고 도로망이 더욱 넓어지면서 도시를 빠져 나가려는 도시민들을 상대로 번창하는 부동산 상품이다. 개인이 농가가 딸린 대지를 구입해 직접 개조하거나 준농림지나 농지를 사서 형질변경을 통해 집을 짓는 경우가 많다. 하지만 이 경우에는 그에 따르는 행정절차가 매우 까다롭기 때문에 보통 사람들은 엄두도 내기 힘든 실정이다. 인 · 허가 절차만 해도 각 시 · 도별로 다르기 때문에 여간 곤혹스럽지 않은 형편이다.

따라서 현실적으로 전원주택을 마련할 수 있는 대안으로 나온 것이 '단지형 전원주택'과 '동호인 전원주택'이다. 단지형 전원주택은 부동산 개발업체나 대형 건설업체에서 전원주택 단지를 조성하여 일반인에게 분양하는 방식이고, 동호인 전원주택은 뜻이 맞는 사람들끼리 돈을 모아 땅을 산 뒤 공동으로 주택을 짓는 방법이다.

MBS와 ABS, 어떻게 다른가

건설교통부는 국민주택기금이 보유중인 주택저당채권을 근거로 오는 9월 1일 5000억 원 규모의 주택저당증권(MBS)을 발행할 계획이라고 24일 밝혔다. 발행은 한국주택저당 채권유동화(주)가 담당하며 주간사는 삼성 · 하나 · 현대증권 등 3개사다.

건교부는 지난 4월 7일 국내 처음으로 3976억 원 규모의 MBS를 발행한 바 있어, 이번이 두 번째 발행이다. 상환 만기는 6개월~7년 6개월로, 발행 금리는 8월 31일 현재 3년 만기 국고채 수익률을 기준으로 결정된다.

— 조선일보, 2000년 8월 25일자

부동산 기사에 나오는 MBS는 '주택저당증권'을 얘기하고, ABS 는 '자산유동화증권'을 의미한다. 이들 용어들을 잘 이해해야 앞으 로 부동산 투자에서 성공할 수 있다. 투자까지는 아니더라도 이들 용어를 알아야 하는 이유는 이들이 비교적 안정적이고도 수익성도 높은 알짜배기 '부동산연계형 금융상품'이기 때문이다.

ABS(asset-backed securities)는 부동산, 매출채권, 유가증권, 주택 저당채권 등과 같이 유동성이 낮은 자산을 기초로 발행되는 증권을 말한다. 이 증권의 원리금은 일차적으로 기초자산으로부터 발생하 는 현금흐름으로 상환되며 신용보강기관의 지급보증으로 안전성이 강화되는데다 수익률도 비교적 높은 편이다. 우리나라에서 ABS는 금융기관, 한국자산관리공사, 대한주택공사 등은 물론 주식시장에 상장된 일반기업 등도 발행할 수 있다.

MBS(mortgage-backed securities)는 ABS의 일종으로서 기초자산이 주택저당채권인 경우를 말하며, 금융기관 등이 주택을 담보로 장기 대출을 실시하고 동 대출채권을 근거로 발행한 증권을 말한다. 금 융기관은 이 상품을 취급함으로써 재원조달 수단을 하나 더 갖게 되는 것이고 일반인들은 또 다른 투자대상을 얻게 된 셈이다.

새롭게 떠오르는 리츠(REITs)

리츠(REITs)는 소액투자자들로부터 돈을 모아 부동산에 투자하거 나 부동산관련 유가증권으로 운영하여 얻은 수익을 투자자에게 배 당하여 주는 투자상품이다. 우리나라에는 2001년 7월 '부동산투자 회사법'이 시행되면서 도입되었다.

리츠는 '부동산 투자신탁'이라는 뜻의 'Real Estate Investment Trusts'의 약자로, 증권의 뮤추얼펀드와 비슷하다고 해서 '부동산

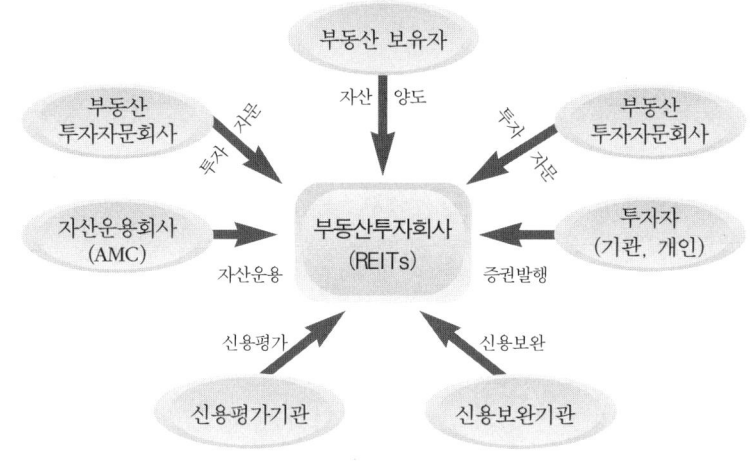

뮤추얼펀드'라고도 불린다. 리츠의 가장 큰 장점은 100만 원이나 200만 원씩 소액으로도 부동산에 투자할 수 있다는 점이다. 주식처럼 일반인들이 부동산에 쉽게 투자할 수 있는 길이 열리는 셈이다.

리츠의 또 다른 특징은 증권화가 가능해 손쉽게 현금화할 수 있다는 것이다. 뮤추얼펀드처럼 증시에 상장해 언제든지 팔 수 있다. 그러면서도 주식과 달리, 부동산이라는 실물자산에 투자했기 때문에 투자수익률이 비교적 안정적이다. 현재 국내에서 운용 중인 리츠 상품들은 연간 6~9%의 수익률을 올리고 있다.

경기동향과 부동산 가격

신문 부동산면에 "지금이 부동산 매입의 적기"라고 쓰인 기사제목이 너무 자주 등장한다고 생각해 본 적은 없는가? 심지어 어떤 신문은 경기흐름에 상관없이 항상 '아파트를 지금 사는 것이 좋다'

는 기사를 실어 독자들을 어리둥절하게 만든다. 사실 1990년대 초반까지만 해도 집값은 경기와 무관하게 항상 오르기만 하는 것으로 인식됐다.

그러나 1997년 말 IMF 외환위기를 계기로 집값은 항상 오르기만 하는 것이 아니라는 새로운 인식이 생겨났다. 경기동향에 따라 부동산 가격이 등락하는 것은 당연한 경제원칙이다. 경기가 좋아지면 국민들의 소득이 늘고 새 집과 넓은 집에 대한 수요가 증가해서 가격을 끌어올린다.

또 기업들도 경기가 좋아지면 사무실을 확장하고 공장을 짓게 돼 부동산 수요가 늘게 된다. 반대로 경기가 나빠지면 새 집과 사무실에 대한 수요가 줄어들어 부동산 가격이 하락하게 된다. 이 같은 보편적인 경제법칙이 한국 부동산 시장에 적용되기 시작한 것은 주택부족현상이 어느 정도 해소된 1990년대 중반부터다. 그전까지만 해도 주택의 절대량이 부족했기 때문에 만성적인 수요초과—공급부족으로 가격은 끊임없이 올랐다.

건설교통부에 따르면 2003년 말 현재 전국적으로 주택보급률은 101.2%에 달하고 수도권 주택보급률도 서울 86.3%, 경기 96.4% 등 평균 92.8%에 달하는 것으로 나타났다. 하지만 주택보급률이 이처럼 계속 좋아지고는 있으나 시중 부동자금이 부동산 쪽으로 자주 넘나들면서 수도권 아파트 값이 주기적으로 급등해 시민들을 다시 불안하게 만들고 있다.

그렇다면 경기추이에 따라 주택가격도 예측할 수 있을까. 안동대학교 지호준 교수는 「주식시장, 채권시장, 부동산 시장의 경기순환 관계」라는 논문을 통해 경기순환에 따른 주택가격을 분석한 바 있다. 지호준 교수는 통계기법을 사용해 분석한 결과에 따르면 단독주택, 연립주택, 아파트 등 주택가격은 경기고점 14개월 후에 최고가에 도달하고 경기저점 11~12개월 후에 최저가에 도달한다고 밝혔다. 부동산을 팔 시점은 경기 고점 14개월 후고, 구입시점은 경기 저점 11~12개월 후라는 것이다.

청약저축과 청약 예금 · 부금

수도권의 청약통장 가입자수가 7명당 1명꼴로 전국에서 가입비율이 가장 높은 것으로 나타났다. 건설교통부는 27일 지난달 30일 현재 아파트를 분양받을 수 있는 청약예·부금과 청약저축 가입자수는 367만 2940명으로 전월보다 23만 6764명 늘어났다고 밝혔다.

부문별로는 중대형 민영아파트를 분양받을 수 있는 청약예금 가입자가 전월대비 12만 1438명 증가한 141만 596명이다. 이 중 수도권의 가입자는 113만 7195명으로 수도권 주택수요가 여전히 높은 것으로 분석됐다.

청약부금 가입자는 195만 9001명(수도권 141만 7935명)으로, 전월대비 11만 5013명 증가한 것으로 집계됐다. 그러나 전용면적 25.7평 이하의 중소형 국민주택에 청약이 가능한 청약저축 가입자는 30만 3343명으로 전월보다 313명 증가에 그쳐 국민주택에 대한 인기는 시들한 것으로 파악됐다.

건교부 관계자는 수도권 지역의 주택보급률이 83.2%, 서울지역은 71%에 불과한 상태여서 수도권에서의 청약통장에 대한 관심이 높은 편이라며 앞으로 주택 공급 물량도 수도권 중심으로 확대할 계획이라고 설명했다.

— 한국경제신문, 2000년 7월 28일자

무주택자에게 청약저축 가입은 기본이다. 그러나 이제 청약저축은 단순한 내집 마련 수단이 아닌 주택 프리미엄을 획득하는 기능까지 하고 있다.

청약예금이나 부금 가입자격이 20세 이상 성인으로 완화되었고 취급 은행도 주택은행 독점에서 전 시중은행으로 확대됐다. 청약예금이나 부금은 정부의 자금지원이 없는 민영주택에 청약할 수 있는 일종의 자격증이기 때문에 청약할 사람은 누구나 청약하라며 규제가 대폭 풀리고 있는 것이다. 하지만 청약저축은 다르다. 여전히 가입할 수 있는 자격이 무주택세대주로 제한되어 있기 때문에 무주택자들만이 경쟁할 수 있다. 청약저축 가입자가 신청할 수 있는 국민주택 및 민간건설 중형국민주택에는 정부의 국민주택기금이 지원되기 때문에 장기저리의 금융지원 혜택도 받을 수 있다.

국민주택은 분양가도 싼 편이며, 서울시 도시개발공사나 주택공사는 공기업인 만큼 과도한 기업이윤 추구보다 공공성을 강조하기 때문에 분양에 성공할 경우 상당한 프리미엄을 챙길 수 있다. 분양가가 풀릴 대로 풀린 민영아파트들에 비하면 여러 가지 장점이 많다고 할 수 있다.

최근 청약예금으로 분양받을 수 있는 민영아파트들의 경우 프리

청약대상 주택규모에 따른 지역별 청약예금 예치금액

청약대상 주택규모 (전용면적 기준)	예 치 금 액		
	서울·부산	기타 광역시	기타 시 및 군
85㎡(약 35.7평) 이하	300만 원	250만 원	200만 원
102㎡(약 30.8평) 이하	600만 원	400만 원	300만 원
102㎡(약 30.8평) 초과 ~135㎡(약 40.8평) 이하	1000만 원	700만 원	400만 원
135㎡(약 40.8평) 초과	1500만 원	1000만 원	500만 원

＊전용면적 102㎡ 이하 가입자는 85㎡ 이하노 신청 가능함

주택청약예금 금리 : 은행별 자유화

구 분	만기이자지급식	월이자지급식
금리(연 %)	4.30 내외	4.10 내외

＊2003년 2월 현재

미엄을 챙기기가 만만치 않은데다 프리미엄 예상 아파트들은 경쟁률이 수백대 1까지 올라가 당첨확률이 매우 낮은 상황이다. 따라서 무주택자인 경우 청약저축 통장으로 시영아파트나 국민주택 아파트를 청약받아 확실하게 프리미엄을 챙기고, 또다시 청약부금이나 예금에 새로이 가입하는 다단계 전략을 수립하는 것이 바람직하다.

부동산 관련 상식

나대지, 절대농지, 상대농지

'나대지(裸垈地)'는 지목(地目)이 대지인 토지로서, 건축물이 없거나 무허가 건축물이 들어서 있는 토지를 말한다. 건축물의 부속토지가 너무 넓어 일정 기준을 초과한 토지도 나대지로 분류한다.

'절대농지'는 공공투자에 의해 조성된 농지나, 농업기반이 정비된 농지로서, 농림부장관이 지정하는 농지를 말한다. 절대농지는 농지의 전용을 억제하여 농지의 보전에 그 목적을 두고 있다. 반면, '상대농지'는 절대농지 이외의 농지를 가리키며 토지전용이 비교적 쉬운 농지를 말한다.

공매 · 경매 · 수의계약

공매(公賣)란, 말 그대로 공공기관이 법적으로 처리해야 할 물건을 일반인에게 공개해 팔거나 사도록 하는 제도를 말한다. 일반적으로 금융기관들은 기업이나 개인에게 돈을 빌려 주고 받지 못했을 경우, 이를 회수하기 위해 저당권이나 담보권을 설정해 둔 부동산을 압류하고 이를 공매에 붙인다. 국세나 지방세 등을 내지 못해 압류된 물건이나 개인간 채무변제 때문에 압류당한 물건, 기업의 비업무용 부동산도 여기에 포함된다. 자산관리공사나 각 민사지방법원은 이러한 물건들의 처분을 위임받아 공개적으로 매매한다. 공매에는 공개경쟁입찰, 경매, 수의계약 등 세 가지 매각방식이 있다.

먼저, '공개경쟁입찰'이란 공공기관에서 감정평가액을 기준으로 해당 물건의 내정가(최저매매가)를 미리 정한 다음, 일반인들에게 서면으로 입찰가격을 써 내게 해 그 중에서 최저매매가 이상이면 최고입찰가격을 써 낸 사람에게 낙찰시키는 것을 의미한다. 이와 같은 방식은 자산관리공사에서 시행되고 있다. '경매'는 공개경쟁이지만 경매를 행하는 사람이 다수의 사람들을 대상으로 구술로 매수신청을 받고 최고가격을 부른 신청인에게 낙찰시키는 방식을 말한다. 각 민사지방법원에서 시행되고 있지만 구술 입찰방식에 따른 부작용이 많이 나타나 서울민사지방법원은 1993년부터 서면 입찰방식으로 바꿔 시행하고 있다. '수의계약'이란 공식적인 절차를 거치지 않고 물건을 사고자 하는 사람과 선착순으로 계약을 체결하는 방식이다. 말 그대로 먼저 찾아오는 사람과 계약을 체결하는 것을 의미한다.

지목 · 지번 · 지적도

부동산 관련기사를 읽나 보면 사주 '지목(地目)', '지번(地番)', '지적도(地籍圖)'라는 용어와 만나게 된다. 부동산 관련용어라고 그냥 넘어가기 쉽지만 의외로 실생활에서도 자주 쓰이고 부동산 등록이나 처분시 흔히 쓰이는 용어들이므로 알아두면 많은 도움을 받을 수 있을 것이다. 지목이란 토지의 주된 사용목적에 따라 토지의 종류를 구분 · 표시하는 명칭을 말하며, 지적법 시행령에는 전 · 답 ·

과수원 등 28개의 지목을 규정하고 있다. 지목은 필지마다 하나의 지목을 설정하되, 시장·군수·구청장이 결정한다.

지번은 말 그대로 토지에 붙이는 번호를 말한다. 지번에는 본번만으로 된 지번과 본번에 부번이 붙은 지번이 있으며, 이는 아

라비아 숫자로 표시한다. 단, 임야대장에 등록하는 토지의 지번은 숫자 앞에 '山'자를 붙여 표기한다. 그리고 지번은 소관 관청이 지번 설정지역별로 기번(起番)하여 정한다.

지적도는 지적법상 지적공부(地籍公簿) 중 하나로서, 토지의 소재·지번·지목·경계 등을 등록한 도면을 말한다. 소관 관청은 지적도를 지적서고에 비치·보관하고 이를 영구히 보존해야 한다.

투기과열지구 · 투기지역 · 토지거래허가구역

2002년 여름부터 집값이 이상 급등세를 나타내자, 정부가 부동산 투기를 막기 위해 수도권의 부동산 거래를 규제하는 대책을 잇따라 발표하고 있다. 일정 지역에서의 부동산 거래를 제한하는 이 정책의 세부 내용을 알아보자.

'투기과열지구'는 주택가격 상승률이 물가상승률보다 현저히 높

아 주택 투기가 우려되는 지역 가운데 건설교통부 장관이 지방자치단체장과 협의해 지정한다. 지정 기준은 최근 2개월간 아파트 청약률이 5 대 1 이상인 곳이며, 이 지역에서는 행정자치부가 부과하는 재산세가 중과된다. 투기과열지구로 지정되면 잔금을 완납하고 등기를 할 때까지는 분양권 전매(轉賣)가 전면금지된다. 또 이 지역 내에서는 최근 5년간 아파트를 분양받은 사실이 있는 사람과 1가구 2주택 이상 보유자 등은 청약 1순위자가 될 수 없다. 주상복합아파트와 오피스텔도 선착순 분양이 금지된다. 현재 지정된 지역은 서울 전역과 수도권 전역(단, 자연보전권과 도서지역일부 제외)을 포함해 대전광역시 전역과 충남 아산·천안시 등이다.

'투기지역'은 부동산값이 급등하거나 급등할 우려가 있는 지역에 대해 건설교통부의 요청에 따라 재정경제부 장관이 건설교통부와 협의해 지정한다. 주택(아파트·연립·단독주택) 투기지역과 주택 외(토지·상가 등) 투기지역 두 가지로 구분된다. 지정 기준을 살펴보면 주택 투기지역은 직전 2개월간 집값 상승률이 전국 평균보다 30%이상 높은 곳, 주택 외 투기지역은 직전 분기(3개월) 땅값 상승률이 전국 평균보다 30%이상 높은 곳이다. 투기지역으로 지정되면 기준시가가 아닌 실거래가로 양도세를 부과하고, 필요할 경우 대통령령에 세율을 수시규정하고 양도세율(9~36%)을 최고 15%까지 추가하는 탄력세율을 적용하기 때문에 양도세 부담이 평소보다 2~3배 가량 늘어난다.

또한 '토지거래허가구역'은 땅값이 급등하거나 부동산 거래가 크게 늘어나는 등 평소와 다른 땅투기 징후가 높으면 건설교통부 장관(또는 시·도지사)이 지정한다. 토지거래허가구역 내에서는 일정규모 이상의 토지, 예를 들어 주거지역은 180㎡(54평), 상업지역은

200m²(60평), 농지는 1000m²(300평), 임야는 2000m²(600평)가 넘으면 실수요자 여부와 이용 목적 등의 심사를 거쳐 관할 시장, 군수, 구청장의 허가를 받아야 땅을 살 수 있다. 현재 서울 강북 뉴타운 개발 예정지와 수도권의 28개 시·군(일부 지역 제외) 지역이 토지거래허가구역으로 지정되어 있다.

부동산 매매 관련 세금

부동산을 사고 파는 경우에 관련되는 세금

양도자   취득자

매매 계약 ➡ 중도금 지급 ➡ 자금청산 ➡ 소유권 등기

- 양도자는,
- 부동산을 판 경우에 양도소득세를 납부해야 한다.
- 양도일이 속하는 달의 말일부터 2개월 이내에 예정신고(양도소득과세표준을 주소지 관할 세무서장에게 제출) 및 세금납부를 하면 세액의 10%를 공제받게 된다.
- 예정신고·납부와 확정신고·납부(다음해 5월중)를 모두 하지 않으면 정부에서 납부해야 할 금액을 결정·고지하게 되며, 이 경우 납부할 세액의 10% 이상에 해당하는 무신고 가산세가 추가된다.

- 취득자는,
- 취득 부동산 소유권을 등기하기 전에 등록세를 해당 시·군·구청에 납부해야 한다.
- 등기신청시에는 등록세 '영수필확인서'를 첨부하니 제출해야 한다.
- 취득한 날로부터 30일 이내에 해당 시·군·구청에 취득세를 신고·납부해야 하며, 이 기간을 넘기면 세액의 20%를 추가 부담하게 된다.
- 등록세 납부시 세액의 20%에 해당하는 교육세를, 취득세 납부시 세액의 10%에 해당하는 농어촌특별세를 납부해야 한다.
- 직업·연령·소득 및 재산상태 등으로 보아 당해 부동산을 자신의 능력으로 취득하였다고 인정하기 어려운 경우 자금출처조사를 받게 된다.

양도소득세를 과세하지 않는 1세대 1주택이란?

- 1세대가 양도일 현재 국내에 하나의 주택(고가주택을 제외)만을 3년 이상 보유하다가 양도하는 경우(다만 서울, 과천 및 5대 신도시 소재 주택의 경우 3년 이상 보유기간 중 1년 이상 거주해야 함)를 말한다.

- 이때 주택에 딸린 토지가 도시계획구역 안에 있으면 주택 정착면적의 5배까지, 도시계획구역 밖에 있으면 10배까지를 1세대 1주택의 범위로 본다.

- 1세대 여부의 판정은 주민등록표에 의하되, 실제 거주내용과 주민등록이 다를 경우에는 실질내용에 따라 판정한다.

다음의 경우에는 3년 이상 보유하지 않아도 1세대 1주택으로 간주한다

- 취학, 1년 이상 질병의 치료·요양, 근무상 형편으로 1년 이상 살던 주택을 팔고 세대원이 모두 다른 시·군 지역으로 이사 할 때

- 세대원이 모두 해외로 이민을 갈 때

- 1년 이상 계속하여 국외거주를 필요로 하는 취학 또는 근무상의 형편으로 세대원 모두가 출국하는 때

- 재개발·재건축사업에 참여한 조합원이 사업기간 중 일시 취득하여 1년 이상 살던 집을 재개발·재건축주택으로 세대원이 모두 이사하기 위해 팔게 될 때(단, 재개발·재건축주택의준공일로부터 1년 이내 양도해야 함)

- 임대주택법에 의한 임대주택을 5년 이상 거주한 후 분양받아 팔 때

- 공공용지로 협의매수되거나 수용되는 때

이런 경우에는 양도소득세를 내야 한다

- 1세대 1주택이라도 등기이전을 하지 않고 파는, 이른바 '미등기전매'는 양도소득세를 내야 하며 이 때는 양도차익의 60%에 해당되는 무거운 세금을 물게 된다.

- 1세대 1주택이라도 '고가주택'에 해당되면 양도소득세를 내야 한다. '고가주택'이란 주택과 그 부수토지의 양도 당시 실지거래가액의 합계

액이 6억 원을 초과하는 것을 말한다. 그러나 고가주택에 해당되더라도 양도차익은 (양도가액-취득가액)×[(양도가액-6억 원)/양도가액)]으로 계산하므로 6억 원을 초과하는 부분에 대해서만 과세하는 셈이다.

다음과 같은 경우 1세대 2주택이라도 양도소득세를 과세하지 않는다

• 양도소득세가 비과세 되는 집 한 채를 가지고 있던 1세대가 이사를 가기 위해 새 집을 사고 1년 안에 전에 살던 집을 팔게 될 경우
• 1주택 보유자가 1주택을 2002년 12월 31일 이전에 상속받아 1세대 2주택이 된 경우로서 일반주택을 팔 경우(2004년 12월 31까지 양도분에 한함)
• 한 울타리 안에 집이 두 채가 있어도 1세대가 주거용으로 모두 사용하고 있을 경우
• 양도소득세 비과세 대상 1세대 1주택을 매도하였으나 매수자가 등기이전을 해가지 않아 1세대 2주택으로 나타난 경우
• 1세대 1주택을 소유한 자가 1주택을 소유한 60세(여자는 55세) 이상의 직계존속(배우자의 직계존속 포함)을 모시기 위해 세대를 합친 날로부터 2년 이내에 1주택을 양도하는 경우
• 각각 1주택을 소유한 남녀가 결혼하여 1세대 2주택이 된 경우
• 1주택을 소유한 자가 서울·인천·경기도를 제외한 읍·면지역에 소재한 농어촌주택을 보유하여 1세대 2주택이 된 이후 일반주택을 매도하는 경우

이밖에도 다음과 같은 경우 양도소득세를 과세하지 않는다

• 1세대 1주택으로서 3년 이상 보유한 점포가 딸린 주택을 팔았을 때, 주택면적이 점포면적보다 더 크면 그 건물 전체를 주택으로 보아 양도소득세를 과세하지 않는다. 그러나 주택면적이 점포면적보다 작거나 같으면 주택부분만 비과세 되고 점포부분은 과세 된다.
• 1세대 1주택에 해당되는 주택이 도시재개발사업으로 헐린 후 재개발사업 시행자로부터 새로 지은 아파트를 분양받아 완공된 후 팔게 되면 양도소득세를 과세하지 않는다.

부동산 관련 용어

이 밖에 정부의 국토개발정책과 부동산정보 보도기사에 많이 등장하는 전문용어들을 간단히 설명해 보자.

- 개발부담금 : '개발이익환수에관한법률'에 의하여 택지개발·공업단지·산업기지·도시재개발·관광단지 등 개발사업으로 사업시행자에게 생긴 이익을 정부가 부담금으로 징수하는 제도를 말한다.

- 거점개발 : 지역개발의 한 전략으로서, 거점개발 방식의 이점은 한정된 자원으로 가장 효율적인 개발을 유도하는 것이다. 지역적으로 성장 잠재력이 가장 높은 지점(또는 도시)을 찾아 집중 개발함으로써 그 개발효과가 점차 주변지역으로 확산되도록 한다.

- 건축밀도 : 건축물의 용적 또는 시설물의 토지에 대한 비율을 말한다. 건축밀도의 개념은 토지의 적정규모에 맞춰 도시의 인구를 적정하게 배분해야 한다는 필요성에 의하여 설정되었다. 건축밀도는 토지이용의 효율성을 판단하고, 일정한 토지량에 대한 시설량, 인구의 적정여부를 판단하는 기준이 된다. 건축밀도 지표 중하나인 건폐율의 경우 대지면적에 대한 건축면적(1층 바닥 면적)의 비율을 의미한다.

- 고도지구 : '국토의계획및이용에관한법률'상 용도지구 중 하나로, 건축물 높이의 최고 및 최저한도를 정하여 시가지의 경관을 보호하거나 토지이용의 고도화를 기하고자 지정한 지구를 말한다. 이중 건축물 높이의 최저한도를 정한 것을 '최저고도 지구', 건축물

높이의 최고한도를 정한 것을 '최고고도 지구'로 구분한다. 이와 비슷한 것으로 '고도제한'이라는 것이 있는데, 이는 건축법 등의 법령에 따른 건축물의 높이에 관한 제한을 말한다.

• 공실률 : 아파트나 임대빌딩에 있어서 건물 전체면적에 대한 공실 (빈 방)의 비율을 말한다. 일반적으로 불경기에는 공실률(空室率) 이 높아지고, 호경기에는 공실률이 낮아진다. 같은 지역 내에 있는 빌딩이라도 임대료가 높거나 빌딩 위치가 나쁠 경우, 다른 빌딩에 비해 공실률이 높은 것이 보통이다.

• 공영개발 : 토지개발을 개인에게 맡겨 두지 않고 정부와 공공기관 이 사업주체가 되어 추진하는 경우를 말한다. 개발사업 진행으로 인한 지가상승을 억제하고 토지투기를 방지하기 위해 개발대상지 역 안의 토지를 전면 개발하여 사업 완료 후 실수요자에게 공급 하고 있다.

• 공유수면 : 국가나 공공단체에 속해 공공의 이익을 위해 이용되는 수면(水面 : 하천이나 바다 등)을 말한다. 공유수면을 사용 또는 점 용할 경우에는 관할청의 허가가 필요하며, 허가 기간이 만료된 경우에는 공유수면을 원상으로 회복해야 한다. 원상회복을 할 수 없을 때는 관리청의 승인을 받아야 한다.

• 시가표준액 · 기준시가 : 시가표준액은 지방세법에 의하여 토지 · 건 물 등의 취득 · 보유에 따른 취득세 · 등록세 · 재산세 · 종합토지세 등을 과세하는 경우 적용되는 기준금액으로서 토지의 경우 취득 일 현재의 개별공시지가를, 건물의 경우 당해 지방자치단체의 장

이 결정한 매년 1월 1일 현재의 가액을 말한다. 기준시가는 소득세법에 의한 양도소득세를 과세함에 있어서 토지·건물 등의 양도가액과 취득가액을 산정할 때 기준이 되는 금액으로서 국세청장이 결정·고시한다.

- 기부채납 : 민간인 또는 공공단체가 자신 소유의 재산을 무상으로 국가에 증여하는 행위를 말한다. 건설회사들이 도로나 다리를 건설한 뒤 일정 기간 동안 일반인들로부터 수수료를 징수하다가 국가에 헌납하는 경우가 많다. 이와는 반대로 건설 후 국가에 기부채납하고 일정 기간 무상으로 사용하는 경우도 있다.

- 도시계획 : '국토의계획및이용에관한법률'상 지방자치단체(특별시·광역시·시 또는 군)의 관할구역에 대하여 수립하는 공간구조와 발전방향에 대한 계획(도시기본계획 및 도시관리계획)으로서 토지이용·교통·환경·경관·안전·산업 등에 관한 일련의 계획을 말한다. 도시계획에는 용도지역·용도지구의 지정 또는 변경, 개발제한구역·시가화조정구역·수산자원보호구역의 지정 또는 변경, 기반시설의 설치·정비 또는 개량 등을 포함한다.

- 용도지역 : 토지의 이용 및 건축물의 용도·건폐율·용적률·높이 등을 제한함으로써 토지를 경제적·효율적으로 이용하고 공공복리의 증진을 도모하기 위하여 서로 중복되지 않게 도시관리계획으로 결정하는 지역이다. 도시지역(주거·상업·공업·녹지지역), 관리지역(보전·생산·계획관리지역), 농림지역, 자연환경보전지역으로 구분하고 있다.

• 녹지지역 : 도시관리계획상 도시지역 중 하나라서 자연환경·농지 및 산림의 보호, 보건위생, 보안과 도시의 무질서한 확산을 방지하기 위하여 녹지의 보전이 필요한 지역을 말한다. 녹지지역은 보전녹지지역, 생산녹지지역, 자연녹지지역 등 세 가지로 나누어 토지의 이용을 규제하고 있다.

• 실버산업 : 노인들을 대상으로 상품이나 서비스를 제조·판매하는 영리사업을 말한다. '실버'는 노인의 탈색된 머리 색깔에서 따온 말이다. 자식들과 떨어져서 생활하는 노인들이 집단적으로 거주하는 주택단지를 실버주택이라고 부르는 것도 여기에서 생겼다.

• 역세권 : 지하철역 또는 전철역의 세력권을 약칭한 것으로, 어느 특정 역을 이용하는 여객 또는 화물이 소재하는 지역의 범위를 말한다. 역세권(驛勢圈)의 결정요인으로 거리·지형과 같은 자연적 조건과 접근성, 역주변의 상업적 성숙도 등을 들 수 있다. 역세권의 파악은 지가 형성요인을 분석하는 데 중요한 자료가 된다.

• 용도지구 : 용도지역의 제한을 강화 또는 완화하여 적용함으로써 용도지역의 기능을 증진시키고 미관·경관·안전 등을 도모하기 위해 도시관리계획으로 결정하는 지역을 말한다. 용도지역이 전 국토에 걸쳐 지정되어 있는 반면 용도지구는 지정된 지역도 있고 그렇지 않은 지역도 있다. 용도지구는 경관지구·미관지구·고도지구 등 13개 종류가 있다.

• 접도구역 : 도로의 구조를 보전하고 장래의 도로확장과 교통에 대

한 위험요인을 제거하기 위해 도로관리청이 도로구역경계선으로부터 띄어야 하는 일정거리를 지정하여 고시한 구역을 말한다.

• 주거환경 개선사업 : 노후불량 주택이 밀집되어 있고 대지가 협소하여 주거밀도가 높으며 소방도로 등 공공시설의 정비가 극히 불량하여 재개발사업으로도 개발이 곤란한 지역에서 벌이는 주택환경 개선사업을 말한다. 소방도로 등 공공시설을 정비하고 낡은 주택을 개량한다는 점에서 도시 재개발사업과 비슷하지만 현지 주민들이 다른 곳으로 이사하지 않고 주거환경을 개선하는 점이 재개발사업과 다르다.

• 주택개량 재개발사업 : 낡고 오래된 주택이 밀집되어 주거생활이 불편하고 도로가 좁아 재해위험이 있는 지역에 도로 · 상하수도 · 공원 등 공공시설을 설치하고 구역 내의 국공유지를 불하, 토지의 이용도를 높이는 한편, 낡은 주택을 헐고 새로 건축하여 주거환경과 도시경관을 정비하는 사업을 말한다.

• 주택조합 : 무주택자에게 주택마련의 기회를 제공하기 위한 제도로서, 지역 또는 직장조합원 자격을 가진 20명 이상이 모여 조합을 구성한 후 주택건립에 필요한 토지를 확보하여 공동으로 주택을 건립하는 사업이다. 주택조합에는 지역조합, 직장조합이 있다.

• 토지수용 : 특정한 공익사업을 위해 법률이 정하는 바에 따라 토지공사 등 공공기관이 강제적으로 토지소유권을 취득하는 것이다. 도로를 뚫거나 택지개발사업을 벌일 경우 많이 이루어지고 있으

며, 토지수용 절차와 방법은 토지수용법에 명시되어 있다.

• 위성도시 : 대도시의 주변에 있으면서 사회경제적으로 볼 때 어느 정도 대도시와 유기적 또는 종속적 관계를 가지고 있는 중소도시를 말한다. 대도시를 모체로 하고 있기 때문에 대도시 기능의 일부를 분담하고 있는 것이 보통이다. 서울지역을 예로 들면, 과천시 · 광명시 · 성남시 · 의정부시 · 부천시 등이 위성도시인 셈이다.

• 일조권 : 도시의 과밀화와 고층건물의 증가에 따라, 특히 주거지역 내의 채광(採光) 문제가 분쟁을 야기함에 따라 생긴 권리다. 쉽게 말해, 다른 건물이 자기 건물의 햇빛을 가릴 경우 이를 시정하거나 보상을 촉구할 수 있는 것이 '일조권(日照權)'이다. 우리나라는 오랫동안 일조권의 적극적인 보호조치가 없다가 최근 건축법 시행령을 개정, 법적인 보호장치를 마련했다.